U0473616

黑色呐喊译丛

Frantz Fanon

Les damnés de la terre

大地上受苦的人

〔法〕弗朗兹·法农 著　　杨碧川 译

图书在版编目（C I P）数据

大地上受苦的人 / (法) 弗朗兹·法农著 ; 杨碧川译 .
-- 北京 : 人民文学出版社 , 2023
（黑色呐喊译丛）
ISBN 978-7-02-017889-6

Ⅰ . ①大… Ⅱ . ①弗… ②杨… Ⅲ . ①殖民主义－研究－非洲
Ⅳ . ① K404

中国国家版本馆 CIP 数据核字 (2023) 第 043704 号

责任编辑 李 娜 何炜宏
装帧设计 李苗苗

出版发行 人民文学出版社
社 址 北京市朝内大街 166 号
邮政编码 100705

印 刷 山东新华印务有限公司
经 销 全国新华书店等

字 数 180 千字
开 本 889 毫米 ×1194 毫米 1/32
印 张 7.875 插页 2
版 次 2023 年 4 月北京第 1 版
印 次 2023 年 4 月第 1 次印刷

书 号 978-7-02-017889-6
定 价 50.00 元

如有印装质量问题，请与本社图书销售中心调换。电话：010-65233595

目　　录

永远追问的人

（二〇〇二年）

精神科医师、《黑色呐喊：法农肖像》作者

艾莉丝·谢尔基（Alice Cherki）

《大地上受苦的人》一书于一九六一年十一月月底，由法国马斯佩罗出版社出版，当时作者弗朗兹·法农罹患白血病，正在美国华盛顿附近的贝塞斯达医院与死神奋战。为了避免一出版便被查封，这本书是在半隐秘的状态下很艰辛印刷出来的，但还是一发行便以“有害国家内部安全”的主要罪状遭到查禁。这种情形早已发生在法农的上一本书《阿尔及利亚革命第五年》（*L'An V de la révolution algérienne*，一九五九年同样由马斯佩罗出版），其他一些有关阿尔及利亚战争的书籍亦同（比如：莫里斯·马辛诺〔Maurice Maschino〕的《拒绝》〔*Le refus*〕、亨利·阿莱格〔Henri Alleg〕的《问题》〔*La Question*〕）。这种查禁在当时是屡见不鲜的。

然而，这本书仍开始流通，并且在媒体上引起极大的反响。经过一番非常繁琐的运送过程（甚至绕道土耳其），法农终于在十二月三日收到一本样书，另有一些剪报，其中包括一篇让·达尼埃尔（Jean Daniel）写的长篇论述，发表于十一月三十日的《快报》（*L'Express*），可以算是一篇褒扬的评论。法农让人把这篇文章念出来给他听之后，说道：“没错，但这也不能唤回我的骨髓。”几天后法农便与世长辞，日期是一九六一年十二月八日。当时他三十六岁。

精神医学与政治之路

法农于一九二五年出生于马提尼克岛的法兰西堡，来自一个富裕的小资产阶级家庭，手足众多，成长在一个老殖民世界里，还没开始对奴役的现象提出质疑。不过，法农倒是在十分年轻的时候，便参加了“第五部队”——由戴高乐主义力量整编的加勒比籍自愿军。参与这个活动的过程，培育了他的反抗意识，但也让他体验到层出不穷、无所不在的种族歧视。复员之后，他于一九四五年戴着十字勋章返回马提尼克（颁给他勋章的人就是后来的萨朗将军，他后来常说这是他和对方唯一有过交集的东西），通过高中会考并经常与埃梅·塞泽尔（Aimé Césaire）往来（他十分欣赏塞泽尔，不过当时已经很不认同对方的政治观点）。彼时，塞泽尔选择把马提尼克视为属于法国的一个省份。

很快，法农来到法国，于里昂攻读医学。除了这门科目之外，他也非常热爱哲学、人类学与戏剧，并且很早就投入精神医学专业。与此同时，他虽没加入任何党派，却参与了所有反殖民主义的运动，还编辑了《达姆达姆报》（*Tam Tam*）——一份属于殖民地留学生的小期刊。特别是，一九五二年他在《精神》（*Esprit*）杂志发表了第一篇文章《北非症候群》（*Le syndrome nord-africain*），探讨的是来自北非的劳工：这些人离乡背井，承受着“每天每日都死去活来”的痛苦，和自己的家乡切断了联系，与他们的终极目标相距甚远，成了一件给乒乒乓乓扔掉的东西。

他在圣亚尔邦（Saint-Alban）精神病院待了十五个月，并认识一个很重要的人：托斯克尔（François Tosquelle），原籍西班牙的精神科医师，也是一位反佛朗哥派的斗士。这对法农之所以走上精神医学这条路，以及他后来对于政治的投入，都是个关键性的过程。他在这里得以从各个层面研究精神疾病，这里是精神与肉体、历史与社会结构的交会之所。一九五三年，他通过精神科医师资格考，接着被派往阿尔及利亚的卜利达（Blida，阿尔及利亚卜利达省省会）精神病院。不过早在一九五二年，在弗朗西斯·让松（Francis Jeanson）的奔走下，法农的第一本著作《黑皮肤，白面具》已由法国门槛出版社出版。

在阿尔及利亚，他不仅发现自己与院方的传统精神医学格格不入，同时也不太认同阿尔及尔学派那些精神医师对于“土著的原始状态”的理论。他逐渐洞悉当时阿尔及利亚作为一个殖民地的现状，随即全力改造院里的精神科，并负责引进他与托斯克尔共同实行的“社会治疗法”。他因而不停修正医护人员与精神病患之间的关系，他不仅和欧洲人，同时也和信奉伊斯兰教的那些“土著”一同试图恢复他们的本土文化、他们的语言、他们的社会生活组织，亦即所有能够形成意识的东西。这一场小型的精神医学革命，获得了医护人员的赞同（他们绝大部分都很关心政治），同时也得到当地政治活动分子的认可。法农的名声从此远播。当时是一九五五年，阿尔及利亚独立战争已然开打。

面对阿尔及利亚人追求独立的希求，法国社会党政府竟视若无睹，让法农感到相当不解；此后他的反殖民立场愈来愈闻名。后来“阿尔及利亚之友”的运动找上了法农：这是一个对政治犯家属提供物质协助的人道主义协会，领导者是主张国家主义的政治活动分子，与占领卜利达附近那些基地的游击分子有所联系。他们对法农的第一个请求，是要他负责医疗那些饱受精神错乱之苦的游击队员。

就这样，在精神医学及政治活动的交替作用之下，法农投身于阿尔及利亚追求独立的奋战之中。一九五六年年底，在一封写给总督罗贝尔·拉科斯特（Robert Lacoste）的公开信里，他辞掉了精神科医师的职务；他在信中写道，他已经无法解救某些人，“**使他们等到应有的待遇，这是一个把剥夺人权及不平等和谋杀当成合法原则的国家，当地人在自己的国家里永远都是疯子，生活在一种完全没有人格的状态下。**”于是法农被赶出了阿尔及利亚。

接着，一九五七年的第一季，他在法国度过三个月的时光；虽然他坚信阿尔及利亚的独立已然势不可挡，然而旅居法国这段期间，这样的立场却没获得任何回响。在阿尔及利亚民族解放阵线（FLN）法国总会的帮助下，法农得以前往突尼斯——那里是民族解放运动境外组织设置的地点。与法国正式决裂。

法农在突尼斯同时从事精神医学及政治这两种活动。后来他成为民族解放阵线的刊物《斗士报》（*El Moudjahid*）工作团队的一员。他从内部亲眼目睹民族解放阵线的所有矛盾之处，其中包括了政治代表和军队之间愈来愈严重的争执。尽管经常大失所望，他仍旧继续支持阿尔及利亚的解放运动，同时也是一位不断创新的精神科医师。他对撒哈拉以南的非洲愈来愈感兴趣，并于一九五九年年底由阿尔及利亚共和国的临时政府任命为黑色非洲的巡回大使。那是非洲各国争取独立的年头。法农成为一个货真价实的巡回大使，尽心尽力从加纳赶至喀麦隆，从安哥拉赶至马里，为真正的独立而鼓吹战斗。他甚至还想出一条可行的路线，由马里出发，穿越撒哈拉沙漠去和阿尔及利亚的反抗分子会合。

然而一九六〇年十二月，法农于旅居突尼斯期间，发现自已罹患骨髓性白血病。他仅存一年的生命，并于这段时间写了《大地上受苦的人》这本书。

为受苦者所发的呐喊

这是唯一一本由他自己选择书名的著作（而非由出版社决定）——身为医师，他很清楚自己的病，知道自己将不久于人世。

法农与时间及死神展开一段真正的竞赛，一边还期望着要向外传递一个最后的讯息。传递给谁呢？给那些不幸的人。然而这里指的，绝大部分已经不再是十九世纪末工业国家里的那些无产阶级，那些高唱着“起来，大地上受苦的人；起来，饥寒交迫的人”的无产阶级。法农想要与之对话的，那些在大地上受苦的人，是指贫穷国家里那些不幸的人，那些真正想要土地和面包的人；彼时，西方世界的劳工阶级大多有种族歧视，而且显然对海外的人民一无所知，再加上殖民地能间接带来一些利益，因此他们对这些殖民地的命运，都表现出某种程度的冷漠。

这本书并非经济论述，亦非社会学或政治性的评论，而是就殖民地国家的现状与变化所发出的呼吁，甚至可说是呐喊。在整本书中，法农着力研究政治、文化与个人的关系，而且很强调经济、政治及文化等层面的控制对被殖民者产生的效应。他的分析，注重的是奴役制度的后果，对象不仅包括各种民族也包括个人，同时他也强调这些人要获得解放的条件，首先在于个人的解放，亦即“人的去殖民化”。

《大地上受苦的人》是弗朗兹·法农的最后一本著作。他在一九五二年，年仅二十七岁时，便写了《黑皮肤，白面具》；一九五九年写的《阿尔及利亚革命第五年》，则是马斯佩罗早期出版的书籍之一。此外他还发表了为数众多的文章：包括先前已提过的《北非症候群》，以及一些精神医学的相关文章，特别是一九五六年在第一次黑人作家与艺术家研讨大会发表的《种族歧视与文化》；接着是《文化与民族》，于一九五九年在罗马召开的第二次黑人作家大会上发表。在所有这些文章当中，论据的推展并非建立于理论之上，而是以实务经验作为基础；这些经验同时也是他思想发展的起始点。早在《黑皮肤，白面具》一书，关于种族主义的反思，便聚焦于某些文化片面宣告的文化统治：种族主义并非偶发事件，亦非恣意妄为，而是一种宰制的文化体系，这种体系也在殖民地运作。若是不看清统治文化所带来的压迫效应，那么对于种族主义的抗争便是徒然，因为这种压迫的触角广及社团、政治与文化，甚至也会影响个体的精神状态。

《大地上受苦的人》一书，持续对统治阶层所造成的奴役现象提出上述质疑；这个统治阶层，能同时使团体与个人在各自的变化中遭受破坏、有所转变。本书提出统治者与被统治者关系的现况，也提出解放的条件，除了政治文化的解放，还要加上个人的解放，政治斗争更为激进。此外，最后两个章节当中，一章是探讨文化及建构国家的关系，另一章则是阐述阿尔及利亚战争所造成的心理创伤。

法农由自己的特殊经历出发，从最贴身的故事写到他投身其中的过程，而这样的经验也是他不得不书写出来并传达给旁人知晓的。他的书写依循着以下的脉络：组成本书的五个章节各有不同主题，一段一段，有如诗歌里的段落，穿插严谨的分析，书写的语言，总是企图在意义之外，能促进了解，而非只是玩弄抽象观念，正如同年轻的法农提到自己的第一本书《黑皮肤，白面具》时讲的那样。

有人曾经责备，也有权责备法农将不同文类及不同层次的论述混为一谈（政治、文化及心理分析），责备他援用了自己作为精神科医师的经验，将这些关于精神错乱的素材引入政治领域。有人曾经责备过他的风格，认定他的文字很激情，而且极富预言色彩。然而，矛盾的是，这正是法农的现代性所在。作为一个精神科医师，他苦难的主观性经验，使他与苦难的人直接接触。

也有人责备他过于强调暴力。然而法农是由实地经验得知对一个个体行使暴力所造成的后果：这个个体没有出路，只会渐失人性，变成铁石心肠，或充满可怕的暴力冲动，终而付诸错误的行为。这种暴力，不应加以否定，而应该加以组织，进行解放斗争，从而超越暴力。在《种族主义与文化》一文，法农对自己的医疗行为作出如下结论：“**占领者那种既扭曲又僵硬的文化，在解放之后，终于对另一个民族的文化开放（这个民族已经成为他们真正的兄弟）。这两种文化能互相对立，也能彼此相长。〔……〕一旦将殖民统治永远排除，决定包容不同文化的相对差异，就能找到普世共存的价值。**”另外在《黑皮肤，白面具》一书，他也同样提出这种存在于黑人世界与白人世界的超越：“**这两者必须脱离他们各自的祖先曾经有过的非人声音，让真正的沟通诞生。**”这种超越的观点，彼时，已存在于《大地上受苦的人》一书当中。虽然后来在政治斗争中变得更为激进。

法农当时很希望萨特能为这本书写序，岂料过去这些年来，这篇精彩的序言竟比本书内文还拥有更多读者。然而，这篇序文多少扭曲了法农的关怀和语调。这篇序言主要是写给欧洲人看的，因而与书中内容并不是很协调。至于法农，他发表言论的对象，其实是除了欧洲人以外的所有人，他是在跟他们谈论未来，而在那个未来，他们终将超越“对他者的恐惧”。萨特的那篇序言尤其还夸大了法农对于暴力的分析。事实上，法农对暴力进行分析，萨特却是在为暴力辩解，法农并未将暴力当作目的，而是视它为一种无可避免的过程。萨特的文字有时充满鼓吹犯罪的口气。比方如下的句子：“读一读法农的书吧！你们就会知道，被殖民者在无能为力的时候，杀人的疯狂念头，就是他们的集体无意识。”或者还有这一句：“杀死一个欧洲人，这是一举两得的——同时清除一个压迫者与受压迫者，一个人死了，一个自由人活下来。”这其实都削减了法农那些主张的真义，因为看起来这些句子要辩解的已经不再是暴力，而是个人的谋杀行为。它所辩解的已经是那种犯罪的行为，而不再是人人天生都有的暴力——这种暴力唤起了人类自身内在可能存有的个性。法农当初阅读萨特这篇序文时，并未做出任何评论，甚至还一反常态，保持极度的沉默。不过，他倒是给出版社写了封信，希望将来时机成熟，能有机会说明自己的看法。

为受压迫的人而战

《大地上受苦的人》被视为二十世纪七十年代的指标性书籍，内容主要在探讨第三世界主义，然而政治议题掩盖了他对受压迫者之所以精神错乱所提出的强烈质疑，这本书随即遭人遗忘，法农的全部作品也都被视为不合时宜。他的政治胆识关注的是一个已过去的去殖民化时代，因此也被视为陈腐过时，而他本身的期待也迫于现实而无法实现。那么对于争取解放的那一大群农民，法农是否高估了他们的力量？我们可以发现，在当时阿尔及利亚争取独立的政治现状中，大部分参与奋战的斗士皆为农民。别忘了法农所写的是一个特定的历史经验。况且，在他看来，农民的活动力也能与革命的作用互相辉映，正如同他在本书第二章《自发性的伟大与弱点》解释的那样。

那么他是否低估了宗教的力量？事实上，他所参与的阿尔及利亚解放运动，呈现出来的并不是一种穆斯林的革命，反倒结合了各种不同潮流——一九五六年的苏马姆河（Soummam）大会纲领，虽然发起人立场不同，但没有特别强调宗教定于一尊，反而主张应该尊重多样化的意见。法农曾呼吁那些正在进行去殖民化的国家革新，并要他们创造出一个全新的人，然而非洲国家后来的演变，不正否决了这样的呼吁？此后在地缘政治上的发展，不正好与他的期待背道而驰？事实上，这样的发展，倒是证明了他所提出的那些警告并非凭空无据（请见第三章《民族意识之厄运》）。

法农分析的是一件偶发的事实，因此我们若是只把他的作品局限在当时的时代背景，没有将之视为对于一切可能变革的呼吁，那么他的著作就很容易被评为与时代脱节。难道由于他的期待并未实现，我们便认定他针对现实所提出的那些论点谬误百出？我们都很明白，这个现实（其中也包括暴力）在今日，已经不再是“殖民压迫”或“第三世界的未来”，而是“愈来愈严重的不平等”“南北之间愈来愈大的差异”“被边缘化”“把人类物化”。

去殖民化运动及阿尔及利亚战争经过四十年后，在一个朝着全球化经济的“强权”迈进的世界里，这个事实不断出现在南/北的关系之中：浮上台面的那种有计划的腐败，乃由非洲国家的政府一手安排，并由发达世界的那些大型石油企业、医药企业及其他大公司一手促成。与此同时，对一切有害于民主解放运动、有害于人民主动参与政事的行为，这个已开发世界却以不主动干涉作为借口（尤其是以维持经济帝国主义作为借口），表现出无动于衷的态度，而那些民主解放运动及人民主动参与政事的行为，正是法农所鼓吹的，并使他从一个关心时事的精神科医师，变身为政治活动分子，为那些受压迫的人民而战。

然而这件事实并不仅仅与那些所谓的“发展中国家”有所

关联。它同时也攸关所谓“发达世界”里愈来愈严重的不平等现象，在这个发达世界，不幸的人必然生活不稳定或失业，他们的位置没有任何前景——被排斥、被边缘化。法农严词批判这种现象，因为他不希望对每个人而言，生活都像“死到临头”一样，每天每日苟延残喘，使得生命看起来“并非朝气蓬勃或方兴未艾，而是不断和无所不在的死神奋战”。法农希望每一个人在他的历史中都是主角，在政治上都是主动的参与者。

跨时代的思想论述

从卢旺达到波斯尼亚，从阿富汗到中东，连美洲与欧洲也不例外，处处都是分裂的世界，战火绵延，血流成河，暴力事件层出不穷，那些国家对于它们所挑起的一切感到既震惊又愤懑，而那些人民的暴力也导致一种没有人性的恶性循环，使二十一世纪那些时代的思想、生活与未来都为之崩解，无论就个人或集体的层面来看都一样。

现在还是有人在讨论阿尔及利亚战争；曾经有三十五年的时间大家都把它称为“事件”，如今终于为它正名了。大家又重新描述了那件事实，揭发那场酷刑。然而许多时事评论，对于当时敌对的那两个阵营的暴行，各打五十板，却忌谈两方的“不对称武力”。对于当时那两个彼此隔绝、拒绝沟通的世界，法农曾经针对它们的武力关系作出分析，而那种武力关系，在当今世上的许多地区，不是也依然存在？当那些发达的社会与国家，发现自己的领土竟惨遭暴力威胁而感到震惊之际，他们心中的愤懑难道不会取代原有的理性？试想：当两个世界之间无法缔结任何条约，当通过对话而进行调停的空间关上大门，当实力较强的那个世界自诩为另一个世界的主人时，会有什么结果？这可预见的前景，使法农忧心，并促使他撰写《大地上受苦的人》，正是对于这个世界的先见之明。

法农也见到战争（其中也包括民族解放）所带来的创伤性后果，造成无止境的后遗症，招来不断重演的暴力及种族和身份认同的倒退。而这些倒退，贯穿二十世纪的历史，并以一个既新颖又十分老旧的想法作为基础，进入新世纪：将他人视为邪恶的化身，并自诩为善良的体现。这些景象，法农在《大地上受苦的人》一书分析殖民地的形势时，便早已描述过：对殖民者而言，被殖民者就是邪恶的化身。除此之外，他还指出这种形势在主观层面所造成的毁灭性效应：被指为邪恶的那一方，由于在他人的眼光下动弹不得，首先会感到极度羞愧，接着就会变成仇恨。这个过程与今日情况，出奇地相似。

因此，阅读《大地上受苦的人》时，要先超越作者撰写这本书时在历史背景所受的限制，而且要根据我们的时代特性来解读。这本书究竟为我们带来什么启示？我们看到无论在南半球或北半球，因时代发展而受到遗弃的人愈来愈多，而且面对全球化的趋势，被这个时代特性认定为“一无所有”的人，所受的屈辱及自卑也屡见不鲜：他们没有祖国，没有国土，而且也没有家，没有工作，没有身份，更没有表达意见的权利。

所以阅读或重读《大地上受苦的人》一书，有助于了解这种对人的剥削会有什么后果：暴力、种族与身份认同的倒退。然而除了书中强调的这些主题之外，法农的思想还有以下的时代性：当大家一方面否定对精神疾病与权力关系做唯物论式分析，另一方面，也否定存在主义或文化主义观点（或从心理分析角度，将之视为一种与周遭环境完全隔离的主观探险），法农却很有远见地试图建立起一个新的知识体系，将身体、语言及“他人”经验，视为建构未来政治所不可或缺的主观经验。这种方式，其实与马尔库塞学派的方法相去不远，或者更深入来说，与维也纳那些政治精神分析学家的研究课题也所差不远——后者因第二次世界大战而被迫逃亡至美国，饱受排挤与压迫。

因此，法农之所以能表现出一种伟大的时代性，并非偶然。借由自己的出身及经历，他见证发生于上个世纪的那些事件（他本身就是那些事件的主角之一），对抗那个时代不断出现的创痛。

若从法农的生活及思想活动来看，他也是极具时代性的：在这个经济全球化、排斥个体的时代里，青年法农所写的那句话，那句代表他所有思想活动的话：“**啊！我的身体！让我永远做一个追问的人吧！**”超越了我们称之为意识形态垮台的那些东西，并在这个时代许多年轻人的心里引起共鸣——无论他们讲的是哪种语言，出生于何地。

灼热之声
（一九六一年）

法国思想家、作家、存在主义哲学大师
让–保尔·萨特（Jean-Paul Sartre）

也不是那么久以前，地球上有二十五亿居民，其中有五亿人和十五亿土著。那五亿人掌握了“语言”（Verbe），其余的则借用它。在两者之间，被收买的小君主、封建领主和一群伪资产阶级，则充当中间人。在殖民地，真实赤裸呈现；“宗主国”则偏爱将之蒙蔽；必须让土著喜欢他们。某种程度上来说，就像爱母亲那样。欧洲的精英们进行着制造优秀殖民土著的工程；我们选择一些青年，用炽热的烙铁，在他们的额头烙上西方文化的原则，在他们的嘴里塞进声音的钳口具，塞入一些面糊般黏牙的豪言壮语；让他们在宗主国短暂逗留后，再把他们送回老家，像是被仿制一般。这些生动的谎言对他们的弟兄已无太大的意义，谎言四处回荡，从巴黎、伦敦、阿姆斯特丹，我们欧洲人高喊：“帕特农神庙！博爱！”而在非洲和亚洲的某些地方，有一些人一张口就是“帕特农，博爱”，这真是黄金时代。

黄金时代结束了，嘴兀自张着；黑皮肤和黄皮肤的声音仍高谈我们的人道主义，却只是为了谴责我们的不人道。我们倾听着这些带着尖酸、恭谦的陈述，并不感到不悦。首先，我们骄傲地惊叹着：怎么，他们自己能够讲话了？我们当初是怎么栽培他们的！我们从不怀疑他们已接受了我们的理想，既然他们是在谴责我们背叛了这个理想；欧洲人对自己的任务深信不疑：把亚洲人希腊化，创造希腊拉丁黑人这个新品种。我们暗自补上很实际的一点：让他们去叫吧！这样会使他们好受些；会叫的狗不咬人。

另一个时代来了，改变了议题。他们的作家和诗人，以难以置信的耐心，试图对我们解释：我们的价值不适合他们的现实生活，他们既不能完全抛弃，也无法完全吸收这些价值。这大概是要说："你们把我们变成怪物，你们的人道主义向我们声称是属于全世界的，而你们所实施的种族主义却将我们特殊化。"我们听他们的唠叨，内心十分坦然：殖民地的行政官不是花钱被雇用来念黑格尔的，而且他们也很少念；但他们不需要透过这位哲学家就知道，不幸的意识会不断深陷在自身的矛盾中，毫无效果可言。因此，让我们使他们的不幸永远延续下去，能从这困顿中脱身的，只有风。专家告诉我们，如果他们的呻吟中带有几分请愿的影子，那将是要求完全合并。当然，我们是不可能答应这个要求的：正如你们所知，这就摧毁了建立在过度剥削基础上的体制。但，只要在他们面前拿着这根胡萝卜就够了，他们会加快地跑。至于叛乱，我们欧洲人可以安心：哪一个有觉悟的土著会去杀害欧洲的好儿女们，唯一的目的竟是要变成像他们一样的欧洲人？简单来说，我们鼓励这种忧郁，我们觉得有时候把龚古尔奖赐给黑人也不是件坏事。这是一九三九年以前的事。

一九六一年。听好：**"我们不要把时间浪费在那些无效、冗长的叙述或令人厌恶的模仿上面。让我们离弃这个欧洲吧，它一面叨叨不休地畅谈人道，一面又到处屠杀它所遇到的人类，在它自己街道的每个角落，也在世界的每个角落。几个世纪以**

来……欧洲以‘冒险精神’的名义，扼杀了大部分的人类。”这是一种崭新的口气，谁敢用这种口气？一个非洲人，一个来自第三世界的人，从前的被殖民者。他补充说：“欧洲达到这样的速度、疯狂和无秩序……陷入深渊，最好赶快远离这深渊。”换句话说，欧洲完蛋了。这是个难以启齿的实情——我亲爱的欧洲同胞们，难道不对吗？但我们在骨子里是信服的。

然而，必须要下一个但书。举例来说，如果有个法国人对另一个法国人说：“我们完蛋了！”——据我所知，这种情况从一九三〇年起差不多天天发生——这是个激情的论述，灼烧着爱和狂怒，使说的人和他的同胞同在一缸水里。然后通常他会再补充说：“除非……”大家都懂得下文：他的意思很清楚，别再犯错了；如果他的建议没有逐字被确实遵循，那么国家只有走上分裂一途。总之，这些话是威胁带着奉劝，并且因为这样的话语是从国际间的相互主体性那里迸发开来，也就更不令人感到震惊。相反，当法农说欧洲走向自掘坟墓时，他不是发出警告，而是提出诊断。这位医生并不宣告不治——人们已看到了奇迹——也不开出治疗的药方。他从外面，根据他所能收集到的症状，指出它正濒临死亡。至于医治它，不，在他脑海里还有其他要操心的事，他并不在乎它的死活。因此，他的书引起纷纷议论。如果你感到尴尬而开玩笑说：“他到底给我们写了什么呀？”那你就没抓住这些争议的真正本质：因为法农不是为你们而写，他的作品——对别人来说是灼热的——对你们而言却是冷冰冰的。他在书中经常谈论你们，却不对你们说话。黑人的龚古尔奖和黄种人的诺贝尔奖的时代结束了：被殖民者戴上桂冠的日子一去不复返。一个讲法语的前土著，使这门语言折服于一些新的迫切要求；运用这门语言，并仅仅用来对被殖民者说：“所有落后国家的土著们，团结起来！”多大的降级！作为父亲，过去我们是唯一的对话者，现在儿子们甚至不将我们视为有资格的对话者了。我们只是他们论述的对象物。当然法农也顺便提到我们那些恶名昭彰的罪行：塞提夫[①]、河内、马达加斯加，但他不浪费时间去谴责，他利用这些罪行。如果他揭穿了殖民主义的策略，那些使得移殖民（colon）和宗主国民关系团结又对立的复杂伎俩，那是为了他的弟兄们，他的目的是教这些人挫败我们。

因为他，第三世界发现了自己

总之，通过他的声音，第三世界发现了自己，并为自己说话。我们知道世界本来就不是清一色的，也知道其中还有些被奴役的人民，有些获得了假独立，有些仍旧为争取主权而战斗。最后，有些虽然获得完全的自由，却仍处在帝国主义侵略的威胁之下。这些差异源自殖民史，换句话说，就是源自压迫。这里，母国满足于付钱给它的封建领主，用分而治之创造一群完完全全的被殖民者资产阶级（bourgeoisie de colonisés）；在别的地方，宗主国更是一箭双雕：殖民地既是剥削地又是移民地。因此，欧洲增加了分裂和对立的群体，制造一些阶级，有时制造种族偏见，并千方百计挑起和增加被殖民社会的层级，法农并未隐瞒什么。为了跟我们斗争，旧殖民地必须与自己斗争，或者说，这两者是谁也离不开谁的。在战火中，一切内部障碍必须消融，无权的资产阶级商人和买办，具优势的城市无产阶级，住在贫民窟的流氓无产阶级，大家都应该站在农村大众——真正的民族革命军预备队一边，在殖民主义故意阻挠发

① 译注：塞提夫（Setif）位于阿尔及利亚的康士坦丁县。1945年5月8日，土著在庆祝战胜德国的纪念日示威时，遭法国警察开枪驱散，动乱持续一个星期，至少有2万名阿拉伯人遇害。

展的这些地方，当农民起义造反，很快就出现一个激进的阶级：他们承受赤裸裸的压迫，比城市劳动者更加受苦受难，为了不致于饿死，除了打破所有的结构外，别无选择。假如它胜利的话，这个民族革命将会是社会主义的；如果抑止了这股冲力，将是被殖民资产阶级掌权，这个新国家尽管表面上是个主权国家，仍旧被帝国主义者掌控。加丹加（Katanga）的例子足以说明这个问题。

因此，第三世界的团结尚未完成；这是还在进行的事业，在每个国家中，独立前后，透过农民阶级的指挥，所有的被殖民者团结起来。这就是法农对他的非洲、亚洲和拉丁美洲弟兄们所阐述的：我们要么一起到处实现革命的社会主义，否则就被从前的暴君各个打倒。他什么也不隐瞒，既不掩饰弱点，也不掩饰失和及骗局。这里，运动出师不利；那里，在令人耳目一新的成功后，运动失速了；在其他地方，运动停止了：如果想再搞运动，必须是农民们把资产阶级抛入大海。读者要严格提防最危险的异化——领袖、个人崇拜和西方文化，要提防过去遥远的非洲文化的重返；真正的文化就是革命，是趁热锻铸出来的。法农高声疾呼；我们作为欧洲人，我们可以理解他，证据就是手里所拿着的他写的书，他难道不怕强大的殖民势力从他的率直中提取好处吗？

不，他什么也不怕。我们欧洲人的手段落伍了；这些手段有时可能延缓解放，但不能阻止解放。我们不要想象我们能调整自己的方法，新殖民主义——宗主国的懒人梦想——是虚无缥缈的空气，“第三势力”绝不存在，或者，倒不如说这是殖民主义赋予权利的资产阶级谎言。我们的马基雅维利主义不太有能力左右这个已经觉醒并一个一个发现我们的谎言的世界了。殖民者只有一个依靠：武力。如果他们还有武力时，土著只有一个选择：奴役或主权。法农并不在乎您读过他的作品没有，这又如何？他是向他的同胞们拆穿我们的老诡计，确信我们没有备用的另一套。他是对着他们这样说：欧洲把它的爪伸进我们的大陆，我们必须割断它的爪子，直到它缩回去为止。时机对我们有利：在比塞大（Bizerte）、伊丽莎白维尔（Élizabethville）或在阿尔及利亚乡村发生的事，全球都知道；集团吸纳了反对派，彼此尊重，让我们利用这种瘫痪状态，让我们进入历史，让我们蜂拥而入，第一次将这段历史变为全球性的。战斗吧！在没有其他武器的情况下，用忍耐磨的刀就足够了。

欧洲人，翻开这本书，融入书中吧！在黑夜中摸索几步后，你会见到一些陌生人聚集在火堆旁，走过去，听听他们的讲话，他们在讨论你们那些商社和佣兵的命运。他们可能会看见你，但仍旧继续讨论下去，甚至不刻意压低嗓门。这种满不在乎打击了心弦：父亲，黑暗的造物主，“你们的”造物主，是已死的灵魂。你们免除了它们的光明，它们只向你们说话，你们不用操心去回答这个还魂尸。儿子们不知道你们，一堆火照亮了并温暖了他们，这火可不是你们的；你们，在虔敬的距离，将会觉得自己偷偷摸摸，夜间活动，冻得半死。风水轮流转，在这行将出现另一道曙光的黑暗中，你们才是幽灵。

在这种状况下，你们会考虑把书扔出窗外。既然这本书不是为我们写的，为什么要读它呢？那是为了两个目的。第一，法农向他的同胞解释你们，并且指出我们那异化的机器：好好利用这个良机，使你们在客观的真实中发现自己。我们的受害者通过创伤和锁链认清了我们；这使他们的证言无可辩驳。只要受害者指出一切我们对他们所做的，就足以使我们认清自己对自己所做的。这有用吗？有用，因为欧洲正濒临死亡的门口。但是，你们还是会说，我们是在母国生活的，而且我们也谴责它的暴力。的确，你们不是移殖民，但你们并不见得更好过。这些是你们的开路先锋，是你们把他们派到海外去，他们让你们变得富有；你们也曾警告过他们，如果他们让血流得太多，你们就会矢口否认；就像一个国家，不管哪个国家都一样，在海外豢养一批煽动者、挑衅者和间谍，一旦他们被抓到，国家即矢口否认。你们，如此的自由、人道，把对文化的热爱甚至推向矫揉造作的程度；你们故意装作忘了你们有殖民地，并用你们的名义在那里进行屠杀。法农向他的同志们——向他们其中某些人，尤其是太西化的人——揭露了母国居民和他们的殖民地代理人是利害一致的。你们要拿出勇气来读这本书：因为，第一，它会令你们感到羞愧，而这种羞愧诚如马克思所说，是一种“革命的感情”。你们看，连我自己也不能摆脱主体性的幻象；我也是，会这样告诉你们：“一切都完蛋了，除非……”作为欧洲人，我偷了敌人的书，把这本书变成治疗欧洲的药方。你们要好好利用这本书。

第二个理由是，如果你们撇开索雷尔[①]的法西斯主义的胡言乱语，你们会发现，从恩格斯以来，法农是第一个揭示历史发展的助产士。此外，不要以为是过于旺盛的血气或童年的不幸遭遇，令他对暴力有什么我不清楚的特殊爱好：他不过是让自己成为局势的翻译者罢了。但这已足够使他逐渐建立一套伪善的自由主义者向你们隐藏起来的辩证法，这辩证法造就我们的同时也造就了他。

十九世纪里，中产阶级把劳工看作嫉妒者，他们有一些粗俗的嗜好，放荡不羁；但中产阶级小心地把这些粗人纳进我们的物种中，或至少把劳工当作自由人；换句话说，可以自由出卖劳动的人。在法国和英国，人道主义被宣称是具有普遍性的。

① 译注：索雷尔（George Sorel，1847—1922）法国作家，主张工人行使罢工的权利，反对议会挂帅，不信任政客，影响了法国无政府工团主义，晚年却向意大利的墨索里尼献媚。

强迫劳动则是完全相反的情况。没有契约，除此之外，还必须恫吓，因此滋生了压迫。我们在海外的士兵拒绝母国的普同性，在人类中施加限制：既然没有人能不把掠劫、奴役或杀害同类当成罪行，他们就确立了被殖民者不是人的同类的原则。我们的打击力量被授与任务，把这种抽象的信念变成事实：下达命令把附属国的居民降为高等猴子的水平，以正当化移殖民把他们当作牛马的事实。殖民暴力并非只为了吓唬被奴役的人，使他们心存敬畏，更企图使他们非人性化。为了清除他们的传统，用我们的语言取代他们的母语，为了摧毁他们的文化而不把我们的文化给他们，把他们劳累得昏沉。他们挨饿、生病，如果还敢抗拒，那么恐惧会令他们继续劳动；用枪瞄准农民；本国人民来到农民的土地上，用马鞭强迫农民为他们耕种。一旦有人反抗，士兵就开枪打人，即成为一个死人；假如他退让了，他即失去尊严，堕落，不再是个人。羞愧和恐惧逐渐撕裂了他的性格，使这个人完全被瓦解。一些专家把事情办得更加干净利落，“心理作战”可不是今天才建立的；洗脑也不是。然而，尽管如此大费周章，在任何地方都没达到目的：在刚果，我们砍黑人的手，在安哥拉，更是比上不足比下有余，这完全是最近的事，我们在那里把不满者的嘴穿了洞，再用挂锁锁住他们的嘴巴。我并不认为把一个人变成牲畜是不可能的，我只是说，如果不使一个人变得十分虚弱，是达不到这种状况的；只靠打骂绝对是不够的，必须强化饥饿。这是奴役的麻烦之处：当我们把同类变成家畜时，我们降低他的收益，不论给他是否只有那一点点，饲养场的主人最终付出的代价比他赚到的更大。因此，殖民者不得不在训练一半时停止，结果土著变成了既非人亦非动物。挨打、营养不良、生病、担惊受怕，但这只到一定程度，他们都有着同样的特征，不管是黄皮肤、黑皮肤还是白皮肤：懒惰、狡猾、偷窃、只知道使用暴力。

可悲的殖民者，就这样毫无保留，展现出矛盾。他必须像精灵所做的一样，杀死他们欲意掠夺的对象，然而这不可能；他不是应该去剥削他们吗？由于没有把屠杀弄到种族灭绝，没有把人奴役到沦为家畜的地步，他不知所措了，操作逆转，一个无情的逻辑甚至把他导向去殖民化（décolonisation）去了。

但这不会立即发生。首先是欧洲人继续统治。他失败了，但还没察觉到；他还不知道那些土著只是“假土著”而已；他在他们身上造成伤害，按照他的说法，是为了要消除或压抑他们身上的恶。三代过后，他们有害的本能已不再出现了。什么本能？那些促使奴隶去杀死主人的本能？他怎么不承认是他自己的残忍，反过来加在他们身上的呢？在这些受压迫农民的野蛮中，他怎么没有发觉自己那殖民的野蛮，已经渗入他们浑身的毛孔，而无法治愈了呢？理由很简单：这位桀骜不驯的欧洲人，已被自己至高无上的权力和害怕失去权力冲昏了头，浑然不记得自己从前是一个人，他以为自己是一根马鞭或一支枪。他竟然认为把“劣等人种”驯服成家畜，是通过他们的条件反射而成功的。他忽略了人的记忆力，抹不掉的回忆；还有，特别是，他从未明白过一点：我们不会变成我们现在这个样子，如果不是透过内心私密、极端的否定，否定人们在我们身上所做的。三代？从第二代起，儿子一睁开眼就看到他们的父亲被鞭挞的光景。借用精神科医生的话，他们是被“创伤化”的人。终生如此。但是，这些不断卷土重来的侵略非但不能使他们屈服，反而把他们抛进无法忍受的矛盾中，欧洲人迟早会为这种矛盾付出代价。从此，不管别人怎么训练他们，还是用羞辱、饥饿、痛苦来教训他们，只会在他们身上引爆狂怒，其强度就跟施加在他们身上的压迫力强度相等。你们说他们只知道暴力？当然，起初只是殖民者的暴力，但不久就变成他们的暴力了；也就是说，以其人之道还治其人之身，就像我们从镜子里照出自己的身影那样。

你们不要搞错，透过这种狂怒，这种愤怒和怨恨，这种经常想杀死我们的欲望，由于害怕松弛而经常绷紧的强劲的肌肉，他们变成“人”：也透过殖民者，是他要他们成为干粗活的人，反抗他的人。仇恨，盲目的仇恨尽管是抽象物，却成为他们唯一的财富：这是主人挑起的，因为他想要让他们变成动物，他想熄灭这种仇恨却失败了，因为自己的利益而半途而废；因此，假土著仍是人，由于压迫者的权力和无能，在半土著的身上转化成顽强拒绝沦为动物的条件。其余的大家都知道了，他们是懒鬼，怠工、奸诈小人、手脚不干净的人：这都是当然的啰；他们那微不足道的小盗窃，表明了一种尚无组织的反抗的开端。这还不够；有些人赤手空拳地扑向枪口，这些人是他们的英雄；其他一些人则以杀死欧洲人来使自己变为成年人。他们被射杀，不论是土匪或殉道者，他们的痛苦都引起群众的恐慌。

对，受到惊吓，在这新阶段，殖民地的暴力侵略使被殖民者的恐惧感内化了。由此，我说，他们不仅仅对我们用之不尽的侵略感到害怕，更害怕因此激起他们自己内心的狂怒。他们被卡在我们对准他们的枪口，和那从心底涌起、没意识到的杀人欲望的吓人冲动之间：因为，首先，这不是“他们的”暴力，而是我们欧洲人的、被反转的暴力，持续增强并且将他们撕裂；而这些被压迫者的第一个行动是，将那些会受他们的以及我们的道德谴责而不可言喻的怒火深深掩埋，而这怒火只不过是他们人性的最后残留。阅读法农：您将会知道，在被殖民者感到无力的时刻，杀戮的疯狂念头是他们的集体潜意识。

一旦这种压抑在心头的狂怒无法宣泄，就会纠缠和蹂躏受压迫者自己。为了摆脱它，他们竟然互相残杀；由于没有对抗真正敌人的能耐，各部落之间互相交战，你们可以靠殖民政策维持他们的对立关系；同胞互相举刀相向，还以为从此可以一劳永逸地摧毁他们那共同令人厌恶的可耻形象。然而，这些救赎的牺牲者也无法舒缓他们的嗜血饥渴；他们只有在变成我们的共犯时，才能自制地不向机关枪前进：这个他们所排拒的去人性化，却由于拒绝而更得以发展。在移殖民感到有趣的眼中，他们用超自然的壁垒互相提防，时而使古老和可怕的神话重现，时而用细致的仪式互相束缚。就这样，着魔的人遭受时时刻刻勒令他注意的仪式所束缚，以逃避深藏在内心的需求。他们跳舞，使自己有事干而不闲着；这松弛了他们那痛苦而紧绷的肌肉，而且舞蹈悄悄地、不知不觉中使他们模仿大家说不出口的"No"，和他们不敢犯的谋杀举动。在某些地区，他们使出最后的一招：着魔。从前，这是单纯宗教的事，是信徒与神圣事物结合的一种沟通行为，如今变成他们超越绝望和屈辱的武器：萨尔①，罗阿②部落神祉都降临到他们身上，统治他们的暴力，把暴力消耗在鬼神附身之上，直至暴力枯竭。同时，这些上层人士保护他们，意思是说，被殖民者通过宗教来对抗殖民地的异化。由此产生的唯一结果是他们把这两种异化、错乱合一，而每种异化各自因对方而加强。在某些精神病中，会出现这样的情形：幻觉者天天幻想自己被凌辱，居然在某一天早晨听到天使称赞他的声音，但是嘲笑声也不断出现；从此，嘲笑和赞赏互相交替。这是一种防御，同时疾病的演化也走向终了：病人人格分裂，逐步走向痴呆。就那些严格挑出来的不幸者当中，我还要加上我已谈过的另一种着魔——西方文化。你会说，如果我是他们，相较之下，我会喜欢萨尔仪式甚于雅典卫城。很好，这下您明白了。然而，因为你不是处于他们的地位，所以也不全然明白。还没完全达到这个地步。否则，你会懂得他们

① 译注：萨尔（les zars），为着魔者举行的仪式，使着魔者，通常是女性，能将附身情况控制住，与之和平相处。

② 译注：罗阿（les loas），地方性的神灵。

别无选择：他们兼而受之。两个世界，导出两种着魔：他们整夜跳舞，天亮后又急忙去教会做弥撒，分裂日复一日地增大。我们的敌人背叛他的兄弟并成为我们的共犯；他的兄弟也一样。土著身份是由殖民者在被殖民者同意下，引进和维持下来的精神官能症。

既要求又同时否认人的境遇：矛盾是具爆炸性的。况且已爆发了，你们和我们一样清楚这一点。我们生活在一点即燃的暴力时代，出生率的上升助长了粮食匮乏，新生的人要稍稍更担心生存，而不是死亡，暴力的怒潮卷走了所有的障碍。在阿尔及利亚和安哥拉，我们一看到欧洲人就杀。这是个自食其果的时代，是暴力的第三期：暴力反过来转向我们，打击我们，然而我们仍旧无法理解那就是我们自己的暴力。“自由主义者”变呆了：他们承认我们对土著不够礼貌，在可能范围内给予他们某些权利，是更加明智和公正的。他们巴不得允许土著，让他们一批批，用不着推荐，就能进入那大门紧闭的俱乐部——我们这一族类里；面对这野蛮、疯狂的暴怒，他们不比坏的殖民者更能幸免。国内的左翼十分尴尬：他们知道土著的真实状况，深知他们受尽无情的压迫。左派并不谴责他们的叛乱，并深知那是由于我们干尽了坏事所引爆的。但是，他们认为，一切总得有个限度：游击队员必须牢记，要表现出骑士的风度；这将是最好的方式，得以证明他们是“人”。有时候，左派申斥他们：“你们太过分了，我们将不再支持你们。”原住民根本不理他们：对于左派的支持，他们可以不屑一顾。他们一开始打仗，就立刻发现一个严峻的事实：我们都是半斤八两，我们都曾利用过他们，不需要再证实些什么，他们将不会给任何人什么特别待遇。唯一的义务、唯一的目标就是：想尽一切办法驱逐殖民主义。我们当中思虑最为谨慎者，迫不得已，已准备好要去承认接受这点。但是，他们无可避免在这场角力中，看见这些下等人，如何使用所有不人道的手段，才容得自己跻身属于人的宪章当中。尽快赋予他们作为人的资格，使他们和平稳定下来是值得一试的。我们美丽的心灵是种族主义的。

这样的心灵读读法农的书应该会有所收获；法农充分展示了，这种抑制不住的暴力既不是荒谬的暴风雨，不是野蛮本性的复活，更不是憎恨的效应：而是，人正在重新建构他自己。我想我们曾经了解这个真实，却又把它忘了：任凭怎样的温柔，皆无法抹去暴力的痕迹，只有暴力自己才能摧毁这些痕迹。被殖民者只有在用武力驱逐殖民者的同时，才治愈了自己的精神官能症。当他们发怒时，才又重新找回自己失去的意识的透明性，并在自我塑造的过程中认识了自己。我们从远处眺望，而把他们的战争当作野蛮的胜利。但是，通过战争本身逐渐解放了战士，逐步清除了战士自身里里外外的殖民黑暗。战争从开始的那一刻起，即是无情的。要么你就一直担惊受怕，要么就令人害怕；也就是说，陷入分崩离析、被造假的生活，或者重获生命的统一。当农民接触到枪支时，古老的神话褪色了，禁令也一一被打破了。战士的武器就是他的人道。因为，起义一开始，他就必须杀人，打死一个欧洲人，是一石二鸟之计，可同时消除压迫者和被压迫者：剩下的，是一个死人和一个自由人。幸存者第一次感受到脚下踏的祖国大地。在这一刻，祖国离他不远，他无论去哪里，在哪里都感觉到它，再也不那么遥远了，祖国和他的自由混为一体。但是，殖民地军队惊吓之余，又重新反击：必须团结起来，否则只有被屠杀。部落的反目缓和下来，趋向消灭：首先，因为这种不和使革命陷于危险绝境，更深入来说，不和除了使暴力偏向对抗虚假的敌人之外，没有任何效果。比方说在刚果，这种反目持续着，是因为殖民地代理人在维持的关系。祖国开始出现：对于每个弟兄而言，只要有战斗弟兄所在之地，祖国即无所不在。他们的同胞爱和对你们的憎恨，是表里一体的。他们杀敌人，也随时被杀。法农向他的读者指出“自发性”的局限，即组织化必然伴随危险。但不管任务多么艰巨，在每个活动的进展中，革命意识深化了，盘根错节的情结消逝了。没有人需要谈什么阿尔及利亚民族解放阵线士兵身上的从属情结（complexe de dépendance）了。农民挣脱了双眼的蒙蔽，知道自己的需求；这些需求过去要他的命，但他试图对此一无所知，现在他发现了它们，宛若是无止尽的索求。

在这种民众暴力里头——长达五年，对阿尔及利亚人而言是八年——我们无法区别其中哪些属于军事的、社会的或政治的必要性。战争，哪怕是在提出指挥和责任的问题时，也将创造出和平的新社会结构，这将成为和平时期首要出现的机构。在这里我们看到了新传统铸造出来的人，在可怕的当前出生的孩子；在这里，我们看到每天的战火使他正当化，使他拥有即将诞生的权利，并且每日随战火诞生：随着最后的殖民者被杀，搭船回老家或被同化，随着少数种族消失，让位给社会主义的友爱。但这还不够，战士们烧毁了阶段；您认为他们面对母国人的水准，不会甘冒生命危险的。看看他的耐心啊：也许他有时梦想一个新的奠边府①；但您相信他们心里不作如此打算：他只是个乞丐战士，在贫困时奋战，对抗拥有强大武力者。等待着决定性的胜利，经常，他什么也不期待，却把对手折磨得疲于奔命。但这样一来，他自己的损失也是很可怕的；殖民地军队更加凶残了：分区控制、扫荡、强制集中监禁、报复性攻击，女人和小孩都杀。战士清楚这点：这个新人以结束来开始生命，他视自己为具有强大能力的死人。他将会被杀：他不但接受这

---

① 译注：奠边府战役，1954年，法军在这里被武元甲指挥的越南独立同盟军击溃，成为第一次印度支那战争（1946—1954）的决定性会战。

个风险，而且深信必定会如此；这个具强大力量的死人失去了妻儿；他见过那么多的垂死末日，他宁愿战死而不愿苟且偷生；其他人可以从胜利中获得好处，不是他：他太累了，但是，这种心灵疲惫产生了难以置信的勇气。我们在死亡以及绝望中发现我们的人道，他却是在超越了刑讯逼供和死亡外发现。我们扇了风；他变成飓风。作为暴力的产儿，他每一刻都从暴力中汲取了他的人道。我们靠他的牺牲而成了人，他成了我们之中的人。一个另类的人：更加优秀。

暴力，一个新时刻的出现

法农就此打住。他曾经指出道路：作为战士们的代言人，他号召非洲大陆团结一致，对抗一切反目和地方山头主义。他的目的达成了。如果他想全面描述去殖民的历史现象，他就必须谈到我们；这当然不是他的企图。但是，当我们合上这本书时，书由不得作者的初衷，而继续影响我们。因为我们体验到革命中人民的力量，而我们以武力来回击。因此，一个新的暴力时刻出现了，这一次，是必须回到我们身上，因为暴力正在改变我们，随着假土著经历暴力而自我改变。每个人看要怎样都行，以他想要的方式进行自我反省。但愿他还有反省能力：因为，今天的欧洲，被所有针对它而来的打击而震惊得茫然若失，在法国、比利时和英国，甚至只要稍微思考，就立刻成为殖民主义罪恶的共犯。这本书根本不需要序言，尤其它不是为我们写的，所以更加不需要。然而，我为它写了序言，为的是要把论证进行到底：我们也是，欧洲人，人家把我们给去殖民化了；也就是说，人家用血腥来铲除我们身上的移殖民。如果我们有勇气，那就该看看我们自己，看看我们变成什么样了。

首先应该正视这个意想不到的景象，我们人道主义的脱衣舞表演。人道主义如今赤裸裸了，并不美好。它不过是一种欺骗的意识形态，美化了掠夺的正当性；它的温柔言词和矫揉造作不过是为我们的侵略做担保。那些殖民者气色很好，既不是受害者也不是刽子手。得了吧，如果你不是受害者，那么当你们投票选出来的政府，你们那些年轻弟兄为之服役的军队，在毫不犹豫也不感到内疚进行种族灭绝时，你们毫无疑问成为刽子手了。如果你们反过来选择当被害者，而且冒险被关一两天，你们也只不过是选择摆脱关系而已。你们摆脱不了：这关系必须承担到底。尝试理解这一点吧！如果暴力只是从今夜才开始，如果地球上从未存在过剥削和压迫，也许"非暴力"的口号就可以平息争执。但是，如果千百年的压迫，决定了全部的体制，甚至是你的非暴力思想也是受这个前提限制，那么，你们的消极被动态度只会把你们列入压迫者的行列。

你们很清楚我们就是剥削者。你们也很清楚，我们掠夺了"新大陆"的黄金及金属资源，抢夺了石油，把这些东西带回老家。不无出色的成绩：一些宫殿、教堂和伟大的工业城市出现；殖民地市场用来缓和或转移经济危机。欧洲富裕得淌出油水，向所有的居民许诺他们作为人的权利：然而，作为一个人，在我们这边，就是殖民主义的共犯，因为大家都毫无例外享受了殖民剥削。这个肥胖而惨淡的大陆，终于以陷入法农恰当地称作"自恋"中做结。科克托[①]对巴黎这个"每时每刻都在谈论自己"的城市感到厌烦。欧洲又能干什么呢？还有那超欧洲的怪兽，北美洲呢？都在闲扯一些自由、平等、博爱、荣誉、祖国。这些并不妨碍我们抱持种族歧视的论述，肮脏的黑鬼、肮脏的犹太人、肮脏的阿拉伯人。一些宽容亲切的自由派——总之是

① 译注：科克托（Jean Cocteau，1889—1963），法国艺术家，多才多艺，擅诗歌、小说、戏剧、电影等。

一批新殖民主义者——宣称对这种矛盾感到震撼。然而，这些话不是错误就是自欺欺人。在我们欧洲，没有什么比人道的种族歧视主义更表里一致的了：因为欧洲人只有通过制造一些奴隶和怪物，才能使自己成为“人”。只要有土著的存在，这种欺骗就不被揭穿。我们以人类的名义宣称一种抽象的普同性，而这个主张用来掩盖现实上的操作：在大海的那一边，有一群下等人种，他们多亏我们，才有可能在一千年以后终究达到我们的水准。简单来说，我们把种族和精英混为一谈。

今天，土著们揭开了他的真相；这下我们那封闭的欧洲人俱乐部就露出马脚了：这个俱乐部只属于少数派。还有更糟糕的，既然他人透过反抗我们成了人，看来我们是人类的敌人。精英终于露出他们的本性：他们不过是一群土匪。我们那些宝贵的道德标准失去了它的翅膀，如果仔细审视这些，只会发现一堆沾满血腥的价值。如果你们一定要举个例子，那就回顾法国那些何等宽大的豪言壮语吧！我们真的宽宏大量吗？那么塞提夫呢？还有那夺走百万余名阿尔及利亚人性命的八年的残忍战争呢？还有那电击拷刑呢？但大家可要明白，人家并不谴责我们背叛了什么使命，因为我们根本就没有什么使命可言。受到质疑的是“宽大”本身；这个悦耳、漂亮的字眼只有一个含意：它那被授予的地位。面对眼前的这个人，新生的、解放了的人，没有人有任何权力和优势给别人什么。大家各自享有所有的权利。而我们的族类，如果有天将被打造完成，将不是被定义为全地球的居民的总合，而是以地球上全体居民彼此互动而产生无尽的整体相互关系来定义的。我说到此为止，你们将会毫无困难地将工作了结；只消正视，当做是第一次也是最后一次，我们那些贵族气派的美德：气数已尽。这些道德又如何在它所产生的那些下等贵族中残存？

几年前，一位资产阶级评论家——一个殖民主义者——只能找到这一点来捍卫西方："我们不是天使，但我们至少有些内疚。"好个真情告白！从前，我们的大陆还有别的浮标：帕特农神庙、大宪章、人权宣言或纳粹的党徽。如今，我们知道这些东西的价值是什么了：我们不再假装能从船难中自我解救，除了通过罪疚感，这个相当基督教的情感，来救赎我们自己。完了，真正完蛋了！欧洲到处在漏水，会发生什么事呢？再简单明白不过了，过去我们是历史的主体，现在反过来成为（被动的）客体。权力关系逆转，去殖民化已经开始；我们的佣兵能做的，只是推延去殖民地化的完成。

老"母国"仍必须为此大量砸钱，把所有兵力投入一场可以预想势必失败的战争。前阿尔及利亚总督比若（Bugeaud）制造出那样值得怀疑的光荣的殖民残酷，而在冒险的终点处，我们会发现，残酷尽管增加十倍，却仍旧不够用。派遣部队去阿尔及利亚，他们在那里驻扎了七年而一事无成。暴力改变了它的方向：我们过去是胜利者，我们使用暴力，但它似乎没使我们改变：它使其他人瓦解，而我们，我们的人道主义，保持完好无伤；母国的人为了利润而团结，把他们的犯罪共和体称作博爱，称作爱；今天，同样的暴力，到处受阻，通过我们的士兵又回过头来面对我们，内化并控制了我们。退化开始：被殖民者重塑他自己，而我们，移殖民者，宗主国居民，不管是极端派还是自由派，却解体了。盛怒和害怕表露无遗：这呈现在阿尔及利亚的捕猎行动[①]中。现在，野蛮人在哪里？残酷在哪里？什么都不缺，甚至不乏达姆达姆（tam-tams）鼓声：当欧洲人活活烧死穆斯林时，这边倒有汽车喇叭响起"法国的阿尔及利亚"的节奏。法农提到，不久前，一些精神科医生在会议中对土著的犯罪行为感到悲痛，他们说，这些人互相残杀，很

① 译注：指阿尔及利亚人对欧洲人的暴行。

不正常；阿尔及利亚人的皮质层（cortex）一定很不发达。在中非，其他一些人则建立这样的看法："非洲人很少使用他的额叶（lobes frontaux）。"这些学者现在可能可以在欧洲继续他们的调查，这对他们会有好处，尤其在法国人身上做调查。因为几年以来，我们的额叶大概也同样是机能低下的吧：爱国者有杀害同胞的行径出现；趁他们不在时，炸掉他们的守门人和住宅。这不过是个开端：内战预计在秋季或明年春天来临。然而我们的皮质层似乎情况良好；倒不如说，是没有击溃原住民的能力，暴力回过头来堆积在我们的内心深处，而要另找一个出口。阿尔及利亚人的团结造成了法国人的分裂。在远离宗主国的整块土地上，那些土著跳着准备战争的舞蹈。恐怖离开了非洲而在欧洲扎根：有些十分天真的愤怒者，想要让我们用血的代价偿还曾经受土著击败的羞辱；然后，还有其他人，其他所有的人，同样是有罪的——在比塞大事件，在九月的私刑后，谁上街去大叫："够了?!"但他们比较沉着：自由主义者，那些慵懒的死硬左派分子。他们也头脑发烧，怒气冲天。但是他们多么胆小怕事，只会用神话、复杂的仪式来掩饰自己的愤怒。为了拖延最后算账和真相大白的时间，他们把一个大巫师按在我们的头上，这个巫师的作用，是不惜一切代价把我们留在黑暗中。一事无成：有人宣扬暴力，有人要抑制暴力。暴力它在原地转圈；某天在马赛爆发，隔天则在波尔多；它从这儿，传到那儿，这是在玩传环游戏。一步一步轮到我们被引向沦为土著的地步。但是要我们完全成为土著，则必须是我们的土地被从前的被殖民者夺走，我们必须饿死方休。不会这样的：不会，是那些丧失权力和地位的殖民主义控制了我们；是它，迟钝又傲慢，不久将骑在我们头上；它，就是我们的萨尔，我们的罗阿。

当你们在读法农此书的最后一章时，会相信，宁可当一个土著，即使处在最悲惨的时刻，也胜过当以前的殖民者。一个警方公务员被迫每天十个小时去刑讯逼供，并不好；他的神经会绷断，除非我们禁止拷讯者，不准他们为自己私人的好处而超时工作。当我们想通过严格的法律来保护国家和军队的道德时，军队却有系统地败坏国家道德，这是不对的。没有一个有着共和国传统的国家，会把成千上万的青年交给一些暴力的军官。

我的同胞们，这不对，你们现在知道所有以我们的名义所犯下的罪行。你们对此不向任何人呛声，甚至不敢对自己的灵魂呛声，由于害怕对自己的评价。起先你们不知道，我想要去相信这点，你们半信半疑，现在你们知道了，却始终保持沉默。八年的沉默，使人堕落！没有用的：今天，酷刑那炫目的太阳升到了最高点，照亮整个国家。在普照的阳光下，再也没有正义的爽朗笑声，不再有哪一张脸不是涂上了脂粉来掩盖愤怒或害怕，不再有哪一个行为不流露出我们的厌恶和共谋。今天，只消两个法国人相遇，他们之间就有一具尸体。而当我们说“法国”的时候，从前，它是个国家的名称；而在一九六一年，可要小心这会不会是一种精神官能症的称呼了。

我们能复元吗？会，暴力就像阿喀琉斯的长矛，能使被刺的伤口愈合。今天，我们被束缚，饱受屈辱，因害怕而生病。我们跌至谷底。对殖民地的贵族来说，这还不够：在他们没有先把我们法国人殖民化之前，将无法完成在阿尔及利亚那进度落后的使命。我们每天在殴斗之前退缩，但要深信，我们绝对逃避不了；他们需要殴斗，那些杀人者；他们想扑向我们，朝人群中乱打。让我们将巫师及拜物神的时代终结吧：只能战斗，或在集中营中腐烂发臭。这是辩证的最后时刻：你们谴责这场战争，却又不敢宣布自己同阿尔及利亚战士团结在一起；别害怕，指望殖民者和佣兵吧！他们将会使你们跨出一步，毅然采取行动。于是，被逼到绝境的你们，可能终将卸下这新的、在你们身上煽起前科重罪之暴力枷锁。但是，正如有人说过，这是另一部历史。人类的历史。我深信，我们同创造这历史的人们联合起来的时候不远了。

第一章　论暴力

民族解放、民族复兴、重建属于人民的国家、英联邦等等，不管是使用什么名称或引进什么新方案，去殖民（décolonisation）始终都是一种暴力的现象。不论我们在什么层次研究去殖民，例如：个人之间的交往、新名称的运动俱乐部、鸡尾酒会、警察，还是国有或者私人银行的董事会，去殖民不过是十分单纯地由一“类”人代替另一“类”人的过程。没有过渡期，而是全新的、完整且绝对的交替。我们当然也可能指出一个新民族的涌现，一个新国家的建立，它的外交关系和政治、经济方向的变化。但是，精确说来，我们选择了消除歧异，去谈论一个白板状态，也就是最初的去殖民从被定义的起始状态。它不寻常的重要性在于，从第一天开始，去殖民就成为被殖民者最起码的要求。老实说，成功的证明，在于社会结构彻底改变了。这种改变异常非凡的重要性在于，它是被人们渴望、要求和强求的。这种改变的必要性，在被殖民者男女的意识及生活中，是以一种原始、冲动和强制的状态存在。但是，这种变化的可能性，也同样被另一类男女，也就是移殖民者，以下列的形式体验：在他们的意识中，认为未来是可怕的。

去殖民的历史过程

企图改变世界秩序的去殖民，根本就是一个全然混乱无序的纲领。但它不可能是一个神奇的操作、自然的撼动或者和睦谅解的结果。大家都知道，去殖民是一个历史的过程，也就是说，只有当我们认清那赋予它内容与形式的历史化运动，它才能被理解，才能找到自己的可理解性，使自身变成透明。去殖民是两股天生你死我活敌对势力的角逐，两者的独特性，正是由于它们皆提取自殖民情境所分泌的养分。它们是在暴力的情况下展开首次决战，并在大量的刺刀及大炮下维持共同生活——更确切地说，所谓共同生活，是殖民者对被殖民者的剥削。殖民者和被殖民者是老相识。当殖民者说他认识“他们”时，的确是有道理的。因为殖民者造就了他们，并且继续制造出他们。殖民者从殖民体制中提取出真实，也就是他的财产。

去殖民绝不可能不受人注目，因为它针对人的存在，它改变了人，它把不具本质性的存在、被压垮的观众，转变成享有特权、几乎受到历史大力吹捧的伟大演员。它在存在里，带进了一种由新人类的节奏、新的语言、新的人性。去殖民是真正地创造新人。但这种创造，不是从任何超自然力量那里得到正当性：被殖民地化的“物”，在自我解放的过程中，变成了人。

因此，在去殖民化的过程中，有着对殖民情境做全盘重新提问的需求。如果我们想精确地描述它的定义，可在“后来居上”[①]这句名言中找到。去殖民是这句名言的验证。因此，就描述的层面而言，所有的去殖民化都是一种成功。

---

① 译注：“Les derniers seront les premiers.”引自《圣经·新约·马太福音》第20章第16节。

去殖民以赤裸裸的姿态展现，它透过所有的毛细孔，以烧红的子弹和血淋淋的刀剑，让人来揣度。如果后来者必须居上，那只能是两大主角致命对决后的决定性结果。若要使后来者爬到前排的坚定意愿获胜，要使他们在那有名的、用来定义何谓一个有组织社会的阶梯上爬升（有人说，用太快的速度），那只有透过在天平上放入所有的手段，当然包括暴力。

我们无法以这样的纲领就瓦解一个社会，即使只是个原始的社会，如果不是在一开始的时候，也就是说，甚至是计划本身公式化的最初，就决定要扫除路上所碰到的一切障碍。决定实现这个纲领、使它变成动力的被殖民者，随时准备好动用暴力。他从出生就清楚这个充满禁令的狭小世界，唯有靠绝对暴力，才能对它重新提问。

殖民地是个分割的世界。不必浪费唇舌去重提土著和欧洲人的城市、土著和欧洲人学校的区隔，或南非的种族隔离。然而，如果我们深入这种分割的内部，我们至少可以标示出其中几条动力的界线。走近殖民地世界，走近这个安排和地理布局，将使我们据此重新组织去殖民社会的界线。

被殖民世界是一分为二的世界。兵营和警察局标明分界线。在殖民地，宪兵、军队是被殖民者有效的对话者，他们是殖民者及压迫体制的代言人。在资本主义社会里，不论是宗教或世俗化的教导，父子相传的道德反思教育，工人在五十年的优良忠诚服务后获颁的诚实楷模奖章，因和谐与智慧而增长的爱情，或者鼓励遵守既定秩序的美德，这些，都在被剥削者周围营造出一种服从与禁止的气氛，大大减轻了警察的任务。在资本主义国家中，在被剥削者与当权者之间，有众多道学教授、顾问和“偏激倾向导正专家”的介入。相反地，在殖民地，宪兵或士兵借由他们立即的出现，直接频繁的介入，保持和被殖民者的接触，并用枪和凝固炸弹，命令被殖民者不得动弹。人们可以看到，权力的中介者使用纯粹暴力的语言。中介者并不减轻压迫，也不掩盖支配。他们把压迫和统治暴露出来，恬不知耻地凸显自己那维持秩序的地位，把暴力带进被殖民者的家里和他们的脑袋里。

被殖民者的面貌

被殖民者居住地带与殖民者居住地带，并不呈现互相补充的状态。这两个地带互相对立，但这样的对立不是为一个更高的统一而服务。这两个被纯粹亚里士多德逻辑所支配的地带，都遵守相互排斥的原则：无法和解，多说无益。殖民者的城市是石块和钢筋打造的铜墙铁壁，灯火通明、铺上柏油。而城里的垃圾箱总是塞满了从未见过，甚至是从未梦想到的、不知名的残渣。殖民者的双脚从不被人看见，可能只在大海里才展现；但我们从未足够靠近到可以看见它们。结实的鞋子保护殖民者的脚，城市街道干净、光滑，没有坑洞，没有石子。殖民者的城市是座吃饱没事干又轻松的城市，肚子总填满了好吃的东西。殖民者的城市是白人的、外国人的城市。

被殖民的城市，或至少是土著的市镇、黑人的村子、阿拉伯街、印第安人保留区，则是声名狼藉的地方，住满了声名狼藉的人。人们在那里随意地、草草地被生了出来。随地、随便因某不知名原因死去。这是个没有间隔的世界：人挨着人，小茅屋挨着小茅屋。被殖民者的城市是座饥饿城市，渴望着面包、肉、鞋子、煤炭和光明。被殖民者的城市是座蹲下来的、屈膝的城市，一座躺卧着的城市。这是黑人的城市、阿拉伯人的城市。被殖民者以淫荡、羡慕的眼神望着殖民者的城市，梦想占有它。用尽所有占有的形式：坐在殖民者的桌旁、躺在殖民者的床上，可能的话和殖民者的妻子上床。被殖民者是嫉妒的，殖民者不是不知道，在他瞥见被殖民者那失控的眼神时，苦涩地见识到这点，但他始终保持警惕："那些家伙想夺取我们的地位。"的确，一个被殖民者至少每天一次梦想处在殖民者的地位。

这被分割、被一分为二的世界里，住着不同类别的人。殖民地的独特性就在于：谈经济现实、不平等、生活模式极大的差异，都无法做到遮掩一个属于人道这个层次上的现实。当我们快速审视殖民脉络时，即可明白地看到，分隔这个世界的，首先是属于或不属于这个类别、这个种族的事实。在殖民地，经济的下层结构同时也是上层结构，原因即结果；因为是白人而富有，因为富有而成为白人。所以，每当讨论殖民地问题时，马克思主义分析总是应该稍微放宽些。马克思对前资本主义社会的探讨，并没有到概念的层次上，我们在此也不是要去重新探讨这个问题。农奴和骑士的本质不同，但两者都必须借助神权来使身份的不同正当化。在殖民地，从外地来的外国人，用枪炮和机械来强制统治。尽管他成功地制服和据为己有，他始终是外国人。首先构成了"统治阶级"特征的，既非工厂，也不是财产，亦不是银行里的账户。统治族群首先是外来的，那些不像当地人（autochtones）的，那些"他者"(les autres)。

暴力主宰了殖民地世界的布局，不断地破坏当地人的社会形态，毫无保留地摧毁了经济、衣着和外表原先的参照坐标。然而，当被殖民者决定成为历史的舞台，奋力冲进禁区的一刻，被要求以及承受的，同样是这个暴力。炸毁殖民地世界，今后将是十分清楚的行动意象，非常可以理解，也能为每个被殖民的构成分子遵循。瓦解殖民地世界，并不意味着在撤废边界线后，人们会整治两个地带间的通道。摧毁殖民地世界，不多不少，就是要取消一个地带，把它埋在泥土深处，或赶出土地。

被殖民者对于殖民地世界提出的质疑，并非观点上的理性较量。那不是有关普遍概念的论述，而是一种把独特性提出，当成绝对的疯狂论证。殖民地世界是摩尼教的善恶二元论世界。殖民者对被殖民者做肉体上的限制，也就是借由警察和宪兵，限制被殖民者的空间，这还不够。就好比为了阐明殖民剥削的极权主义特点，殖民者把被殖民者描述成一种“恶的精髓”[①]。被殖民者社会不只被描述成一个没有价值标准的社会。殖民者断言，在被殖民者的社会中，这些价值标准不是被抛弃了，就是根本不曾存在过，这样说还不够。被殖民者被宣称为，对伦理学是抵制的，不仅缺乏价值，也是对价值的否定。他是，让我们敢于承认这点价值的敌人。在这个意义上，他是绝对的坏。他是腐蚀成分，破坏一切接近他的东西，是扭曲成分，使一切与美或道德有关的东西变了形，是一切不吉祥力量的受托人，是盲目暴力的无意识及无法回收的工具。梅尔（Meyer）先生可以在法国国会上严肃地说，不应该让阿尔及利亚人进来国会殿堂嫖淫共和国。的确，自从和被殖民者接触过后，所有的价值就不可逆转地中了毒和被污染了。被殖民者的习俗、传统、神话，尤其是神话，就是贫困、体质败坏的标志。所以，这也就是为何，要把下列两件事放于同一平面上来看：用 DDT 消灭寄生虫、疾病的媒介，以及基督教在异端邪说、本能、邪恶等等还在萌芽的状态时就把它们给扼杀了。黄热病的消除和福音布道的进步，分属同一份决算表。但是，布道团的捷报实际上告诉我们在被殖民者内部引进异化酵素之重要性。我谈基督教，谁也没权利对此感到惊讶。殖民地的教会是白人的教会、外国人的教会。它并不召唤被殖民者走向上帝，而是走向白人的道

① 我们已在《黑皮肤，白面具》书中描述过这种善恶二元论的世界。

路、主人的道路、压迫者的道路。众所皆知，在这一历程中许多人被征召，却很少人入选。

有时候，这个善恶二元论竟然达到逻辑上的极端，将被殖民者去人性。确切地说，把被殖民者动物化了。因此，当殖民者谈到被殖民者时，他使用的是动物学的语言。他影射黄种人的爬行、土著住所散发出的气味、游牧部落、恶臭、大量繁殖、乱钻乱动、比手画脚。当殖民者想描述或找出一个恰当的字眼时，经常参考中世纪的动物寓言集。欧洲人很少依靠“形象化”的词。但是，领悟了殖民者计划的被殖民者，理解了人家对他兴讼的意图，立刻知道对方在想什么。这个爬升的人口统计图，这些歇斯底里的群众，这些完全没有人性的面孔，这些胖得什么也不像的身体，这群没头没尾的人，这些似乎不属于任何人的野孩子，这种摊在太阳下的懒散，这种植物般的韵律，这些都成了殖民词汇当中的一部分。不久就要涌现了，那些戴高乐将军讲到的“黄色人群”、莫里亚克先生（M. Mauriac）讲到的黑色、棕色和黄色群众。被殖民者知道一切，并且呵呵大笑，每当他们在他者的话语里发现自己成了动物。因为他知道自己不是动物。更确切地说，恰在他发现自己的人性的同时，他擦亮武器，做好战斗准备，要让人性获胜。

一旦被殖民者开始捣乱，开始让殖民者惶恐不安时，我们就会派出一些善良的灵魂，在“文化大会”上向他展示西方价值的特殊性及丰富性。但是，每当话题牵涉西方价值时，立刻就会在被殖民者身上产生一种僵直的肌肉痉挛现象。在去殖民阶段，被召唤的则是被殖民者的理性。我们向他们提出一些确切的价值，充分向他们解释：去殖民不该意味着倒退，而是应该建立在一些经试炼过、牢靠、受评定的价值上头。然而，目前的情况是，当一个被殖民者听到一段有关西方文化的论述时，他就抽出自己的大砍刀，或至少要确保刀子在随手可拿到之处。白人价值之所以拥有优越性，是受到暴力的保证，白人价值在对决的过程中胜过被殖民者的生活或思想方式，是浸满在侵略性中的。暴力、侵略性，透过复返，使得我们在被殖民者面前提起这些价值时，不免换来冷笑。在殖民的脉络中，殖民者从未停止过对被殖民者的攻击，除非被殖民者高声清楚地承认白人的价值优越。在去殖民时期，被殖民大众对这些价值不屑一顾、蔑视并唾弃它。

这种现象通常被掩盖起来，因为在去殖民时期，一些被殖民的知识分子已经跟殖民国家的资产阶级建立了对话关系。在这个期间，当地居民只被视为面貌模糊不清的群众。殖民的资产阶级有机会在各处认识的几个土著，不足在立即的感知上发挥作用，使得差异化得以产生。相反地，在解放时期，殖民主义的资产阶级热切地寻找与“社会精英”们接触。那著名的、针对价值的对话，是与这些精英进行的。殖民资产阶级认识到自己不可能在殖民地维持统治时，就决定进行文化、价值及技术各领域的后卫战。然而，绝不应该忘记的，是占绝大多数的被殖民民众，他们对这些问题漠不关心。对被殖民者而言，最根本的价值，首先是土地，因为这最具体：土地保证了面包，当然，也保证了尊严。但这个尊严与作为具“人道的人”的尊严无关。这个理想的人，他从未听人说过。他在自己土地上看到的，是我们可以抓他、打他、使他挨饿，却不受惩罚；从未有过任何一个伦理学教授或神甫，过来代他被打，并跟他分享面包。对被殖民者而言，作为一个伦理学家可以十分具体，就是使殖民者的傲慢噤声，使他行使的暴力粉碎，简单地说，就是直截了当地把殖民者从全景图中驱逐。人人平等这一著名的原则，在殖民地会找到对此的阐释，只有当被殖民者提出，他与殖民者是平起平坐之时。再进一步，他想要为超越殖民者而战斗。事实上，他已决定代替殖民者，并占据他的位置。正如我们所见，整个物质和道德的世界崩溃了。一直在抽象普遍性方面遵从殖民主义者的知识分子，如今为了殖民者和被殖民者能够在新世界和平共处而奋斗。但是，他没有看见，因为确切地说，那是由于殖民主义已经渗透到他所有的思想模式中了，他看不到一个事实，殖民者，一旦殖民的脉络消失，也就没必要与他们共存了。这个情况的出现并非偶然，在阿尔及利亚政府和法国政府谈判以前，欧洲少数所谓的“自由主义者”已经清楚地表态：他们要求，不多不少，双重的公民资格。就是由于我们局限在抽象的层次上，才想迫使殖民者在未知中做一个十分具体的飞跃。让我们这么说吧，殖民者完全知道任何浮夸的词藻也取代不了现实。

表象化的去殖民

于是，被殖民者发现他的生命、呼吸、心跳和殖民者一样。他更发现殖民者的皮肤不比自己的皮肤值钱。这一发现引起世界的大震撼。被殖民者一切新革命的保证由此而起。如果我的生命确实和殖民者的一样重要，那么他的目光就不再令我觉得咄咄逼人，令我颤栗，他的声音不再令我发愣了。我不再面对他而不知所措，实际上，我已不把他放在眼里。不只在他面前，我不再感到局促不安，而且我正为他布下一个陷阱，使他除了逃走以外没有别的出口。

我们曾经说过，殖民脉络的特征是强制世界一分为二。去殖民把世界统一起来，透过一个激进的决定，根除世界异质性的部分，借由在国家的基础上，有时是在人种的基础上，将世界统一。我们知道塞内加尔的爱国者所说的一句恶毒的话，当他们提起总统桑戈尔（Senghor）的手腕时："我们曾经要求指导层非洲化，而现在，桑戈尔使欧洲人非洲化了。"这意思是说，被殖民者绝对有可能直接地洞悉去殖民是否发生，因为后来者居上是最起码的要求。

但是，被殖民的知识分子给这一请愿带来不同的变奏，事实上，他似乎有很好的理由：行政人员、技术人员、专家是必要的。然而，被殖民者却把这些破格的优待，诠释成同样是破坏的手段，而且，随处都会听到一个被殖民者宣称："早知道，我们根本就不必独立……"云云。

在那些真正进行过解放斗争的被殖民地区，在那里，人民流淌过的鲜血和武装斗争的时间，促使知识分子涌回到广大民众根基之处，在那里，我们参与了一场真正的铲除工程，将知识分子所汲取自殖民主义资产阶级的上层建筑根除。在他自恋的独白里，殖民主义资产阶级通过那些教授的中介，的确使被殖民者深信，本质是不朽的，尽管所有的错误都该归咎于人。那当然就是所谓的西方的本质。被殖民者接受了这些思想的基础，人们可以在他脑子的一个褶子里发现一个警惕地捍卫希腊拉丁根基的哨兵。然而，在解放战争时期，被殖民者重新接触他的子民，这个装模作样的哨兵就粉碎了。所有地中海的价值，人道的、光明、美的胜利，都变成了没有生命和褪色的小玩意。所有这些华丽词藻似乎成了空洞的堆积。这些似乎使灵魂高贵的价值黯然失色，因为它与人民投入的具体斗争完全无缘。

首先是个人主义消逝了。被殖民知识分子从他主人那里学到，个人必须受到彰显。殖民主义资产阶级用棒槌把个人社会的想法打入被殖民者的思想里，在这个社会里，每个人关在自己的主观里，财富就是思想的富有。而在解放斗争时期，有机会逃到人民当中的被殖民者，将发现这个理论的错误。斗争的组织形式将向他提供不同的词汇。兄弟、姐妹、朋友是被殖民主义资产阶级所放逐的词，因为对他而言，我的兄弟就是我的钱包，我的朋友就是我的手段。被殖民的知识分子，在一种类似火刑中，参与了所有偶像的毁灭：自私、傲慢的辩驳，老是要驳倒人的幼稚愚蠢。这个受殖民主义文化烧伤的知识分子，也将发现村民大会的组织内容密实，人民委员会密布各地，地区或支部会议超乎寻常地频繁。个人的事务今后不断地成为众人的事务，因为具体来说，大家全都将被外籍兵团发现，可能被杀或得救。在这个脉络下，“摆脱困境”(démerdage）这种无神论的救赎方法是被禁止的。

一段时间以来，关于自我批评我们谈得很多：但，我们可知，这首先是一个属于非洲的机制？无论是在北非的村落里，或是在西非的集会里，传统的做法是，当一个村子里爆发冲突时，必须当众辩论。当然是集体的自我批评，但带点诙谐气氛，因为大家都很放松，因为所有的人最终期待相同的结果。随着他投身于民众之间，知识分子渐渐放弃算计、异常的沉默、不可告人的想法、暗中耍小聪明、秘密等等。我们因此可以这么说，在这个层次上，团体已然胜利，它发散出自身的光芒，分泌出自己的理性了。

但是，有时候去殖民也会在一些尚未被解放斗争充分撼动的地区发生，我们又可以重新见到同样机灵、狡猾、奸诈的知识分子。我们在他们的身上，完整无缺地重新找到他们与殖民主义资产阶级交往过程中，捡拾得来的举止和思考形态。昨天他们是殖民主义的宠儿，今天又摇身一变成为民族权威的骄子。他们组织了某些掠夺国家资源的活动，冷酷无情地通过手段或合法的窃取爬上高位；滥用国家当前的贫困，大搞进出口、开股份公司、炒作股票、享受特权。他们再三要求商业国有化，即把市场和良机独独保留给民族主义者。在理论上，他们急切地要把从国家偷来的赃物国有化。在这个冷酷的国家时期，在所谓严峻阶段，他们掠夺的成功迅速引起人民的愤怒和暴力。在非洲及国际的当前情况下，这个贫困和独立的人民，快步迈向社会意识的觉醒。这一点，那些小个人主义者不用太久的时间就明白。

为了吸收同化压迫者的文化并且在其中冒险，被殖民者必须提出一些抵押品。其中，他必须要把殖民主义资产阶级的思考模式变成自己的。这点，我们可以在被殖民的知识分子没有对话能力中看出来。因为他们在面对一个对象物或观念时，不知道去让自己成为不重要的。相反地，当他在民众中积极活动时，他将惊讶连连。他完全被民众的诚实和正直解除了武装。一个在暗处窥伺着他的、一直会有的危险，是搞民粹主义(populisme)。他变成一个随声附和的人，同意民众的每一句话，并当作格言。然而，农民、失业者、挨饿者并不企求真理；他们绝不会说自己就是真理，因为他的存在就是真理。

在这个时期，知识分子表现得宛如一个庸俗的机会主义者般客观，事实上他没停止耍手段。对人民而言，问题从不在于去拒绝知识分子，或使他走投无路。人民要求的是把一切弄成是共同的。被殖民知识分子在人民大潮里的融合，将会出现推延的情形，因为他对细节的存在带着一种古怪的崇拜。人民并非抗拒分析。他喜欢人家向他解释，喜欢明白论证的逐条陈述，喜欢看方向往哪边走。但是，被殖民的知识分子，当他和人民相处之初，老是计较细枝末节，甚至忘记了殖民主义的失败是斗争本身想要达到的目的。被席卷在多元形式的斗争当中，他倾向着重在地方性任务，大搞特搞，总是过于一本正经，却看不到全局。他把规律、专长、领域各种概念导入人民革命这台可怕的混合搅拌机器里。由于投入在一些确切的点上，他有时候会忘记运动全局的统一性，并在局部性失败时，禁不住开始怀疑，甚至灰心气馁。相反地，人民一开始就采用了全体性的立场。土地和面包：如何能获得土地和面包呢？人民所采取的这个表面上局限和狭窄的位置，追根究底，是最具丰富性和最有效的操作模式。

真理的问题同样令我们非注意不可。在人民之中，任何时候，真理只归于与国家相关的那些。没有任何绝对的真理，没有任何关于精神具透明性的论述，可以粉碎这一立场。被殖民者用同样的谎言，来回答殖民地状况的谎言。他们对自己的人坦率，对殖民者在态度上则是收敛和模糊不清。加速殖民统治崩溃的那些，就是真的；促进国家出现的那些，就是真的，保护土著，击溃外国人，这些是真的。在殖民脉络中，没有什么真实的行为准则可言；所谓好的，只不过是伤害“他们”的那些。

因此，我们看到支配殖民地社会的原始善恶二元论，在去殖民时期原封不动地被保存下来。那是因为殖民者一直是敌人、对立者，更确切地说，是必须被推翻的人。压迫者在他的辖区里进行统治、剥削和掠夺；而在另一个地区里，被殖民之“物”是被猎杀、被掠夺的，在能力可及的范围内供养着压迫者，无须过渡地直接从殖民地的岸边到“母国”的宫殿和码头。在这被固定住的地带，表面平静，棕榈树在云朵下摇曳，海浪拍打着鹅卵石，原料来来往往，殖民者的存在同时被正当化。而被殖民者仍旧蹲着，半死不活，永远做同一个梦。殖民者写历史。他们的生平就是一部史诗，一部历险记。他是绝对的肇始者：“这片土地，是我们造就它的。”他是持续的理由：“如果我们走了，一切都完蛋，这片土地将回到中古世纪。”在他面前的，是一些麻木不仁的人，他们打从内心受到狂热与“祖先的习俗”纷沓困扰，面对殖民唯利是图的新动力，他们构成了一个几近矿物般坚硬的框架。

殖民与被殖民的群众关系

殖民者创造历史，并且知道自己在创造历史。因为他经常参照母国的历史，他并明确地指出，他在这里是延续这个母国。因此，他写下的不是被他掠夺国家的历史，而是他的国家在掠夺、侵略和使人挨饿的历史。被殖民者被强迫成为无法动弹的状态，只有当他们决定结束殖民主义的历史、掠夺的历史，并使民族的历史、去殖民的历史出现时，才可能被重新审视。

被割裂的世界，善恶二元论的世界，动弹不得的世界，铜像的世界：征服这世界的将军铜像、架桥工程师的铜像。这个对自己深具信心的世界，如一块巨石，重压在遭受鞭子抽打的脊椎上。这就是殖民地世界。土著是被关在笼子里的人，种族隔离不过是分割殖民地世界的一种形式。土著首先学会的第一件事，是待在自己的位置上，不能超越界线。这也是为何，土著的梦，是肌肉的梦、动作的梦、具侵略性的梦。我梦见自己跳跃、游泳、奔跑、攀登。我梦见自己哈哈大笑，跨过大河，被一堆永远逮不到我的车子追赶。在殖民时代，被殖民者从晚上九点到早上六点之间，不停地解放自己。

这沉积在被殖民者肌肉里的攻击性，首先对自己的同胞发挥。这个时期，黑人们彼此互殴，警察和预审法官面对北非这种犯罪行为不知所措。我们在后文将讨论这一现象（参见第五章）。面对殖民地特有的安排，被殖民者恒常处于紧张状态中。殖民者的世界是一个充满敌意的世界，充满排拒，又同时使人向往。我们已经了解到，被殖民者经常梦想安顿在殖民者的位置上。不是变成殖民者，而是取代他。这个充满敌意的、沉重、具侵略性的世界，因为它粗暴地排斥被殖民者群众，但这个世界所代表的，不是人们想要尽快逃离的地狱，而是一个触手可及，但又有凶猛的看门狗守卫着的天堂。

被殖民者始终保持警惕，由于他很难辨识殖民世界那无数的符号，从不知道自己是否跨越了界线。面对由殖民者安排的世界，被殖民者始终被当作嫌疑犯。他的罪恶感并不是一种承认、接受的罪恶感，而比较像是一种诅咒，达摩克利斯之剑。然而，在被殖民者内心深处，他并不承认这些对他的审理案件。他是被统治，而不是被驯服。他被贬低，但并没有被说服而认为自己低人一等。他耐心等待殖民者放松警戒，再扑向他。被殖民者的肌肉一直在等待。我们不能说他焦虑不安，说他害怕。事实上，他始终准备好要抛弃猎物的角色，而担任猎人。被殖民者是个恒长梦想自己成为迫害者的受迫害者。社会的象征——宪兵、兵营响彻的军号声、军队列队和高悬的旗帜——既是抑制剂又同时是兴奋剂。这些象征，毫不意味着“别动”，而是“好好准备攻击”。事实上，假如被殖民者有沉睡与遗忘的倾向，那么，殖民者的傲慢，和他心里记挂着想去检验殖民体制的牢固性的想法，也会再三提醒他：重大的决斗绝不会无限期延长。这种取代殖民者的冲动，无时无刻不使肌肉处于紧张状态下。我们知道，事实上，在目前的情绪状态下，障碍的存在会使运动有加快发生的倾向。

殖民者与被殖民者的关系是群体的关系。殖民者以其势力来对抗数量。殖民者有暴露狂，他对安全的操心让他得高声提醒被殖民者：“在这里，我是主人。”殖民者在被殖民者的心中挑起了怒火，这把一发不可收拾的怒火一直维系着。被殖民者被锁在殖民主义的天罗地网里。但我们看到，在那里面，殖民者获得的，只不过是一个假的石化状态。被殖民者肌肉的紧张会周期性地在一些血腥的爆发中获得疏解：即部落的斗争、首领间的斗争和个人之间的斗争。

在个人的层次上，我们参与了一场真正的理性的否定。殖民者或警察可以整天殴打被殖民者、侮辱他，叫他下跪，我们可以看到，被殖民者在碰到另一个被殖民者一点点的敌视或挑衅的目光，就会拔出刀来。因为他最后的一招，是用对付自己的同类来保卫自己的人格。部落斗争，只会使深埋在脑海中的旧恨，永远传下去。被殖民者大量地把肌肉消耗在报复上，企图说服自己以为殖民主义并不存在，以为一切照旧，以为历史在继续。我们可以清楚地在集体的层次上，理解这些著名的逃避行为的意义：就好像沉浸在同胞的血中，就可以使人看不见障碍，就可以把以武装斗争来反殖民主义这个不可避免的决定，拖延下去。在部落之争中，非常具体地造成集体的自我毁灭，这因此是被殖民者疏解肌肉紧张的途径之一。所有这些行为，是面对危险时的死亡反应，是自杀行为，它让殖民者在生命及统治获得巩固的同时，认定被殖民者是无理性的一群。被殖民者也同样借助宗教，成功地对殖民者不予理会。通过宿命论、罪恶、贫困、命运回归上帝，压迫者的一切创举都被消除了。个人就这样接受上帝所决定的腐败解体，在殖民者和命运之前伏首帖耳，通过一种内心的再平衡，迈向一种石头般的平静。

然而，在这期间，生活继续下去，被殖民者通过广泛且可怕的神话——这种神话在落后社会里多如牛毛——而抑制自己的攻击性：邪恶精灵的介入让我们走路歪斜，那些凶神恶煞、半人半豹、半人半蛇、六足狗、僵尸，所有这些一系列无穷无尽的小动物或巨人，在被殖民者周围支配着一个比殖民主义世界更可怕的禁忌、障碍和抑制的世界。这个渗入土著社会、巫术般的上层建筑，在力比多经济的动力中，担任明确的职务。

事实上，落后社会的特征之一，即是力比多首先是属于团体、家族的事务。人类学家早已详细描述过这个社会的特征：在这个社会里，那个梦见自己不是跟妻子而是同另一个女人有性关系的人，必须要公开承认这个梦，并向那女人的丈夫或受伤害的家庭尽缴纳实物或以工代赈的义务。这一并证明了所谓史前社会非常重视无意识。

神话和巫术的气氛，在令我害怕的同时，表现得如同一个不容置疑的现实。它在令我惊恐的同时，使我融入传统、融入我的地区、我的部落历史。但又同时令我安心，它给了我一个位置，一张身份证。在落后国家，秘密这个面向是一个集体的面向，特别专属于巫术的范畴中。在这千丝万缕的网内，行动自我重复，带有如同水晶般的永恒性，把我限制在这个网内的同时，被肯定为永恒的，则是我的世界，我们的世界。相信我，僵尸比殖民者更可怕。从此，问题不再是让自己去符合殖民主义那披着铁甲的世界的规定，而是在小便、吐痰或夜间出门时必须再三思量。

超自然、巫术的力量，表现为一股惊人的自我力量。殖民者的力量无限地萎缩，被贴上外来的标志。我们不再需要去对抗他们，既然神话结构的可怕厄运也十分重要。我们看到，一切都获得解决了，透过幻想层面上那些永恒的对决。

然而，这群人民，从前被分割成一个个不真实的小圈子，他们被一种无法言喻的惊吓所折磨，却乐于在梦般的折磨中自我迷失，在解放斗争中，这群人民自行解体了，又重新组织起来，并在血和泪中诞生了实际且直接的对决。给解放战士（moudjahidines）吃的东西、为他们放哨、帮助欠缺生活所需品的家庭、代替被杀害或被囚禁的丈夫：这些都是在解放斗争中，人民被鼓励去执行的具体工作。

在殖民世界，被殖民者的情感被维持在一种十分敏感的状态，犹如裸露的伤口躲避腐烂因素那样。精神机制缩起来，被磨灭了，透过肌肉的示威表现，做自我卸载，这让一些学者认为，被殖民者是歇斯底里的。这种勃起的情感状态，受到看不见的守门人的监视，他们可以直接与人格的核心沟通，不须透过中介，这样被监视的情感的勃起状态，在危机时，将与情欲一起，透过运动机能上的消解，达到自我满足。

从另一方面，我们可以看到，被殖民者的情感状态消耗在多少有些出神的舞蹈中。这也是为何，研究殖民世界，必须要研究舞蹈和着魔。被殖民者也正是用肌肉的狂欢，来放松自己。在这个过程中，最激烈的攻击性、一触即发的暴力被疏导、转变和消失了。舞蹈集会是受允许的，它提供保护以及准许。在固定的时间、日期，男男女女聚集在一个约定的地方，在严肃的宗族面前，大胆地做出步伐不整齐但实际上是系统化的示意动作，通过许多方法，不去承认头的重要性，脊椎弯曲，整个身体往后抛，一目了然地看出一个集体为驱魔，获得解放，说出意见，做出崇高的努力。一切都被准许……在圆圈内。人们爬上小山冈，好像要更接近月亮，溜到河边陡坡上，仿佛要显示舞蹈、大净、清洗、净礼等是具同样价值的，这些地方都是神圣的场所。一切都被准许了，因为，实际上，人们聚集起来，只是为了让积蓄的力比多和受阻的攻击性，像火山爆发似的喷出来。象征性的死刑，形象化的袭击，想象中的各种谋杀，必须统统发泄出来。不愉快就在吵吵嚷嚷声中，像熔岩般蔓延开来。

再进一步，我们掉入全然的着魔状态中。的确，被组织起来的是场附魔-驱魔大会：对吸血鬼的迷信，中了鬼神、亡灵、妖魔的邪。这些人格的分裂、双重性、解体，扮演了稳定被殖民社会的主要经济功能。去的时候，男男女女十分不耐，步履维艰，“神经紧绷”。回来时，村子恢复平静、和平和静止不动。

在解放斗争时期，我们将在某些操作里头，看到一种独特的去情感状态。人们背靠着墙，刀架在喉咙上，或更精确地说，把电极放在他的生殖器上，在这种情形下，被殖民者被勒令不再陈述自身的历史。

经过几年不切实际、沉溺在最骇人的幻想中之后，被殖民者终于拿起枪，迎击唯一否认他存在的势力——殖民主义势力。在战火洗礼下成长的被殖民者年轻一代，很可能嘲笑——祖先的僵尸、双头马、还魂的死人，以及趁人打哈欠时钻到体内的鬼神，不过，这年轻的一代并没有放弃这些。被殖民者发现了现实，并在自己的实践中，在使用暴力中，在解放中企图改变这个现实。

我们刚看到，这个暴力，在整个殖民时期，尽管一触即发，却空转着。我们也看到，它借由舞蹈或着魔的情绪宣泄而被疏导。我们之前看到，它在同胞相残的斗争中消耗殆尽。现在，问题就在于去掌握这个正在重新导向的暴力。之前，它沉溺于神话中获得自我满足，想尽办法发现集体自杀的机会，现在，新的条件将使它改变方向。

暴力，作为补偿

从政治的策略和历史的观点看，殖民地的解放在当代提出一个具根本重要的理论问题：什么时候可以说民族解放运动的局势成熟了？它的前锋应该是什么样子？因为去殖民具有多样性，理性于是犹豫着，禁止自身去说，什么是真正的去殖民，什么是假的去殖民。我们将看到，对于投身其中的人来说，有着决定方法、策略的迫切需要，即领导和组织的问题。否则，只剩下盲目的唯意志主义，具有极端反动的随机性。

在殖民时代，是什么势力向被殖民者的暴力提出新方向、新的投资点呢？首先是政党和知识、商业上的精英。然而，某些政治组织有以下的特征：他们只宣布一些原则，而不发出命令。在殖民时代，这些民族政党的一切活动就是选举挂帅，这是一系列连续不断、各抒己见地讨论有关人民支配自己的权利、人性的尊严和有饭吃的权利原则的政治哲学论文，高唱“一人一票”原则。民族主义的政党从不强调力量对决的必要性，因为他们的目标不是要根本推翻体制。和平主义者，合法主义者，实际上他们是秩序的支持者，应该说，是新秩序，也就是殖民资产阶级秩序的拥护者。他们生硬地向殖民主义资产阶级提出一个对他们来说根本的问题：“给我们更多的权力。”当涉及暴力这个特殊问题时，精英们总是模棱两可；他们的语言是暴力的，而态度是改良主义的。当这些资产阶级民族主义的政党干部说一件事时，他们直言不讳表示他们实际上不这么想。

要诠释民族主义政党的特点，必须同时通过民族主义政党的干部的素质和支持者的素质。他们的支持者是城市居民。这些已从殖民状况中获利但显然利益是被打折扣的劳工、教师、小手工业者、商人，他们有着共同的利益。这些支持者要求的，是改善他们的命运，增加工资。这些政党和殖民主义者间的对话，从未被中断过。他们讨论规划选举代表制、出版自由、结社自由，讨论着改良。因此，看到大量的土著在宗主国的政治组织分支中积极活动，就不必大惊小怪了。这些土著针对一句“政权属于劳工阶级”的抽象口号而奋战，却忘了在他们的地区，首先引导战斗的是民族主义的口号。被殖民的知识分子将他们的攻击性，投资在想要同化于殖民地世界的意图上，几乎不加遮掩。他把这个攻击性用来为自身、个人的利益服务。因此，个别被解放了的奴隶以及获得自由的奴隶阶级，就轻易诞生了。知识分子所要求的，是增加获得自由的奴隶，组织一个真正自由的阶级。相反地，群众并不期待看到个人增加成功的机会。群众要求的不是殖民者的身份，而是他们的位置。大多数被殖民者渴望得到殖民者的土地；对他们而言，重点不是进入与殖民者的竞争当中，他们要的是他的位置。

农民被大多数民族政党的宣传撇在一旁。然而，十分清楚的，在殖民国家，只有农民是革命的。他不会失掉什么，却应该赢得一切。农民，这个失去地位的人、挨饿的人、受剥削的人，最快发现只有暴力能补偿他。对他而言，没有妥协、没有和解的可能。殖民或去殖民，单纯只是武力较量关系。被剥削的人，为了自己的解放，除了武力以外没有别的手段。当一九五六年居伊·摩勒[①]先生对阿尔及利亚殖民者投降后，民族解放阵线在一本著名的小册子中指出，殖民主义只是松开架在脖子上的刀，并没有任何一个阿尔及利亚人觉得这些话太过分。这本小册子只不过表达出所有阿尔及利亚人内心深处所感受到的：殖民主义不是一台思想机器，更不是具有理性的肉体。它在自然状态下即为暴力，只有在一个更强大的暴力面前才会屈服。

至此都还保持沉默的殖民主义资产阶级，直到作决定性解释时，才进入行动。他们引进一个新概念，即非暴力，但确切地说，那是殖民主义的一种新花招。在其原来的形式中，这种非暴力对知识分子或经济方面的精英而言，意味着殖民主义资产阶级和他们有共同的利害，因此为了能共同得救，必须迫切

---

① 译注：居伊·摩勒（Guy Mollet，1905—1975），曾任法国总理（1957—1958）。

达成协议。非暴力是试图在一切不可逆转的形势、一切流血、一切遗憾的行动发生前，大家围着会议桌解决问题。但是如果群众不等会议桌周围的椅子摆好，只听他们自己的声音并开始放火行凶，我们就会看到那些精英和民族主义资产阶级政党的头头们，奔向殖民主义者那边，并对他们说："这太严重了！我们不知如何结束这一切，必须找出一个解决办法，必须寻求妥协方案。"

这个妥协的概念在去殖民化的现象中十分重要，因为它并非那么单纯。事实上，妥协同时关系到殖民体制和年轻的民族资产阶级。殖民体制的拥护者发现，群众有可能毁坏一切。破坏桥梁、破坏庄园、压制、战争，这一切都严重打击经济。妥协也是为了民族资产阶级，在认不清这场飓风可能造成的后果的情况下，他们实际上害怕被这巨大狂风扫到，于是不断向殖民者说："我们还能阻止这场屠杀，群众仍相信我们，要是你们不想坏了一切，那就赶快做吧！"下一步，民族政党的领袖就和暴力保持距离。他高声断言，自己跟茅茅①、这些恐怖分子、这些刽子手没有任何关系；在最好的情况下，他退居到恐怖分子和殖民者之间的无人地带，并毛遂自荐当起"对话者"：这意味着在殖民者不能跟茅茅讨论的情况下，他十分愿意开启谈判。这也是说，民族斗争的后卫部队，也就是那些从未停止过与欲斗争对手处于同一边的人们，却翻跟斗似的处于谈判与妥协的前锋去了，因为他们一直小心翼翼地避免与殖民主义中断接触。

在谈判前，大部分的民族主义政党，在最佳情况下，局限在为这种"野蛮行为"辩解。他们不极力要求人们斗争，往往

---

① Mau-Mau，肯尼亚吉库龙人的秘密团体，1952 年至 1956 年间以恐怖手段攻击英国人，争取民族独立。

在一些非公开的圈子里，恣意谴责那些被报纸和母国舆论称之为丑陋的精彩行动。客观看事物的考虑，构成了这种保守主义政治的正当借口。然而，被殖民的知识分子和民族主义政党领袖的这种典形态度，事实上并不客观。事实是，他们不确定群众这种急不可耐的暴力，是保护他们本身利益最有效的手段。也有人深信暴力办法的无效。对他们而言，无疑所有透过武力粉碎殖民压迫的尝试，都是绝望的行为，是自杀的行为。也就是说，在他们的头脑里，殖民者的坦克和战斗机，占据了巨大的位置。当有人对他们说：必须行动，他们看到炸弹从他们的头上投下来，坦克沿路开过来，炮击、警察……而他们坐着不动。他们一开始就是输家。他们不能用暴力获胜，这点不需要被论证，已然在日常生活及行动中表现出来。他们还停留在恩格斯所采用的一种幼稚的立场上，恩格斯在跟杜林先生这位幼稚泰斗的著名论证中指出："就像鲁宾逊能搞到一把剑一样，我们也能让星期五在某个早晨手持手枪出现，于是整个'暴力'关系颠倒了：星期五指挥，而鲁宾逊被迫苦干……因此，手枪战胜了剑，甚至连最幼稚的公理爱好者无疑也会持有这样的看法：暴力不是一个简单的意愿行为，这个意愿要能付诸实行，得要有一些十分真实的先决条件，尤其是一些工具，而最完善的工具会胜过不太完善的；此外，这些工具得生产出来，这也意味着，较完善的暴力工具的生产者——粗略说来，就是所谓武器生产者——会胜过较不完善的武器生产者。一句话，暴力的胜利基于武器的生产，而武器生产反过来是建立在一般生产的基础上，因此……建立在'经济势力'、经济的国家、暴力能支配的物质手段的基础上。"[①] 的确，改革主义的领袖们不讲别

① 恩格斯，《反杜林论》(*Anti-Dühring*) 第二部，第三章"暴力的理论"(Théorie de la violence)，Éditions Sociales，页 199。

的：“你们拿什么去跟殖民者作战？用短刀吗？用猎枪吗？”

在暴力这个领域，工具的确是重要的，因为原则上，一切都建立在工具的分配上。但，殖民地解放为这个领域带来新观点。例如，我们看到，一八一〇年的西班牙战役中，尽管拿破仑统帅四十万雄兵入侵，还是被迫撤退。然而，法国军队可是因它的武器、士兵的勇猛、统帅的军事天才，使整个欧洲颤抖。面对拿破仑军队庞大的手段，西班牙人受屹立不摇的民族信念所鼓舞，发现了二十五年前美国民兵曾用来反抗英国军队的那种游击战。但是，如果被殖民者的游击战，不是作为一个新要素，存在于这个全球化的竞争过程、介于托拉斯与垄断之间的一个新要素，那它就不会成为一种能与其他暴力工具对抗的暴力工具。

资本主义与殖民地的共犯关系

在殖民最初，一支特遣队就能占领一大片土地：刚果、尼日利亚和科特迪瓦等等。然而，今天被殖民者的民族斗争处于一个崭新的状况中。飞跃上升的资本主义，看到了殖民地是原料的源头，这些原料加工后就可以倾销欧洲市场。经过一个资本积累阶段后，它在今天达到了对一桩买卖盈利概念的修正。殖民地变成了市场。殖民地居民变成了买东西的消费者。因此，如果必须继续加强驻军，如果贸易萎缩，即加工品和工业产品不能再出口，这便证明了必须把军事解决方案排除掉。一种奴隶主义型的盲目统治，对宗主国来说，并没有经济的盈利可言。宗主国资产阶级独占派不支持一个仅会依赖刀剑政策的政府。宗主国的工业家和金融家所期待的，不是大量杀戮土著，而是要借助经济合作来捍卫他们的“合法利益”。

因此，资本主义与殖民地上爆发的暴力势力，在客观上成为共犯关系。再加上，被殖民者并不是单独面对压迫者。当然，他们受到进步的各国及人民在政治上及外交上的支援。尤其有各国金融集团进行的竞争和残酷的战争。一个柏林会议可以把非洲瓜分成三四个国籍。今天，重要的不是某个非洲地区是法国的或比利时的统治地，而是经济地域受到保护。猛烈的炮击或焦土政策，如今已让位给经济上的隶属了。今天，不必再为对付苏丹土著而进行镇压战争了。人们较高雅些，较不血腥，决定和平解决古巴卡斯特罗体制。人们尝试掐住几内亚，尝试推翻摩萨台[①]。因此，害怕暴力的民族领袖如果想象殖民主义者“要把我们都杀光”，那就错了。当然，军人们继续玩弄殖民地征服时代的假象，但金融界人士很快就把他们带回现实中。

这也是为何有理智的民族主义政党，被要求尽量明确表达他们所要声讨的并与为伙伴的，也就是殖民主义者，他们一搭一唱，心平气和，共同寻找一个尊重双方利益的解决良策。我们看到民族改革主义经常以夸大的工会主义形式表现出来，一旦他们决定行动，就会透过高度和平的方式：安排城市里工业部门的罢工，以游行示威欢迎领袖，联合抵制巴士或进口食品。这些活动，同时用来对殖民主义施压，又可让人们消耗力气。实行这种冬眠疗法（l'hiberno-thérapie），这种人民的睡眠疗法，有时竟能奏效。于是，从会议桌上的讨论，出现了一种政治的升级，使加蓬共和国总统姆巴在巴黎官方访问时，十分庄重地说：“加蓬独立了，但加蓬和法国之间什么也没改变，一切继续照旧。”事实上，唯一改变的是，姆巴先生是加蓬共和国总统，和他受到法国总统的接见。

殖民主义资产阶级在安抚被殖民者的工作中，不可避免地

① 译注：摩萨台（Mossadegh，1882—1967），伊朗民选首相（1951—1953）。他宣布伊朗石油国有化，被英美间谍联手收买叛徒将他推翻，美国石油集团因此得以控制伊朗的石油。

受到宗教的协助。所有甘受侮辱、宽宥冒犯、不动声色地接受别人吐口水和辱骂的圣徒，都被当作模范。殖民地各国的精英，这些被解放的奴隶，当他们站在运动的前面，必然以产生一个战斗的代用品而告终。他们充分利用同胞的奴隶状态来羞辱拥护奴隶制的人，或向与他们竞争的属于压迫者的金融集团，提供一个滑稽可笑的人道主义意识形态内容。现实中，他们从未真正号召奴隶，从未具体动员奴隶。恰恰相反，在真实的那一刻，即对他们而言是谎言的一刻，他们挥舞起群众动员的威胁旗帜，当作好比可能神奇“终结殖民体制”的决定性武器。在这些政党内部、干部中间，显然有些革命者断然不理这种民族独立的闹剧。但是他们的干预、他们的积极、他们的发怒动作，迅速惹火了政党机器。这些人逐渐被孤立，然后被甩开了。在这一刻，宛如辩证法似的关联性，殖民者警察找上他们。在城里不安全，活跃分子对他们避而远之，领袖抛弃了他们；这些带着煽动性眼神的不受欢迎的人物，只有离开城市，往乡村去。他们察觉到，带着某种晕眩感，农民群众对他们的话一知半解，而且直截了当地问那个他们毫无准备答复的问题：“我们什么时候开始干？”

暴力氛围漫开后

来自城市的革命者和乡下人的会面，将在以后引起我们的注意。现在我们该回到政党，该来指出他们行动里头，不管怎样仍算是进步的特点。政治领袖在他们的论述中“说出”国家这个名称。被殖民者的要求因此获得了一个形式，没有内容，没有政治、社会纲领，只有一个模糊的形式，但不管怎样总是一个国家的形式，一个框架，那我们称作最低要求者。握有发言权、在民族主义的报章上写文章的政治人物，他们给了人民一个梦想。他们避免颠覆，事实上，却在听众或读者的意识中植入了可怕的颠覆酵母。经常，我们使用民族或部落的语言。这又再度支持了梦想，使得想象能跳脱殖民秩序。有时候这些政治人物还说“我们黑人，我们阿拉伯人”，而这个具矛盾双重性的沉重称呼，在殖民阶段得到一种类似神圣化的感觉。民族主义的政治家们正在玩火。因为，正如一位非洲领袖最近向一群年轻知识分子吐露说：“先好好思考后再跟民众谈话，他们很快就激动起来。”总之，历史的狡猾，将可怕地玩弄殖民地。

当政治领袖召集民众参加集会时，我们可以说空气中弥漫着血腥味。然而，这位领袖所关心的，往往是要“展现”武力，目的不是要使用它。看群众聚集在一起、周围有警察包围、军事示威演习、逮捕、放逐领袖——这一切维持了兴奋感，又引起民众骚动的混乱，给人民一种幻想：他们以为时候到了，是要干什么的时候了。在这些不稳定的时刻，政党不断呼吁左派要镇静，同时又探索右派的思想境界，企图辨识殖民主义的宽容意图。

人民同样利用这种共同生活的插曲来准备并维持革命能量。例如，好几天内一直与追捕他的警察作战的土匪，那个在一次格斗中撂倒四五个警察后不支倒下的人；为了不肯“招供”同谋而自杀的人；他们对人民来说，是灯塔，是模范，是英雄。显然，说这些英雄是小偷、坏蛋或堕落者，根本无济于事。如果这个人被当局追捕，是由于他的行为指向某个殖民者的人身或财产，那么界线就十分清楚了。认同过程是自动的。

同样必须注意到民族抵抗殖民地征服的这段历史，在这成熟过程中所起的作用。被殖民人民当中的伟大人物，始终是那些领导民族抵抗入侵的人。达荷美的贝汉津（Béhanzin）、马里的孙迪亚塔（Sundiata）、几内亚的萨摩利（Samory）、阿尔及利亚的阿卜杜拉·卡德尔（Abdel-Kader）等人，他们特别在行动前的那段时期复活了起来。这证明人民准备重新出发，中断殖民主义引进的停滞，并创造历史。

新民族的涌现，以及殖民结构的摧毁，要不是独立的人民暴力斗争的结果，就是来自边陲暴力行动的结果，这样的暴力行动由其他的被殖民者承担，并对殖民体制产生强制性效果。

被殖民的民众并不孤立。尽管殖民主义使尽气力阻止，但是它的边境仍旧可被新的消息和外面世界的回声渗透。它发现暴力已成为一种气候，到处爆炸，到处席卷殖民体制。这种成功的暴力对被殖民者不单提供报道的作用，而且是可具操作性的。越南人民在奠边府的伟大胜利，严格来说，不再仅仅是越南人民的胜利了。从一九五四年七月起，殖民地民众向自己提出这样的问题："为了实现一个奠边府，该怎么办？该如何行动？"再也没有任何一个被殖民者怀疑这个奠边府"胜利"的可能性了；反而要如何整备武力、组织和投入行动的日期，这些才是问题所在。这种来自四面八方的暴力不单单改变了被殖民者，也改变了殖民主义者，使他们意识到还有许多奠边府。所以，这也是为何，一个真正的恐慌将控制殖民主义政府。他们企图先下手为强，把解放运动向右扭转，并解除人民的武装：快点，快点，让我们进行去殖民化。让我们赶快把刚果去殖民，免得它成为另一个阿尔及利亚。让我们为非洲投票表决宪法架构，创造共同体（Communauté），革新这个共同体，我替你们来驱魔，让我们赶快进行去殖民，去殖民……他们以这样的速度来去殖民，把独立强加给了乌弗埃-博瓦尼[①]。殖民主义者以设定

① 乌弗埃-博瓦尼（Houphouët-Boigny，1905—1993），科特迪瓦1961年独立后的首任总统，连任7届，直至去世，在位长达33年。

框架、辅导的策略，基于对国家主权的尊重立场，来回应被殖民者定义下的奠边府战略。

但是，让我们再回到这个暴力氛围，这个一触即发的暴力。我们看到，在暴力日益成熟的过程中，许多传送带把它接过来，再带出去。尽管殖民体制迫使暴力在部落抗争或地方山头主义内斗中变了形，但暴力仍逐步前进，被殖民者认清了他的敌人，自己所有的不幸从此有了名字，并把自己的仇恨和愤怒全部投入这条新道路。但是，我们要如何从暴力的气氛过渡到暴力行动呢？什么事使这枚炮弹爆炸呢？事实上，首先是“暴力的”，这个发展不会让殖民者的幸福毫不受影响，“熟悉”土著的殖民者从许多迹象上察觉到有些事情正在起变化。善良的土著变得很稀少了，压迫者一走近，只见一片沉寂。有时候，土著的目光变得凶狠，态度和讲话直截了当充满了挑衅。民族主义政党开始骚动，集会频繁，同时，警力增加，援军抵达。殖民者，尤其被孤立在自己农庄里的农业经营主，首先惶恐不已，他们要求当局采取强有力的措施。

果然，当局采取了轰轰烈烈的措施，他们逮捕了一两个领袖，大搞军事演习及阅兵、空中飞行。示威演习、作战操练，空气中弥漫着的火药味，并未吓退人民。这些刺刀和连续炮轰更加强了他们的攻击性。空气变得十分凝重，人人都想证明自己已准备好放手一搏。也就是在这种状况下，子弹独自打出来，因为神经衰弱，恐惧至极，人们对扳机十分敏感。一件平常的偶发事故，却开始机枪扫射：在阿尔及利亚的塞提夫，在摩洛哥的中央露天采矿场，在马达加斯加的穆拉曼加。

镇压非但无法消除民族意识的跃动，反而是增强了它的进展。在殖民地，当自觉的萌芽到达一定阶级时，大屠杀加强了这种觉悟，因为它显示出，在压迫者与被压迫者之间，一切以武力来解决。我们在这里必须指出，政党并无发出武装暴动的命令，没有准备这种暴动。所有这些镇压，这些因恐惧而起的行动，都不是领袖们所乐见的。事件令他们措手不及，所以当局能够决定逮捕他们。但是今天殖民主义国家的政府完全知道，除掉群众领袖是十分危险的。因为到那时，人民如脱缰之马，投入农民暴动、叛乱和“野兽般的屠杀”之中。群众充分发挥“残忍的本能”，并迫使当局释放一些领袖，而把重新恢复平静的艰巨大任交给领袖们。被殖民者自发地把暴力投入摧毁殖民体制的巨大任务中，不久将与那些无活动力、搞不出名堂的“释放 X 先生或 Y 先生”[①]的口号搅和在一起了。于是当局释放这些人，并同他们谈判，群众舞会的时间开始了。

在另一种情况下，政党机器可以维持毫发无损的状态。但是，由于殖民主义的镇压和人民的自发反应，政党被其中积极活动分子搞翻天。群众暴力与占领者的兵力激烈对峙，形势恶化，险象环生。于是，自由之身的领袖们站在边线上。他们的官僚机关和良好的纲领突然变得一无是处，人们见到他们远在事件外，试着以“被戴上嘴套的国家”为名义，进行一场终极的冒名顶替工作。按照一般惯例，殖民主义者会立刻贪婪地扑向这个意外的好运，把这些没用的人转变为对话者，马上给他们独立，要他们恢复秩序。所以，我们看到，人人都意识到这种暴力，问题不总是在于以更大的暴力去回应它，而在于如何解除危机。

那么，事实上，这种暴力是什么呢？我们之前看过，这就是被殖民大众所拥有的一个直觉：他们必须解放，而且，除了通过暴力外，别无他法。这群没有技术、饥饿孱弱、不熟悉组

① 有一种可能的情况是，领袖真正作为被殖民群众的表达。在这样的情况下，殖民主义将利用他被拘禁的状况，从中获益，并试着产生出新的领袖。

织方法的人，在面对占领者强大的经济力及军事力时，是怎样的一种精神脱轨，竟让他们相信，只有暴力才能解放他们呢?他们怎能期待胜利呢?

因为暴力——这是丢脸的事——作为方法，可以成为一个政党的口号。一些政党干部可以号召人民进行武装斗争。必须深思暴力这个问题性。当德国好战者决定通过武力解决边境问题，我们对此一点也不惊讶。但当安哥拉人民决定拿起武器，阿尔及利亚人民摒弃非暴力的方法时，证明发生了或正在发生一些事情。被殖民的人，这些现代的奴隶，已经不耐烦了。他们知道唯有这种疯狂才能使他们摆脱殖民压迫。世界建立了一个新的关系形式。落后国家的人民扯断了他们的锁链，并且不可思议地成功了。人们可以宣称，在人造卫星的时代，饿死人是荒谬的，但对被殖民大众来说，这个表达并非那么脱离现实。事实上，今天没有一个殖民主义国家，能只靠延长大规模的驻军这种斗争形态就侥幸成功的。

在自己国内，殖民主义国家面对种种矛盾、劳工的要求等等，势必动用警察力量。加上当前的国际形势下，这些国家需要军队来捍卫体制。最后，人们知道由莫斯科指导的解放运动的神话。从体制的胆小论辩看来，这意味着："如果继续这样下去，共产党会利用这种混乱而渗透到各个地方。"

在被殖民者的急不可耐当中，就他奋力挥舞着暴力威胁的旗帜而言，这证明他已意识到当前情境的一个特点，并且打算利用它。而且，在直接的经验方面，被殖民者由于有机会看到现代社会深入荒漠的最偏僻角落中，他相当敏锐地意识到他不曾拥有的东西。群众，出自一种推理，可以说是相当幼儿式的推理，坚信所有这些东西都是人们从他们那儿偷走的。这也是为何，在某些落后国家里，群众走得很快，并在独立两三年后，感到相当挫败，觉得若没什么真正的改变，那实在就“不值得”为此战斗。一七八九在资产阶级革命后，法国地位最低的农民从此大变动中获得物质上的好处。但普遍可以见证到的是，在大多数的例子中，对落后国家中的百分之九十五的居民而言，独立并不带来立刻的变化。内行的观察家意识到，存在着一种潜在的不满，犹如一场火灾过后还未烧完的灰烬，始终有再着火的危险。于是，有人说，被殖民者想走得太快。然而，我们可别忘了，才在不久以前，有人抱怨他们太迟钝、太懒散和宿命论。人们已察觉，在解放斗争时，方向明确的暴力，并没有经过升国旗仪式后神奇地熄灭。它尤其因为国家建设还处于资本主义与社会主义之间决定性竞争的架构内，而不熄灭。

这个竞争，将一个最为地方性的要求，赋予了一个几乎是世界性的面向。每个集会、每个镇压行动，会在国际舞台上得到响应。发生在沙佩维尔的谋杀事件[①]，震撼了舆论几个月，在报刊上、在电台广播中、在私人谈话中，沙佩维尔变成一个象征。透过沙佩维尔，男男女女开始讨论南非的种族隔离问题。我们无法声称，只因那些蛊惑人心的宣传，大国突然关心起落后地区的小事情。每次农民暴动，每一次第三世界的动乱，都属于冷战的范围。在索尔兹伯里（Salisbury），两个男人挨棍棒毒打，一整个集团即受到撼动，开始谈论这两个人，借这个打人事件的机会，引发罗得西亚（Rhodésie）的特殊问题，并把它同整个非洲和全体被殖民的人联系起来。但另一个集团也进行同样规模的活动，衡量着其体制里地方性的缺失部分。被殖民者意识到，没有一个集团不对地方上发生的事情感兴趣。他们

① 译注：1960 年 3 月 21 日，在南非沙佩维尔，白人警察对和平示威的黑人开枪，杀害 69 人。当时南非仍然实施种族隔离，黑人抗议“通行法”（pass laws）制度。联合国大会接着宣布 3 月 21 日是“国际消除种族歧视日”，号召国际社会不只是纪念这场悲剧，也要消除种族歧视与种族主义。

不再将自身局限在区域性的小圈圈里，他们知道自己正处于全世界的动荡气氛中。

殖民暴力和和平暴力之间

当我们得知，第六或第七舰队每三个月会驶向某个海岸时，当赫鲁晓夫威胁要用导弹来挽救古巴的卡斯特罗时，当肯尼迪提到老挝，决定考虑采取极端的解决办法时，被殖民者或新独立的人民会有一个印象：不管愿意或不愿意，自己都会被拖着狂奔。事实上，他们已经在行进了。我们举最近解放国家的政府为例：当权者把他们三分之二的时间用来监视四周，防止可能会有的威胁，只剩下三分之一时间为国家服务。同时，他们替自己找靠山。遵循同样的辩证法，民族内部的反对派蔑视议会，不走这样的路线。他们寻找答应支持凶暴骚乱的同盟者。暴力的气氛在渗透到殖民阶段后，继续不变地支配着国民的生活。因为，我们曾说过，第三世界并未被排除在外。恰恰相反，它处在风暴的中心。所以，这也是为何落后国家的政治家在论述时，无止境地维持着攻击性和夸张的口气，而在正常情况下，这些本应该消失。我们同时也理解到，这些新领袖的不礼貌是经常被注意到的。但人们较少注意到，他们对同胞或同志们过分有礼貌的另一面。不礼貌是一种行为，首先用来对付其他人，对待前来观察和调查的前殖民主义者。前被殖民者太常有这样一个印象，认为这些调查的结论已被写好了。记者的采访是个证明。文章穿插照片，证明他在谈什么、到过哪里。调查意在证明一个事实：自从我们不在那儿后，一切都乱糟糟。记者通常埋怨没受到礼遇，工作条件差，更遭到冷漠或敌意的阻挡。这一切都很正常。因为民族主义的领袖知道，国际舆论不过是西方新闻界制造出来的。当然，当一个西方记者向我们问问题时，很少是为了要帮我们。例如，在阿尔及利亚战争中，那些最自由派的法国记者，不断使用暧昧的形容词来描述我们斗争的特点，当有人责备他们时，后者却信誓且旦地说自己是客观的。但对于被殖民者而言，客观性总是被用来反对他们。同样地，我们也明白，一九六〇年九月在联合国大会上所出现的新国际外交口吻，对殖民地各国代表是挑衅的、粗暴的、过激的，但殖民地民众并不认为他们太过分。非洲代言人的激进主义使伤口化脓，让大家更加看清楚，大国的否决权和彼此间对话的本质，以及第三世界微不足道的作用。新独立人民所开创的外交，不再是微妙的言词、话中有话和催眠诱导。这是因为，他们的代言人受人民的托付，要同时捍卫国家的统一性、发展群众福利和人民拥有自由及面包的权利。

这是一场在行动中轰轰烈烈的外交，与殖民化的停滞、僵化世界形成奇特的对照。当赫鲁晓夫先生在联合国大会上，挥舞着他的皮鞋，并拿它捶桌子时，没有一个被殖民者、落后国家的代表对此笑出声来，因为赫鲁晓夫向看着他的殖民地国家展示出，他，这个俄罗斯农民，可是拥有火箭，他如此对待资本主义的可怜虫，那是他们应得的。同样，穿军装出席联合国大会的卡斯特罗，也不会引起落后国家的议论纷纷。卡斯特罗所展现的，是他意识到暴力统治继续存在。令人惊讶的是，他居然没带机关枪进联合国；但有人会反对吗？农民暴动，绝望的行动，用短刀或斧头武装起来的集团，他们在资本主义与社会主义的你死我活对立斗争中，找到了自己的国籍。

一九四五年在塞提夫死去的四万五千人，不会被注意；一九四七在马达加斯加死去的九万人，可能只占报纸上一则简短的报道；一九五二年在肯尼亚遭到镇压牺牲的二十万人，可能遭到相对无动于衷的对待。这是因为国际矛盾还不够明显。朝鲜战争和印度支那战争已开创了一个新的阶段，但尤其是布达佩斯[①]和苏伊士运河事件[②]，构成了这种对立的决定性关键时刻。

被殖民者依靠社会主义国家无条件的支援，用他们的武器冲向殖民主义不可攻克的堡垒。如果说这个堡垒是用大刀和赤手空拳攻不破的，那么，当人们决定考虑冷战的形势时，它就不再是铜墙铁壁了。

在这新形势下，美国十分认真地扮演守护国际资本主义的角色。最初，他们建议欧洲人为了释出善意而实行去殖民。后来，他们就毫不迟疑地大声宣布：先是尊重，然后是支持非洲属于非洲人的原则。今天，美国不怕公开正式宣称，他们是捍卫人民享有自己统治自己权利的卫士。门农-威廉斯先生[③]最近的旅行，只是表明美国人意识到第三世界不该被牺牲。因此，人们可以明白，为什么被殖民者的暴力，只有在把它抽象地同压迫者的军事机构相比较时，才是绝望的。相反地，如果把这种暴力放在国际力学上，人们就会注意到，它对压迫者构成可怕的威胁。农民暴动和茅茅团骚乱的持续不息，打乱了殖民地经济生活的平衡，但并不危及宗主国。而就帝国主义之眼看来，比较重视的，是社会主义宣传渗透大众并感染他们的可能性。在冷战时代，这已是个深刻的危险了，如果引起热战，这个被谋杀人命的游击战所摧毁的殖民地，又会变成什么样呢？

---

① 译注：1956年10月发生了“匈牙利事件”。开始时是以和平的方式诉求政治上的民主，最后却形成武装冲突。新政府总理纳吉·伊姆雷（Nagy Imre）要求苏联军队撤军，宣布匈牙利为中立国并退出华沙协议，请求联合国的协助。同年10月，苏联军队重新攻击匈牙利。

② 译注：1956在英、法、以色列出兵占领被埃及国有化的苏伊士运河，引起阿拉伯国家与苏联集团的强烈抗议，联合国安理会也因受到英、法的否决权而无法做出任何决议，战争形势紧张，可能一触即发而扩大为战争。后由加拿大外长呼吁各方停火，并组成“联合国紧急部队”，部署在苏运士运河区域，以监督英、法、以军队从埃及撤出。

③ 译注：门农-威廉斯（Mennen-Williams，1911—1998），美国民主党政客，当过密西根州州长和非洲事务助理国务卿。

这时，资本主义意识到，它自己的军事策略在面对爆发的民族解放战争时，有全盘皆输的危险。在和平共存的架构内也是，呼吁让所有的殖民地消失，更加极端地，呼吁起资本主义要去尊重的中立主义。因为，不管怎样，首先要避免的，是战略上的不安全，即大众向敌对的学说敞开大门，点燃几千万人根深蒂固的仇恨怒火。被殖民的民众完全明白这种支配国际政治的强制必然。这也是为何，即使那些怒斥暴力的人，也势必依照这个全球暴力来做决定和付诸行动。今天，两大阵营之间的和平共存，在殖民地国家中维持暴力并挑起暴力。明天，我们可能会看到在殖民地全面解放后，这个暴力区域将移往他处。也许我们会看到，少数民族的问题将浮出。少数民族当中一些人，为了解决自己的问题早已毫不踌躇地赞美暴力了，我们说，美国的黑人激进派民兵会武装起来并非偶然。如果在所谓自由世界中，有保护苏联犹太人少数民族的委员会，并且，戴高乐将军在他的一次讲话中，对受共产体制压迫的几百万穆斯林洒下几滴眼泪，这也并非偶然。资本主义和帝国主义深信，反种族主义斗争和民族解放运动都纯粹是从“外部”酝酿、遥控的动乱。因此，他们决定用这种有效的战术：自由欧洲之声，支援被统治少数派的委员会……他们搞反殖民主义，就像在阿尔及利亚的驻军司令那样，指挥特种空中勤务（SAS）或心战课，进行颠覆性战争。他们“利用人民反人民”，其结果众所皆知。

这种暴力和威胁的气氛，这些挥舞着的火箭，吓不倒被殖民者，也没有使他们迷失方向。我们看到，他们在整个最近的经历中，得以“了解”这个形势。在当代世界沉浸其中的殖民暴力及和平暴力之间，有一种共犯的对应关系和同质性。被殖民者适应了这种空气，总算是跟上了时代。有时，人们惊讶于，被殖民者不肯买一件裙子给自己的妻子，却宁愿买个半导体收音机。这没什么好惊讶的，因为被殖民者深信他们时来运转了。他们生活在世界末日的气氛下，认为什么也逃不过他们的注意。这也是为何，他们很了解老挝的富马（Phouma）和富米（Phoumi）、刚果的卢蒙巴（Lumumba）和冲伯（Tschombé）、喀麦隆的阿希乔总统（Ahidjo）和穆米埃（Moumié）、肯尼亚的肯雅塔（Kenyatta），和那些定期被推到前面取代他们的人。他们十分清楚这些人物，因为他们揭露了其背后的运作势力。被殖民者，落后国的人，是今日最具全球意义的政治动物。

独立的确带给被殖民人民道德上的补偿，并建立了他们的尊严。但是他们还没有时间建构一个社会，建立和肯定一些社会规范。尚未存在一个炽热的泉源，使得公民和人类能在其中开展出愈来愈广阔的领域，并能从中获得发展与滋养。由于被置于一种不确定的状态中，这些人轻易地相信，所有的一切将在他处被决定，同时替所有的人决定。而政治领袖们面对这种形势时，先是犹豫不决，然后选择中立主义。

中立主义

有关中立主义本来还有好多可谈之处。有些人把它等同于一种左右逢源又令人厌恶的唯利是图。诚然，中立主义这个冷战的产物让落后国家得到双方的经济援助，但事实上，却不能使每一方各自恰当地来协助落后地区。投入在军事研究上的天文数字的金钱，转型成核战技师的工程师，这可能在十五年内提高百分之六十落后国家的生活水平。因此我们明白，对落后国家有利之处，既不是延长，亦非加剧这个冷战。但有时候人家根本不征求他们的意见。于是，他们在有能耐时便脱身。但真正能这样吗？例如，现在法国在非洲试爆原子弹。除了一些提案、会议和造成轰动的断交之外，不能说非洲人在这个特定的范围内对法国的态度有影响。

中立主义在第三世界公民身上产生出一种精神态度，在日常生活上表现为勇敢无畏、庄严的自豪精神，特别是，这些精神好比一种对抗。这种明确拒绝妥协、不想隶属于什么的顽强意志，令人联想到高傲又什么都没有的青少年的行为，他们总是随时准备为一句话而牺牲。所有这些都令西方观察家哑口无言。因为，在这些人假装出来的样子与背后所拥有的之间的差距，严格说起来是丑闻一件。这个没有电车、军队、钱的国家，并不能将他们在白日里的虚张声势正当化。不用再怀疑，这是一个骗局。第三世界经常给人一种悲喜交集，和每周一次定期服药以防止发作的印象。这些一无所有、说话大声的国家领袖激人愤怒，让人想叫他们闭嘴。然而，有人奉承他们，给他们献花，邀请他们。我们应该承认，许多人在争取他们，这就是中立主义。他们的国家有百分之九十八的文盲，但他们的谈话时引经据典。他们到处旅行；落后国家的领导阶级和大学生是航空公司的金矿。非洲和亚洲的负责人，同一个月里有可能先去莫斯科聆听有关社会主义计划经济的课程，再去伦敦或哥伦比亚大学求教有关自由主义经济的好处。非洲的工会干部们，则以一种加快的节奏在进步着。他们一当上领导位置，就决定要自己组织自主的工会。他们完全没有工业国过去五十年的工会活动经验，但已经知道不管政治的工会活动是荒谬的。他们不曾迎击过资产阶级机器，没有在阶级斗争内发展出自己的意识，但这或许是不必要的；也许，我们将看到，这个经常被讽刺夸大成全球主义的整体性意志，是落后国家最基本的特征之一。

让我们回到被殖民者和殖民者独特的战斗上。我们看到，这是不折不扣的武装斗争。历史上的例子包括印度支那、印尼，当然还有北非。不该忽视，这种武装斗争随时随地会在一些地方爆发，在几内亚或是索马里，今天只要殖民主义仍延续的地方，它就会引爆，例如在安哥拉。武装斗争的存在，证明了人民决定只相信暴力手段。殖民者不停地告诉人民，他只懂得武力的语言，他于是决定用武力来作自我表述。事实上，长久以来，殖民者向他指出他该走的道路，如果想要解放就得走殖民者的路子。被殖民者选择的论证，是殖民者指点他的，透过讽刺性的事态回转，现在是被殖民者断言殖民者只懂得武力而已。殖民体制从武力取得了正当性，而且从来就没有试着去隐瞒这个性质。每一座雕像，费德尔布（Faidherbe）、利奥泰（Lyautey）、布乔（Bugeaud）或布朗当（Blandan）中士的雕像，所有这些矗立在殖民地上的征服者，不断表示唯一和同一件事："我们是通过刺刀来到这里……"大家轻易地就可以把句子完成。在暴乱时代，每个殖民者以精确的算术来推理。其他殖民者对这个逻辑不以为奇，但重要的是，连被殖民者也不以为怪。首先，对"是他们或我们"这个原则的肯定并不是一个悖论，因为就如我们先前理解到的，殖民主义正是一个善恶二元论的世界，一个分割的世界。当殖民者，在提倡明确办法的情况下，要求每个作为压制的少数派代表去干掉三十或一百甚至两百个土著时，他发觉没有一个人是愤怒的，而且问题最多不过是知道他们是一下子还是分阶段完成[①]。

这种以非常算术的方式预见被殖民者消失的推理，并不使

---

① 很明显的，这种以清空为主的扫荡，会摧毁本来想要拯救的事物。这正是萨特所说的："总之，通过重复（有关种族主义思想）这个事实本身，人们揭示出所有人团结起来对抗土著是不可行的，它只是恶性循环，况且，这种团结的凝聚，只有在屠杀被殖民者时才会形成，这也是移殖民者一直有的荒谬企图。何况，如果这种团结同盟能够实现的话，它最终一下子就会消灭殖民主义。"（《辩证理性批判》〔*Critique dela raison dialectique*〕，页346）。

后者因为义愤而乱了阵脚。他老早就知道，要在格斗场上和殖民者一决雌雄。因此，他不会把时间浪费在唉声叹气上，也不会祈求别人在殖民地的框架内还他正义。事实上，如果在殖民者的论证下，被殖民者是坚定不摇的，那是因为，被殖民者用同样的词汇来提出他的解放问题："我们把自己组成两百人或五百人的团体，每个团体对一个殖民者。"每个主角就在这种相互的精神布局下，开始决斗。

对于被殖民者而言，这种暴力代表绝对的实践。身处组织中的活动分子也是在工作中的人。组织向活动分子提问的问题，标示了此一思想印记："你曾在哪里工作？跟谁在一起？干过什么？"团体要求每个个人完成一项不可逆转的行动。例如，在阿尔及利亚，几乎所有号召人民进行民族斗争的人皆被判死刑，或遭法国警察追捕，信赖度和每个事件的绝望程度成正比。当一名新的活动分子再也无法回到殖民体制的怀抱时，你就可以信赖他。肯尼亚的茅茅团里似乎也存在着这样的机制，他们要求团体的每个人拷打受害者。因此，每个人都对这位受害者的死负责。所谓工作，就是工作殖民者的死亡。被承担起的暴力，使得误入歧途者，以及遭团体摒弃的人，回归，重新找回他们的位置，再度融入。暴力因此被理解为庄严的调停者。被殖民者在暴力中并透过暴力来解放自己。这个实践启发了行动者，因为它指明了手段和目的。塞泽尔的诗，对暴力的明确远景有一种预言的意义。我们可以回顾他的悲剧最关键几页中的一页里，那位造反者（看!）所表达的：

造反者（坚定地）

我的姓氏：被侮辱的人；我的名字：受辱者；我的身份：造反者；我的年龄：石器时代。

母亲

我的种族：人类。我的宗教：博爱……

造反者

我的种族：被废黜的种族。我的宗教……

但，我的种族不是因您的解除武装而造就出来的……

而是我，我用我的造反和我那可怜的紧握的拳头，以及我那乱蓬蓬的头。

（十分平静）

我记得十一月的一天：他还不到六个月大，主人走进像橙红色月亮般烟熏的小茅屋，摸摸他结实的小手小脚。他是个好主人，用他粗壮的手抚摸着小孩布满痘痕的小脸。他的蓝眼睛露出了笑意，用甜言蜜语哄这个孩子：这将是个大人物，他看着我说。主人还谈些其他愉快的事。应该尽早开始，把他培养成一个好基督徒和好奴隶，十分忠心的人，一个目光锐利、有权威的、看守黑人囚犯的好牢头，二十年也不嫌多。这个人把我儿子的摇篮想象成一个牢头的摇篮。

我们手握刀子匍匐前进……

母亲

唉，你会死的。

造反者

干掉了……我亲手把他干掉了……

对，丰饶之死亡……

在夜里，我们在甘蔗田里匍匐前进。

大刀在星光下微笑，但我们不在乎星星。

甘蔗那小溪般的绿叶划伤我们的脸。

母亲

我曾经梦想有个儿子来阖上他母亲的眼。

造反者

我选择了另一个太阳来打开我儿子的眼睛。

母亲

噢，我的儿子……死得不祥和危险。

造反者

母亲，死得富有生命力和奢侈。

母亲

因为太痛恨了。

造反者

因为太爱了。

母亲

别让我操心吧，我因你的镣铐而窒息，我因你的伤口而流血。

造反者

可是世界让我放不下心……世上任何一个受虐的可怜虫，任何一个被私刑拷打的可怜虫，都会让我觉得好像被杀的是自己，受屈辱的是自己。

母亲

老天爷，放了他吧。

造反者

我的心，你让我无法摆脱记忆……

十一月的一个晚上……

突然，叫喊声划破了寂静。

我们过去是蹦蹦跳跳的，我们；奴隶们，我们，残渣；我们，忍气吞声的牛马。

我们像疯子般狂奔；开枪了……我们打人。汗和血使我们凉快。我们在愈来愈尖锐的叫喊中打人，一阵大声喧哗从东方升起，大家在放火，火焰温暖地偎着我们的脸颊。

然后是袭击主人的房子。

有人从窗户向外射击。

我们破门而入。

主人的房门敞开，主人的房屋灯火通明，主人在房里十分镇定……而我们的人停步不进……这是主人哟！……我进去了。是你啊，他对我说，十分镇定……我对他说，是我，正是我，那个好奴隶，那个忠心耿耿的奴隶，突然他的眼睛像雨天里两只受惊的动物……我打他，鲜血四溅；这是今日我记得的唯一洗礼①。

暴力之创造特点与解毒作用

我们明白，在这种气氛下，日常生活变得完全不可能了。你不能再像从前那样当农夫、小白脸或酒鬼了。殖民体制的暴力和被殖民者的反暴力取得了平衡，并在非凡的同质性中互相呼应。这种暴力的统治将因为宗主国的大量移民而更加恐怖。在被殖民民众内部发展出来的暴力，和殖民体制所施展的那具争议性的暴力成正比。在这个时期的第一个阶段里，宗主国的政府是殖民者的奴隶。殖民者同时威胁被殖民者和他自己的政府。他们用同样的方法来同时对付两者。依云市市长被暗杀和阿里·布门杰尔（Ali Boumendjel）被谋杀，其机制和动机如出一辙②。

对殖民者而言，不是在阿尔及利亚人的阿尔及利亚或法国人

---

① 塞泽尔（Aimé Césaire），《诸犬禁声》，收于《神奇的武器》（*Les Armes miraculeusse*〔*Et les chiens se taisaient*〕）。Gallimard，页 133 至 137。

② 译注：阿尔及利亚战争末期，法国政府在依云和阿尔及利亚临时政府代表召开停战预备会议，而当地的极右派法国殖民者则暗杀法国市长。阿里·布门杰尔是阿尔及利亚人律师，1957 年 2 月被捕，43 天后当局宣布他已“自杀”。2020 年 3 月，法国政府首次承认阿里·布门杰尔是被法军折磨致死。

的阿尔及利亚之间选择一个，而是在独立的阿尔及利亚或殖民的阿尔及利亚之间选择一个。剩下的都是废话或企图叛乱。殖民者的逻辑是不可改变的，人们只有在没事先了解殖民者的思想机制之前，才被殖民者举止中被解码出的反逻辑搞得哑口无言。一旦被殖民者选择了反抗暴力，警察的报复就在于机械性地称这些为民族势力的报复。然而，结果却不一样，因为机枪扫射和炮舰射击的威胁程度，是被殖民者望尘莫及的，他们根本无力应战。这种恐怖的来来回回，最终使得被殖民者中最被异化的那些人弄清楚了状况。他们的确发现，一大堆有关人人平等的卓越论述，也掩盖不了这个平庸的事实：七个在萨卡莫迪（Sakamody）山口被杀或受伤的法国人，激起了文明人的愤怒，然而，盖尔古尔（Guergour）的洗劫阿拉伯村落，对引发这次伏击的居民大屠杀事件，这些并不被当作一回事。恐怖、反恐怖、暴力、反暴力……这就是观察家们在描述阿尔及利亚如此明显、顽强的仇恨循环时，以尖酸的口吻所记录下来的。

在武装斗争中，有着一个我们可以称作无法回归的点。这几乎是一场大镇压，施行的区域囊括了被殖民民众的所有领域。阿尔及利亚在一九五五年被触及，在菲利普维尔（Philippeville）死伤一万两千人，以及在一九五六年，拉科斯特（Lacoste）部署了城市和农村的民兵[①]。于是大家认为，甚至连殖民者也都认

① 必须再回到这个时期，来衡量法国当局在阿尔及利亚所做的这个决定的重要性。1957 年 3 月 28 日《阿尔及利亚的抵抗》第 4 期上，我们可以读到：“应联合国大会所望，法国政府最近决定在阿尔及利亚成立都市民兵。联合国曾经说：‘流太多血了。’而拉科斯特回答说，让我们组织民兵吧！联合国建议停火。拉科斯特则叫嚣说，我们必须把民兵武装起来！联合国建议敦促交战的双方开始接触，商讨一个民主及和平的解决方案，拉科斯特则宣布，从今天起每一个欧洲人都要武装起来，并应该向任何一个他认为可疑的人开枪。于是在联合国大会上大家同意必须由当局制止野蛮、极不公平的、近乎种族灭绝的镇压。拉科斯特回答说：我们要有系统地镇压，有组织猎杀阿尔及利亚人。他象征性地把文官的权力交给军人，把军人的权力交给平民。范围被圈死了，圈子的中心是阿尔及利亚人，他们（转下页）

为："不能重头来了！"然而，被殖民者不理会数字上的账面问

（接上页）被解除武装，忍饥挨饿、被追捕、被殴打、不久又被怀疑而遇害。今天，在阿尔及利亚，没有一个法国人不被准许，不被说服使用他的武器。在联合国呼吁停止纷争的一个月后，没有一个法国人不被允许而且有义务去寻找、挑动和追捕一些可疑分子。

"在联合国投票决定最终提案的一个月后，在阿尔及利亚，现在最骇人听闻的大杀戮，没有一个欧洲人可以逃脱关系。民主方式的解决？拉科斯特让步，同意：我们从灭绝阿尔及利亚人开始。为此，我们必须武装老百姓并放手让他们去干。巴黎的新闻界总是有保留地接受成立这些武装团体。有人说，这是法西斯战斗队，说得好。但在个人及人权的水平内，法西斯主义如果不是传统殖民主义国家内部的殖民主义，又算什么呢？有人提过'体系合法化和受嘱托的暗杀'，但是一百三十年来，阿尔及利亚人的皮肉不是带着愈来愈公开、愈来愈多、愈来愈深刻的创伤吗？人民共和国（MRP）的代表肯纳-维涅（Kenne-Vignes）建议说，当心，在建立这些民兵时，我们是否会陷入阿尔及利亚两个共同体之间的深渊呢？对。但是殖民的法律不就是有组织地奴化全体阿尔及利亚人吗？阿尔及利亚革命正好是对这种奴化和这个深渊明显的不满。阿尔及利亚革命对占领国说：'拔掉你们留在阿尔及利亚人伤痕累累皮肉上的那些獠牙！给阿尔及利亚人民发言权！'

"有人说，建立这些民兵部队可以减轻军队的任务。这将使一些负责保卫突尼斯和摩洛哥边境的部队得到解放。一支六十万大军，几乎是海、空军的总数。一支庞大的、快速的、具有使人畏惧的光荣榜样，吸收了那些曾经拷打突尼斯和摩洛哥人民的施暴者的警察部队。具有十万兵力的本土保卫军。必须减轻军队的负担。我们要组织城市民兵。拉科斯特那歇斯底里的罪恶的确蒙蔽了许多人，甚至连有远见的法国人也上当。事实是，建立民兵的正当化当中，即具有其本身的矛盾。法国军队的任务是无限的。从今以后，我们将他的目标锁定在封住阿尔及利亚人的嘴，并把通向未来的大门永远封死。尤其我们禁止自己去分析、理解、估计阿尔及利亚革命的深度和密度；区长、岛长、街道主任、大楼楼长、每一层的头头……。今天，在平面上的分区控制上增加了立体的分区控制。

"四十八小时内就有两千个人应征登记了。阿尔及利亚的欧洲人立刻响应拉科斯特的杀戮号召。从今天起，每个欧洲人都应该清查自己区域内残存的阿尔及利亚人。提供情报，对恐怖活动迅速反应，拘禁可疑分子，清除逃兵，增加警力。但是，必须减轻军队的任务。在平面的扫荡上加上立体的扫荡。今天，在家庭手工业式的杀戮上增加计划经济的杀戮。联合国曾劝告停止流血，拉科斯特反驳说，要达到这点的最好方法，是不再有血可流了。阿尔及利亚人民被交给马肃（Massu）帮后，又被托付给城市民心好好照顾。拉科斯特决定建立民兵部队，明白地表示他不会让别人碰他的战争。他证明了无限腐败的存在。当然，现在他自己成了形势的囚犯，但使所有人跟他一起完蛋是多么的快乐啊！

"阿尔及利亚人在每一个决定之后，增强了自己的肌肉挛缩和对斗争的强烈程度。阿尔及利亚人在每次这种被唆使、有组织的暗杀后，（转下页）

题。他登录了一个巨大的空洞，像一种“必要之恶”那样。既然他决定以暴制暴，也就接受其所造成的后果。只是他要求，我们别要他去管别人的账面问题。对于“所有土著都一样”这句惯用语，被殖民者回答：“所有殖民者都一样。”[①]被殖民者，当他被拷打，妻子被强奸或遇害，他不会向任何人抱怨。尽管压迫人的政府每天任命一些调查小组或情报委员会，但在被殖民者眼中，这些委员会根本不曾存在过。而且，事实上，在阿尔及利亚的罪恶已经快七年了，却没有一个法国人因杀死阿尔及利亚人的罪名被起诉。在印度支那，在马达加斯加，在那些殖民地，土著始终明白，根本不必对另外一边有什么期待。殖民者的工作，就是使被殖民者连做做自由梦的可能都没有。被殖民者的工作，就是构想所有可能消灭殖民者的办法。在逻辑上，殖民者的善恶二元论导引了被殖民者的善恶二元论。他们以“殖民者绝对邪恶”来回答殖民者的“土著绝对邪恶”理论。

从整体看，殖民者的出现意味着当地人社会的死亡、文化的麻痹、每个人变成化石。被殖民者认为，生命只能从殖民者正在腐烂的尸体中才能出现。这就是两个论证逐字逐句的对应。

对被殖民民众而言，这暴力，正因为它构成了他们唯一的工作，因而也就具有积极和创造的特点。既然每个人都变成巨大暴力的一环，对抗殖民主义暴力的伟大暴力组织的一环，暴力的实践就变成全体化了。各个团体互相承认，未来的国家已是共有的了。武装斗争动员了人民，即斗争把人民投入唯一的

（接上页）更加强他的觉悟和巩固他的抵抗。对，法国军队的任务是无限的，因为阿尔及利亚人的团结更是无止境的。”

① 所以，在战争初期没有俘虏。由于地方干部的政治领导，才使群众接受：来自宗主国的人不见得都是自愿兵，甚至是厌战的；现阶段斗争的利益，必须在行动中表现出尊重某些国际协定；一支俘虏敌人的部队就是正规部队，不再被当作一群拦路土匪；在任何情况下，抓俘虏是为了保护我们那些被敌人囚禁的战士的一种不可轻忽的压力手段。

方向、一条单行道了。

在解放战争动员人民之际，这种动员把共同的利害、民族命运、集体的历史导入每个人的意识中。因此，进入第二阶段——建国——更由于有这种鲜血和愤怒的混凝土，而更加方便。我们因此更加理解落后国家所使用词汇的独特性。在殖民时代，我们号召人民起来反抗压迫。民族解放后，我们鼓励人民斗争贫困、文盲和落后。我们断言，斗争至今持续不断。人民证实了生活就是无休止的斗争。

我们已说过，被殖民者的暴力统一了人民。而事实上，殖民主义从其结构上看，是分离主义和地方山头主义的。殖民主义不仅不满足于观察到各部落的存在，还支援他们，分化他们。殖民体制维持各头领管辖区，并使老的苏菲教团复活。暴力的实践是全体化的、民族的。由此看，暴力在其私密处，是包含着对地方主义和部落主义的清除。那些民族主义政党对本地籍的司法行政官和部落首领，通常也是冷酷无情的。清除那些人是国民统一的先决条件。

就个人层次而言，暴力有解毒作用。它使被殖民者摆脱自卑情结，摆脱绝望和无力的态度。它使人民变得大胆，亲眼看到自己恢复尊严。即使武装斗争是象征性的，即使人民由于迅速的去殖民而被解除动员，人民还是有时间说服自己，解放是大家的事业，而不是领袖的特别功劳。暴力把民众提升到领袖的水平。因此，一些年轻的政府面对繁文缛节的外交礼仪，总是表现出故意抹杀它的挑衅态度。当群众在暴力中参加了民族解放时，他们不允许任何人自称“救星”。他们对于自己行动的成果，表现出像是一个嫉妒者般小心翼翼地提防着，不把自己的未来和命运，以及祖国的前途，交给一个活上帝。昨天他们完全不必承担任何责任，今天他们想理解一切和决定一切。人民的觉悟受到暴力的启发，反对一切和解。那些煽动家、投机者、巫师们今后任务艰巨了。群众投入绝望的肉搏战，这种实践更使他们嗜好具体事物。实际上不可能再长期运用神秘化的愚弄欺骗把戏了。

论国际形势中的暴力

在前面文中我们一再指出，落后国家的政治负责人始终号召他的人民战斗，与殖民主义斗争、与贫穷和落后斗争、与使人贫苦的传统斗争。他们诉诸的是一种参谋长的词汇：例如“动员群众”“农业战线”“文盲战线”“遭受失败”“获得胜利”等等。年轻的独立国家在最初几年内，是在战场的气氛中发展。这是因为，落后国家的政治领袖，总是心惊胆战地估计着他的国家所必须跨越的宽阔道路。他们于是呼吁人民：“让我们鼓足劲干吧！”国家被一种创造性的狂热执拗所感染，付出巨大又不成比例的努力，非但要致力摆脱困境，更要自力更生地迎头赶上其他国家。我们这样想，如果欧洲人能达到如此辉煌的发达阶段，那是他们努力的结果。所以，让我们向世界及自己证明，我们能够达到同样的成就。但，落后国家这种提问题的方式，对我们而言，似乎既不正确，亦不理智。

欧洲各国是在民族资产阶级手上集中了大部分财富之际才进行国家的统一。商人、手工业者、教士和银行家都在国家的范围内，垄断了财政、贸易和学问。中产阶级代表其中最生气勃勃、最繁荣昌盛的阶级。它因取得政权而投入在一些关键性的操作当中，工业化、发展交通，并迅速寻找海外殖民地。

在欧洲，除了一些极细微的差异（例如英国曾经稍微领先），各个国家在实现统一的过程中，都历经差不多同样的经济状态。没有任何一个国家，以它的进步发展特点，去侮辱别的国家。

选择社会主义制度

然而，今天在落后地区的民族独立和国家的形成，展现了全新的面貌。在这些地区，除了一些惊人的实例以外，不同国家都表现出同样的没有基础建筑。大众跟同样的贫困战斗，以同样的姿态挣扎，并用他们萎缩的胃来描述称作饥饿地图的东西。后进世界、贫困的世界和不人道的世界；同样也是一个没有医生、没有工程师、没有行政管理者的世界。相对于这个世界，欧洲却享受奢华、炫耀的富裕。欧洲这种富裕是十足可耻的，因为这富裕建立在奴隶的背上，吸榨奴隶的血，直接压榨落后国家地上及地下的资源。欧洲的福利和进步是用黑人、阿拉伯人、印第安人和黄种人的汗水及尸体建立起来的。我们绝不可再忘记这件事实。当一个殖民主义国家，因为一个殖民地要求独立而感到尴尬，并对民族主义领袖说："如果你们想独立，就独立吧，并回到中世纪去吧！"新独立的人民倾向同意应战。人们的确可以看到，殖民主义抽走了它的资本和技术者，并在年轻国家的周围安排经济压力的措施[①]。无上荣誉的独立变

---

① 在今天的国际形势下，资本主义并不用经济封锁来对付那几个非洲和亚洲的殖民地。美国反卡斯特罗的行动，却在拉丁美洲开创了人类艰难解放史的新篇幅。由一些在联合国占有席位并铸造货币的国家形成的拉丁美洲，对非洲是个教训。这些旧殖民地从它们解放以来，就在恐惧和匮乏下忍受西方资本主义的苛刻法则。

非洲的解放和人民自觉的发展，使拉丁美洲人民能够和那些换汤不换药的一个个独裁体制决裂。卡斯特罗夺取了古巴政权并把权力交给人民，使美国佬对这个异端感到大祸临头似的，组织了一些反革命军队，炮制一个临时政府，烧毁甘蔗，最后决定残酷地扼杀古巴人民。但谈何容易？古巴人民蒙受苦难却终将胜利。巴西总统夸德罗斯（Janos Quadros）在一个具有历史性的声明中断言，他的国家将使尽一切手段拥护古巴革命。甚至美国也可能在各国人民的意志面前退却。到那天，我们会（转下页）

成了倒霉的独立，殖民地强国势力透过强大的制裁手段，迫使年轻国家退缩。殖民地强国说："既然你们要独立，那就拿去，等着饿死吧！"民族主义的领袖别无选择，只能转向他们的人民，并要求人民作出伟大的努力。人们要求这些饥饿的人民遵守一个严格的体制，要求这些萎缩的肌肉承担不相称的劳动。设计了一个自给自足的制度，每个国家都动用其能掌握的少得可怜的资源，去应付全国的大饥荒和贫苦。我们目睹了一场人民的动员，人民个个面对撑饱肚子和充满蔑视的欧洲感到疲惫不堪。

另外一些第三世界国家拒绝这种考验，接受旧保护国的条件来渡过难关。这些国家利用他们的战略地位——在美苏两大阵营的斗争中给予他们特殊利益——签下一些条约，并受条约的约束。之前被直接统治的国家，如今变成经济的隶属国。殖民主义的经济通路完整无缺地维持下来，有时甚至更加强了它的殖民贸易管道，同意用挤牙膏的方式提供独立国家预算。所以，我们看到殖民地独立后，带给世界一个根本的问题：被殖民国家的民族解放暴露了他们的现实情况，并使这种情况更加难以忍受。殖民主义及反殖民主义这个似乎根本性的对决，甚至是资本主义和社会主义的对决，都已经失去了重要性。今天重要的是财富重新分配的问题。人类在震惊之余，必须回答这个问题。

我们常常会以为世界，尤其是第三世界，在资本主义制度

（接上页）举旗祝福，因为那是世界上男女的决定日子。总之，只是靠着分布在全球——在中东的油井里、在秘鲁或刚果的矿坑里、"联合水果公司"种植园或法雷斯通（Firestone）种植园里的奴隶，才能确保的美元，将停止强而有力的控制那些自己继续饿肚子和脑袋空空还以自己的养分滋养美元的奴隶。

和社会主义制度之间抉择的时候到了。落后国家利用两大体制之间存在的惨烈竞争而确保了民族解放斗争的胜利，如今应该逃避这种竞争的漩涡。第三世界不该满足于用过去领先自己的各种价值来定义自己。相反地，落后国家应该致力让自己固有的价值、方法和特定的风格问世。我们面对的具体问题，并不是在其他大陆及其他时代的人已界定的资本主义及社会主义之间作选择。当然，我们知道，资本主义体制作为一种生活方式，并不能使我们完成民族或全球性的工作。资本主义剥削、托拉斯和垄断，是落后国家的敌人。相反地，选择社会主义制度，一个全面倾向人民一边、建立在人是最宝贵的财产的原理基础上的制度，才能使我们更快地、更加和谐地向前走，这个制度的选择，同时使这个事实变得不可能：即一幅社会讽刺画，有些人掌握全部政治和经济权力，不顾国家整体。

但，为了使这个制度更加有效地发挥作用，为了使我们能随时遵守我们所借鉴的原则，除了人力投资外，还需要其他更多的因素。某些发展中国家朝着这方向全力以赴。男女老幼热心投入强迫性的工作中，并宣称自己是国家的奴隶。自我献身，蔑视一切非集体的关心，创造了一种民族/国家的道德慰藉人心，让人重拾对世界命运的信心，使得最持保留态度的观察者们卸下武装。然而，我们相信，这样的努力不可能以如此猛烈的节奏持续很久。这些年轻国家在旧宗主国无条件撤出后，接下了挑战。国家又重新被一个新的团队所控制，但事实上，一切都必须重拾，重新思考。殖民体制实际上只关心某些财富和某些资源，确切来说，只对供应它的工业资源感兴趣。截止目前，还未曾有过严谨的对于表面及深入底层的总结汇报出现过。因此，年轻的独立国家不得不继续维持那些殖民体制所安排的经济流通管道。当然，它可以向其他的国家、别的货币区出口，但它的出口基础没有根本的变化。殖民体制固定了一些流通管道，人们被迫维持这些管道，否则就会遭殃。应该重新出发，改换出口的性质，而不仅仅改变出口的目的地，要重新察看土地、地下或河川，甚至也察看太阳。然而为了这样，除了人力的投资外，还要有另外的东西，如资本、技术人员、工程师、机械师等等。我们必须承认：我们认为，落后国家的人民，在他们领袖的促使下，付出巨大的努力，这是不会得到预期的结果的。如果劳动条件不改变，要使这个被帝国主义势力变成动物化的世界更加人性化，则需要几个世纪的努力[①]。

事实上我们不该接受这些条件。我们应该断然拒绝西方国家想强加给我们的形势。殖民主义和帝国主义把它们的旗帜和警力从我们的领土撤离时，并未偿清他们欠我们的债务。几百年来，资本主义者在落后国家的所作所为，简直就是真正的战犯。资本主义为了增加它的财富、黄金和钻石贮藏，为了建立它的势力，用尽了流放、屠杀、劳役、奴役的手段。不久以前，纳粹主义把整个欧洲变成真正的殖民地。欧洲各国政府要求补偿，要求以金钱与实物归还他们被抢走的财宝，要文化作品、绘画、雕刻、彩绘玻璃等等物归原主。一九四五年欧战胜利隔天，欧洲人嘴巴里唯一说的一句话是："德国将赔偿。"阿德诺先生在艾希曼案件重新审理时[②]，代表德国人民向犹太人道歉。他并重新承诺，西德将继续偿付以色列巨款，作为对纳粹罪行

① 一些受惠于庞大的欧洲人移民的国家，独立后拥有房屋和宽阔的街道，倾向忘记内地贫困、饥饿的一面。命运的讽刺，通过一种共谋的沉默，使得这些国家仿佛以为它们的城市和独立是同时产生的。

② 译注：阿德诺（M. Adenauer，1876—1967），1949 年起连续担任西德总理。艾希曼（Eichmainn，1906—1962），纳粹德国的黑衫队（SS）头子，1941 年起执行屠杀犹太人的最终灭绝任务，战后他逃到阿根廷，1960 年被以色列情报机构摩萨德绑架回以色列接受审判，1962 年判处绞刑。

的补偿[①]。

国际资本主义的危机

同样，我们可以说帝国主义国家犯下严重的错误和言语难以形容的不义，如果它们只局限于撤军、把发现和开采财富，并把这些财富送回国的行政机关撤走。民族独立的这个道德补偿并不能蒙住我们的眼睛，也不能养活我们。帝国主义的财富也是我们的财富。从世界的层次来看，我们感觉到，这个断言绝对并不意味着我们感觉到西方的技术和艺术创造与我们息息相关。十分具体地说，欧洲由于拉丁美洲、中国、非洲殖民地国家的黄金和原料而过度地自我膨胀了起来。几百年来，钻石和石油、丝绸和棉花、木材和外来的产品都从这些大陆源源不断地流入欧洲，今天，同样的这个欧洲在这些大陆的对面竖起奢华的巨塔。欧洲完全是靠第三世界创造出来的。把欧洲压得透不过气来的财富，是从落后国家人民掠夺过来的。荷兰的港口、利物浦、波尔多和利物浦专门贩卖黑奴的码头，更由于几百万被放逐的奴隶而声名远播。因而，当我们听到某个欧洲国家元首手按在胸口声称他应该帮助不幸的落后国家人民时，我们并不感到皇恩浩荡。相反地，我们会告诉自己："这是对我们

① 然而，真正的情况是，德国没有完全补偿战争罪行。受害的各国并没有向战败的德国要求全部的赔偿金，因为这些国家把德国纳入反共的防卫体制内。正是这一考虑，促使殖民主义国家，在未被纳入西方体制内的情况下，企图获得前殖民地的军事基地和奴隶。它们一致以北大西洋公约的名义和自由主义的名义，忘记向德国要求赔偿。我们看到德国（西德）源源不断得到美元和机器，一个复兴的强大德国对西方阵营是不可或缺的。所谓自由欧洲的利益要求一个繁荣与重建的德国，能够充当第一道抵挡红色联盟的防护壁垒。德国充分利用了欧洲的危机。因此，美国和其他欧洲国家，在面对这样一个德国时——昨天跪下来，今天在市场上却同他们无情地竞争——体验到一丝合情合理的苦涩。

的合理补偿。”因此，我们不会接受这种对落后国家的“慈善事业修女”的援助计划。这种帮助应该是双重的觉悟：被殖民者意识到这是他们该做的，而资本主义国家应该认识到他们应该偿还[①]。如果资本主义国家不够聪明——我们姑且不说他们忘恩负义——而拒绝补偿，那么，他们自己制度不容改变的辩证法，将使他们窒息。这是事实，年轻国家很少吸引私人资本。有许多理由为宗主国的保留态度作辩护和解释。当资本主义者一知道他们的政府准备去殖民，而且显然他们是最先得知风声，他们就急忙从殖民地抽走所有资本。如此壮丽的资本大逃亡，是伴随着去殖民最常见的现象之一。

私人企业要在独立国家投资，会要求一些根据经验根本难以接受或无法实现的条件。资本家坚守盈利的原则，从一开始进出“海外”，就对长期投资保持慎重态度，他们有时候会抗拒并仇视新政府的计划纲领。在万不得已下，他们会自动借钱给年轻国家，但条件是这些贷款用来购买成品和机器，其作用是使母国的工厂得以运转。

事实上，西方金融集团的不信任，表达了他们不肯冒任何风险的顾虑。他们也要求政治稳定和明朗的社会空气，一旦考虑到刚独立后全体人民的悲惨状况，这种要求就完全不可能了。因此，在寻求旧殖民地不可能履行的保证时，他们会要求保留某些驻军，或要求年轻国家加入一些经济或军事条约。民间企业向他们自己的政府施加压力，以求在这些国家设置军事基地

① “把欧洲社会主义的建立和‘第三世界的关系’（好像我们跟第三世界只有外在的关系似的）彻底区别，这是明知或不知不觉地将处置殖民遗产优于解放之上，这是想在帝国主义掠夺的成果上建立一个奢华的社会主义——就像强盗集团内部多少有点公平的分赃，哪怕是用好心的形式分一点给穷人，而忘了这些都是从穷人那里抢来的财物。”马塞尔·佩瑞（Marcel Peju）（“为戴高乐而死？”（Mourir pour de Gaulle），《现代》（*Temps modernes*）第175—176期，1960年10月—11月。

并随时保护他们的利益。最后，这些公司要求他们的政府担保他们所欲从事的对某落后国家区域的投资。

很少有国家达成托拉斯和垄断集团所要求的条件。因此，失去出口的资本就冻结在欧洲动弹不得。尤其因为资本家拒绝在本国投资，使这些资本更加不动如山。在这种情况下，盈利是极低的，而监督逃漏税更令最大胆的资本家裹足不前。

从长期看来，形势是灾难性的。资本不再流通或极度减缩。瑞士银行拒绝资本，欧洲喘不过气来。国际资本主义尽管大把大把地耗尽在军事开支上，终究还是陷入绝境。

然而，另一个危机更加威胁着国际资本主义。西欧各国发挥自私和不义，迫使第三世界实际上被抛弃或倒退，被迫停滞不进，因此落后国人民觉悟要发展集体的自给自足体制。西方产业将很快失去海外出口，机械如山堆积在仓库里，欧洲市场即将展开一场金融集团和托拉斯之间你死我活的斗争。工厂倒闭、解雇和失业将导致欧洲无产阶级发动一场反资本主义统治的公开斗争。这时垄断集团才会觉悟到他们的利益就是帮助、大量帮助、不附太多条件地帮助落后国家。所以，我们看到第三世界年轻的国家向资本主义国家献媚乞怜是错误的。我们有自己的权利而壮大，我们的立场是正确的。相反地，我们应该告诉资本主义国家并向他们说明，当前的根本问题不是他们和社会主义制度的战争。应该立即结束这场不该到处进行的冷战，停止世界的核武化准备，慷慨地投资和技术援助落后地区。世界的命运有待这个问题的答案。

此外，在面对无数有色人种、饥饿人群时，资本主义制度若不试着让社会主义制度对“欧洲命运”感兴趣的话，也不行。加加林上校（Commandant Gagarine）的功业，尽管不会让戴高乐将军感到不悦，但毕竟不是一个能“荣耀欧洲”的壮举。近来，资本主义国家的政治家、文化人士对苏联抱持矛盾的态度。他们为了消灭社会主义制度而联合起来，现在觉悟到必须重视这个制度。于是他们变得和蔼可亲，增加诱惑手腕，并不断提醒苏联人民他们是“属于欧洲”的。

若将第三世界视为威胁着要去吞没欧洲的洪流，那将使其动荡不安，无法将那导引人类走向幸福的进步力量分流出来。第三世界并不想组织一个庞大的饥饿十字军来反对整个欧洲。第三世界对那些几百年来使自己沦为奴隶的人所期待的是：他们援助第三世界，恢复人性的尊严，使人类在各地一劳永逸地胜利。

但很清楚的是，我们不会天真地以为通过欧洲政府的合作和善意，这就会达成。这件再把人类、完整的人类引入世界的巨大工程，将在欧洲群众决定性的协助下完成，他们必须认识这项工作，他们之前在殖民地问题上，经常是归顺于我们那共同主人的立场。为此，首先，欧洲群众必须决定觉醒，动动脑筋，停止再玩不负责任的睡美人游戏。

第二章　自发性的伟大和弱点

对暴力的反省思考，使我们意识到，民族主义政党干部和群众之间，存在一种差距和不同的节奏。在所有政治组织或工会里，群众和干部之间，照例总有一道鸿沟，群众要求立即并全面改善他们的状况，而干部则衡量资方可能制造的种种困难，限制并压缩群众的要求。因此，经常可以看到群众对干部根深蒂固的不满。在每日的请愿后，干部庆祝胜利，而群众则有完全被出卖的感觉。是透过请愿示威的频繁，工会斗争的增加，促进了群众的政治化。一个政治化的工会干部知道，一场地方冲突不会具决定性地阐明他和资方的关系。被殖民地的知识分子，研究他们所尊敬的母国之政党运作，谨慎组织相同的政党来动员群众，向殖民地当局施加压力。殖民地的民族政党与知识分子及商业精英的形成，是同时代的产物。精英们将赋予组织一个基本的重要性，而组织中的恋物癖成分，经常将走在对殖民社会理性研究的前头。政党的概念是从母国进口的，这个现代的斗争工具，紧贴在一个千变万化、不平衡的现实上，而在这个现实中，奴隶制度、农奴、以物易物、手工业和股市交易并存。

政党的弱点，不只在机械地利用一个原本是要带领无产阶级，在高度工业化的资本主义社会内部进行斗争的组织。这个组织受限于组织形态，本该进行一些创新和适应。绝大多数落后地区的政党最大的错误、先天的瑕疵，是依照传统图示，找最有政治觉悟的成员谈话，也就是那些代表不到百分之一居民的城市无产阶级、工匠和公务员。

然而，无产阶级尽管已经理解政党的宣传，读过他们的文件，但并未充分准备响应未来民族解放的残酷斗争。诚如我们几次指出，在殖民地内，无产阶级是被殖民者中最受到殖民体制爱惜的核心。城市里萌芽的无产阶级，相对获得优待。在资本主义国家里，无产阶级没什么好失去的，还可能赢得一切。在殖民地国家，他却可能失去一切。的确，他是被殖民者中，那代表了就殖民地机构的正常运转而言不可或缺或无法代替的一部分：包括出租车司机、矿工、码头苦力、翻译、护士等等。这些人构成了民族政党最忠实的支持者，而且，由于他们在殖民体系内占特权地位，因而构成了被殖民者当中“资产阶级”的一部分。

因此，我们可以理解，民族政党的支持者首先是城市居民，即基层管理者、劳工、知识分子和商人。他们的思想类型，已具有比较富裕的技术环境的特征。在这里，“现代主义”是国王。就是这些同样环境的人士，要与厌恶开化的传统斗争，要改良习俗，并与构成民族底盘的旧基石斗争。

农村群众的作用

民族政党里头的压倒性多数，对农民群众十分不信任。这些群众的确带给他们惰性和无所事事的印象。民族主义政党的成员（包括城市劳工和知识分子），很快就给予农村负面的评价，就跟殖民者一样。但是，如果想了解政党为什么如此蔑视农村群众，就必须考虑这个事实：殖民主义经常借由将农村僵化，来强化或巩固它的统治。由于农村到处都是苏菲教士、巫师和部落头目，群众仍旧生活在封建时代，有着殖民主义的行政长官或军人所维持的中世纪全能统治。

年轻的民族资产阶级，尤其是商人，要跟这些封建领主在各方面竞争。苏菲教士和巫师阻止病人去找医生，长老会议的判决使律师无用武之地。当地籍司法行政长官和政治势力，可以开办一宗买卖或一条运输线，部落头领可以借宗教和传统名义，反对引进新贸易和新产品。

新兴的被殖民商人和贸易商阶层，为了发展，必须冲破种种限制的栅栏。当地土著顾客群，代表着被保留给封建主的猎物，多少被禁止买新产品，他们因此构成了一个大家竞争的市场。

封建领袖，在西化的青年民族主义者和群众之间，筑起了一道屏障。每当精英们朝农村群众做出努力时，头领、共同体的大佬、传统权威人士就会出面警告、威胁并把他们逐出团体。这些被占领国所认可的传统权威人士，很不高兴看到精英们企图渗入农村去发展。他们深知城市的人所引进的思想，会对封建制的永久性原则提出否认。因此，他们的敌人不是占领权力；总之，他们跟占领者是和睦共处的，而这些具有现代观念的人打算瓦解这个原始社会，并从他们的嘴里夺走面包。

西化分子对于农村群众，体会到一些令人联想到在工业化国家的无产阶级内部所发现的感情。资产阶级和无产阶级的革命历史，显示了农村大众经常成为革命的绊脚石。工业国家的农村群众通常是最不觉悟的、最无组织和最无政府主义的一群。他们所表现的特征是：个人主义、不守纪律、贪财、易怒又容易心生气馁，这一切定义了一种客观上的反动行为。

我们之前了解到民族主义政党模仿西方政党模式和主张，因此，在大部分情况下，他们不会向农村进行宣传鼓动。事实上，如果对殖民地社会进行合理的分析的话，如果这个分析被做出来的话，就会向他们指出，被殖民的农民生活在一个结构依旧完整无缺的传统环境，而在工业化国家里，工业化的进步使这个传统环境产生裂缝。在萌芽状态的无产阶级内部，人们可以发现个人主义的行为。由于抛弃了农村，因那里有着难以解决的问题，没有土地的农民涌向城市，挤在贫民窟里，力图渗入由殖民者建立的港口和城市，构成了流氓无产阶级（lumpen-prolétariat）。广大的农村群众则是继续生活在一个一成不变的环境，而剩余的人口没有其他资源，只好涌向城市。待在原地的农民顽固守住自己的传统。在殖民地社会，他们代表维持共同体社会的守纪律分子。的确，这种一成不变、僵化又萎缩的生活，可以穿插出一些宗教狂热的运动或部落战争。但是农村群众自发的守纪律和利他主义，个人在共同体面前消失了。

农民不信任城市人。城市人穿得像欧洲人，讲欧洲人的话，跟欧洲人一起工作，有时还住在欧洲人区。农民把他们当作抛弃民族遗产的叛徒。城市人是“叛徒、变节者”，他们似乎跟占领者和睦相处，并在殖民体制下努力奋斗成功。所以人们经常会听到农民说，城市人没有品德。我们在这里并不是面对城乡之间的典型对立。这是被排除在殖民主义利益之外的被殖民者，和利用殖民地剥削、从中分一杯羹的被殖民者之间的对立。

殖民主义者更利用了这个对立，来与民族主义政党斗争。他们发动山上人、乡下人反对城市人。他们挑动内地反对沿海，好让部落重新复活。所以，看到卡隆吉（Kalondji）加冕为卡赛（Kasaï，位于刚果的一个省份）国王时，就像几年前看到他在加纳首长会议时顶撞恩克鲁玛（N’Krumah）那样，不必大惊小怪[①]。

① 卡隆吉本来是卢蒙巴领导下的“刚果民族运动”的稳健派，后来却结合他的巴尔巴部族人反对卢蒙巴。

政党并未在农村建立它的组织。这些政党，不去利用现存的结构，为这些结构注入民族主义或是进步的内容，却企图在殖民体制的架构内推翻传统的现实。他们相信能够使民族这条船扬帆，然而，殖民体制的锚链却仍沉重。他们不去会见群众，不把自己的理论知识为人民服务，却企图根据先前的方案把民众框起来。从首都到农村，他们到处安插一些无名小卒或太年轻的人，打算让这些中央机关授权的领导像指挥企业里的基本单位那样，去领导村子或村落。传统的人受到忽视，甚至刁难。未来的民族历史，应该是把村子的历史，把民族和部落的传统冲突历史，写进号召人民、决定性的行动中，然而，这些历史却被随便践踏成地方小传记，也就是只有国家新闻是重要的。在传统社会中备受尊敬和无可置疑的德高望重的老人，却当众受到嘲笑。占领者地方当局不会放过利用这些积怨的机会，并随时了解这个可笑的权力机关所通过的各种决定。建立在精确情报基础上的警察镇压、突袭奏效了。从中央派下来的领导人和新评议会的成员统统被捕。

这些遭受的失败，证明了民族政党的“理论分析”正确。这些因企图吸收农村群众而产生的乱七八糟经验，加深了他们的不信任，并凝聚了他们对这部分人民的攻击性。甚至在民族解放斗争胜利后，又重蹈覆辙，使得去中央以及自治倾向得以滋养。殖民地时代的部落主义，让位给民族阶段的地方主义，并制度化成一种联邦主义。

农村的群众虽然没受到民族主义政党多大的影响，但他们无论是在民族意识成熟的过程中，或是接力民族主义政党的行动，或更少见的纯粹为了取代这些党的贫乏，都扮演了决定性的作用。

民族主义政党的宣传，总是在农村群众的内心得到回响。在农村，人民不忘记反殖民时代的种种。妇女们依旧在孩子耳边哼着曾经伴随战士们抵抗征服的歌。村童在十二三岁就知道那些参加过最后几次反抗的老人的名字。他们在村子里做的梦，并不是城里孩子所做的那种奢华或考试及格的梦，而是梦见自己成为战士，这些战士的壮烈牺牲故事，至今仍令人感动流泪。

当民族主义政党企图组织城市萌芽的劳动阶级时，我们在农村参与了一场表面上几乎不可理解的爆发。例如，一九四七年在马达加斯加那场著名的起义。殖民当局十分制式化，把它视为一场农民暴动。事实上，今天我们知道，事情更加复杂：大型殖民公司在第二次大战期间增加势力，并且夺占了全部闲置的土地。在同一时期，人们谈到可能将犹太难民、卡比利亚人（阿尔及利亚的山上人）、安的列斯人移民到岛上，还纷纷谣传，下一步是南非的白人和殖民者共谋要占领本岛。因此，战后民族主义者的候选人纷纷当选，并立即组织了马达加斯加革新民主运动党（MDRM）的各支部。殖民主义者为达目的，使用最传统的手段；大量逮捕、在部落间进行种族主义的宣传、扶持一个无组织的流氓无产阶级建立新党。这个所谓“马达加斯加穷人党”（PADESM）的致命性挑拨，正好带给殖民当局维持秩序的合法保证。然而，这种事先准备好清除一个党派的行径，在这里却造成大幅影响。农村群众三四年来一向采取守势，突然发现自己处于死亡边缘，就决定狠狠抗击殖民主义的武力。人民手持标枪，大多时候拿石块和棍子，投入民族解放的大起义，我们知道结果如何。

这些武装起义，仅仅代表了农村群众介入民族斗争而使用的手段之一。有时候，农村接力了城市的骚动，接力了城市中成为警察镇压目标的民族政党的动乱。消息过分放大传到农村：

领袖被捕、机枪滥射、黑人血溅城里、小殖民者大肆屠杀阿拉伯人。于是仇上加仇，激烈的仇恨爆发了，邻近的警察局被包围，警察被拉扯，教师遇害，医生因不在而幸免等等。绥靖部队大批出动到现场，飞机出动轰炸。于是，叛乱的大旗展开了，战争的老传统又出现了，妇女们鼓掌，男人组织起来并在山上占领阵地，游击战开始了。农民自发制造普遍的动乱不安，殖民者怕了，陷入要战争或谈判的困境。

对于农村群众在民族斗争中这种关键性的闯入，那些民族政党的反应又如何呢？我们看到，大部分民族政党没把武装行动的必要性列入宣传里。他们并不反对持久的起义，但也只是满足于去相信乡下人的自发性。大体上，他们把这一个新因素当作天上掉下来的大饼，向上苍祈求继续搞下去。他们利用这天赐的饼，但并不试图去组织起义。他们并不派干部去农村使农民政治化，去启迪觉悟，提高战斗水平，他们只希望这些群众乘势追击，不要慢下来。农村的运动没有受城市感染，而是根据自己的辩证法去发展。

民族政党并不尝试对乡下人下达明确的命令，尽管后者已完全准备听令。他们没向群众提出目标，只期待这种运动无限期地持续下去，以及轰炸机不要平息这场运动。所以，我们清楚地看到，即使在这种形势下，民族政党也没有利用这种可能性把农村群众拉进来，使他们政治化，提高他们的战斗水平。他们对乡下保持不信任的犯罪立场。

政治干部躲在城里，让殖民者明白他们和造反者没关系，或跑到外国去。很少看到他们去山上见人民。例如在肯尼亚，在茅茅团叛乱期间，没有一个知名的民族主义人士宣称他归属于这个运动，或试图捍卫这些人。

多样丰富的解释并没有出现，亦无民族内不同阶层之间的对质。而且，由于独立是发生于农村民众被镇压之后，殖民主义和民族政党和解后，我们会发现，这种不理解更加剧烈了。农村居民对政府的结构改革方案，甚至是进步的社会革新，都抱持保留态度。因为，体制目前的负责人，在殖民地时代，确实从未向全体人民说明政党的目标、民族的方针、国际问题等等。

殖民时代，农村居民和封建领主对民族主义政党的不信任，则让对这些政党的仇视，在民族时期继续下去。殖民主义者的秘密机关并未在独立后解除武装，这让不满继续维持下去，而且给年轻政府制造各种麻烦。总之，政府只有为自己在解放时期的懒惰和经常蔑视农村而付出代价。国家可能有一颗理智的甚至是进步的头脑，但庞大的身体仍旧虚弱、倔强和不合作。

于是，将出现一种尝试，即试图通过中央集权和加紧控制人民，来摧毁这个身体。这就是人们常听说，在落后国家必须有一定程度的独裁的理由之一。领导不信任农村群众。例如，某些政府在民族解放后很久，仍旧把内地看作不安定地区，除非在军队演习时，否则政府首脑、部长们不敢冒险深入内地。内地无异是陌生国度。吊诡的是，民族政府对待农村群众的某些行为态度，令人联想到殖民政权。“我们不太清楚这些群众会做出怎样的行动。”年轻的领导人毫不迟疑地说：“如果我们要让这个国家走出中世纪，必须用棍子。”可是，如我们之前看到的，那些政党在殖民时代对农村群众的为所欲为态度，只是损害民族统一、损害民族的加速启动。

殖民主义有时候刻意要分散和瓦解来自民族主义的压力。地方当局并不挑唆酋长和长老们反对城里的“革命家”，而是把部落和一些团体组成政党。面对城市政党开始“体现民族意志”，并开始对殖民体制构成危险时，一些小集团诞生了，一些基于各种倾向、各种地方主义和族群的党派出现了。一个部落形成一个政党，并由殖民者在背后做顾问。圆桌会议可以开始了。统一主义党派被许多潮流淹没了，部落政党反对中央集权，反对统一，责备统一党的独裁。

后来，这个策略被民族内的反对派所利用。占领者在两三个进行解放斗争的民族政党中作出选择。选择的方式是很典型的：当一个政党达到民族一致的支持，并以唯一的对话者姿态要占领者接受时，占领者就玩弄手腕，尽量拖延谈判。拖延，被用来分散这个党的要求，或将其中某些“极端”分子排斥在领导中心之外。

相反地，如果没有一个政党具压倒性，占领者就优先照顾那个他认为最“理智”的党派。不能参加谈判的民族主义政党，于是谴责另外那个党和占领者的协议。从占领者那儿取得政权的党，意识到竞争对手蛊惑人心和混乱的立场所构成的危险性，企图摧毁这个对手，并宣布其非法。受迫害的政党除了躲到市郊和乡下地方外，没其他办法。这个党就开始煽动农村群众起来反对那些“海边地方的卖国求荣者、首都的堕落分子”。他们利用各种借口：宗教的理由、新当局那种创新并与传统一刀两断的措施；人们利用农村群众那种厌恶进步开化的倾向。所谓革命的主张，事实上是建立在农村群众的落后、激情和自发性的基础上。人们到处谣传山里骚动、农村不满。有人信誓旦旦地说在某个角落，警察向农民开枪、派兵驰援、现存体制就要垮了。反对党没有明确的政纲，除了取代现在的领导小组外，别无目的，他们又重新把命运交给自发的、暧昧不清的农村群众手中。

农民是唯一自发的革命势力

相反地，反对派有时候不依靠农村群众，而依靠进步分子和新兴民族的工会。在这种情况下，政府号召群众抵制劳工的要求，把这些要求丑化成反传统主义的冒险家手段。我们从前在政党层次上观察到的一切，经过一些必要修正后，可在工会的层次上观察到。起初，殖民地的工会就是母国工会的分支，其指令是母国指令的回声。

当解放斗争进入明确的关键阶段，一些工会的土著决定建立民族工会。从宗主国进口的旧组织被当地大肆抛弃。这个工会的创立，是城市居民对殖民主义施加压力的新因素。我们曾说过，殖民地的无产阶级是处于萌芽状态，并代表一部分受优惠待遇的人。在斗争中诞生的民族工会，是都市人组成的，他们的纲领，首先是政治纲领和民族主义纲领。但这个在民族斗争的关键阶段诞生的民族工会，实际上是自觉的和活跃的民族主义者的合法组织。

被政党蔑视的农村群众继续被排斥在外。当然，也会有个农业劳动者的工会，但这个工会的创立，只是因应"向殖民主义展现一个统一战线"的形式需要。宗主国工会培养出来的工会负责人，完全不懂如何组织农村大众。他们失去了和农民的接触，首先关心的是如何吸收冶金工人、码头苦力、煤气和电气的职员等等。

在殖民阶段，民族主义的工会形成了一个惊人的核心部队。在城市里，工会无论何时皆能够冻结、瘫痪殖民经济。由于欧洲移殖民者通常被安置在城市里，示威行动对他们造成莫大的心理影响：没有煤气、断电、没人清除垃圾、商品堆在码头任其腐烂。

这些殖民地城市，即宗主国的离岛，对工会的行动十分敏感。以首都为代表的殖民地堡垒，不堪忍受这种痛击。但“内地”（农村群众）在这场对决中，仍是局外人。

因此，我们可以看到，从民族的观点来看，工会的重要性和民族之内的其他人之间，有着不成比例的落差。独立后，被吸收到工会的工人，有一种空转的印象。他们所设定的有限目标，在达成的一瞬间，相较于国家建设工作的无止境，显得如此不稳定。面对与权力经常紧密结合的民族资产阶级，工会领袖发现，他们不能再局限于以劳动者为中心的风潮。由于工会天生远离农村大众，不能在市郊以外传播指令，它就采取愈来愈政治的立场。事实上，工会成为政权的候选者。他们千方百计迫使资产阶级走投无路：反对在国内保有外国基地、告发商业协议弊端、采取反对政府外交政策的立场。现在已经“独立”的工人，仍旧在空转。刚独立后，工会发现，他们如果表达那些社会要求，将得罪全国的其他人。比起其他人，工人的确是体制里最受惠的。他代表了人民中最宽裕的那部分人。打算为劳工、码头苦力争取改善生活条件的示威，不止不得人心，还会引起农村贫困群众仇视的危险。所有工会主义都被禁止的工会，只能原地踏步。

这个不健康的状态表示，在客观上需要一个诉诸全民的社会纲领。工会突然发现，内地也应该接受启蒙和组织；但，在自己和农民之间设下一个传送带，从未成为他们关心的重点，而农民恰恰是构成国家唯一的自发革命势力，这将证明工会的无效性，暴露纲领的不合时代的特性。

工会领袖沉溺在政治和偏重劳工的行动中，竟然机械地准备搞政变。但是，在这个场合，内地还是被排斥在外。这只限定于民族资产阶级和工会之间的纷争。民族资产阶级重新抬出殖民主义的旧传统，夸耀警力和军力；工会则组织集会，动员数万成员。对这些民族资产阶级和不管怎么说总是吃饱的工人，农民耸肩观望。因为他们意识到双方都把他们看作助力。工会、政党和政府只会以不道德的不择手段驱使农民，把他们当作盲目的、迟钝的力量，甚至当作暴力来利用。

相反地，在某些状况下，农村群众准备以具决定性的方式，同时介入民族解放斗争和未来国家将选择的远景当中。这现象对落后国家具有基本的重要性。因此，我们必须详细检讨这一点。

我们看到，民族主义政党一方面拥有摧毁殖民主义的意志；另一方面又想跟殖民主义和睦相处。在这些政党内部，有时会产生两个过程。首先，一批知识分子高尚地分析殖民地现实和国际形势后，会开始批评民族政党意识形态上的空洞及其战术上的贫乏。他们不懈地向领导们提出一些关键性的问题："什么是民族主义？你们在这些话的背后设了什么？这些话有何含义？为什么要独立？而首先你们想如何达到独立？"同时也对方法论上的问题提出要求，认为要对其进行严谨的讨论。在选举的方法上，他们会建议增加"另外的方法"。在初步的小争论中，领袖们很快就摆脱他们通常形容青年的激情。但是这些要求既不是激昂的表示，也不是青春的标志，拥护这种立场的革命分子很快就会被孤立。披着老经验外衣的领袖们，准备无情地甩掉这些"冒险家、无政府主义者"。

党机关对一切革新表现出反抗的样子。面对一场不知会以何等面貌、力量、方向呈现的风暴，领导阶层的态度是战栗不安，对此，革命的少数派发现自己陷入孤立。第二个过程，与遭受过殖民地警察迫害的上级和下级干部有关。这些干部透过不懈的奋斗、牺牲和模范的爱国主义，才达到领导的地位。这些人来自地方基层，通常是一些普通工人、季节工甚至失业者。对他们而言，在民族政党内活动，并不是为了搞政治，而是选择从动物状态进入到人的状态的唯一办法。这些备受党内顽固的合法主义所苦恼的人，将在他们被托付的活动范围内，表现出首创的精神、勇气和斗争的意志，这些表现几乎机械地把他们导向殖民主义的镇压武力。他们被逮捕、被刑讯逼供、被判刑、受大赦，他们利用坐牢期间厘清自己的思想，更加坚定自己的决心。在绝食斗争中，在监狱那个共同坟墓的团结一致中，他们盼望着解放，这对他们而言意味着一个机会，可以开始一场武装斗争。但与此同时，在监狱外，备受来自四面八方攻击的殖民主义，却开始主动接近民族主义温和派了。

我们于是旁观了党内的非法主义及合法主义两种倾向的断裂过程。少数非法者感觉到他们不讨人喜欢，人们避而远之。党内合法分子会审慎地支援他们，但双方已形同陌路。这时，非法分子会接触几年前就已听懂他们在讲什么的知识分子。一个与合法政党并行的地下政党，就在这种接触下建立起来。但是，当合法政党接近殖民主义，并企图从内部改变之际，这种针对不可回收分子的镇压力量，就更加强化了。这就把非法分子逼入历史的死巷。

被城市逼走的人，首先躲进市郊的周围。但是警察网络又把他们赶出去，迫使他们逃离城市、逃离政治斗争的场所。他们逃入深山、地方、乡下找农民。农民从一开始就收容他们，使他们躲过警察的追捕。战斗的民族主义者决定把自己的命运交给农村大众，而不再跟警察在城市里捉迷藏，他们绝不吃亏。农民的大衣，将以意想不到的温柔和劲道，将他包裹，不露出一点蛛丝马迹。这些人真正成为内地的流放者，事实上变成了游击队员。他们不得不随时转移地方以逃避警察，为了不引起注意而在夜间行军，他们将有机会走遍并熟悉自己的故乡。他们忘了咖啡馆，忘了讨论下一次选举，忘了对某个警察的愤懑。

他们听到的是真正国家的声音，他们的眼睛看到的是人民巨大、无限的悲惨。他们意识到时间宝贵，这些时间曾经浪费在无益的批评殖民体制上。他们终于懂得要改变，而不是改革，不是改善。他们在一种晕眩中明白，城市的骚动始终不能改变和震撼殖民体制。

这些人养成跟农民谈话的习惯，他们发现，农村群众始终未停止用激烈的言词，提出关于自我解放的问题，比如暴力、从外国人手中夺回所有土地、民族斗争、武装起义等。一切都很单纯。这些人发现了一个永恒处于不动中的人民，他们表里一致，不动却完整保留了自己的道德价值和对民族的热爱。他们发现了慷慨大方、准备牺牲、急切和勇敢奉献的人民，他们坚如磐石。我们明白，这些被警察追捕的战士和跺脚的群众，以及本能的反叛者一旦碰触，就会爆出一种具备异常威力的混合气体。从城里来的人向人民学习，并为人民开设政治和军事课程。人民磨好武器。事实上，课程持续不太久，因为群众摩拳擦掌，在重拾与肌肉亲密接触的同时，导引着领袖加快脚步，揭开了武装斗争的序幕。

游民无产阶级的兴起

起义使政党不知所措。事实上，他们的方针始终是断言：所有武力的尝试都是无效的，甚至政党的存在，就是对所有起义的恒常谴责。有些政党私底下偷偷分享殖民者的乐观主义，庆幸自己与这个疯狂之举无关，有人说，这件蠢事将受到血腥的镇压。但是，点燃的星火迅速燃遍全国。装甲车和飞机没有获得预期的胜利。面对如此惨重的损失，殖民主义开始思考。甚至在作为受压迫者一方的人民内部，也开始出现这样的声音提醒关注形势的严重性。

至于人民，开始在小茅屋里和睡梦中哼着新的民族韵律，他们在心底不停低唱对光荣战士的赞歌。起义已蔓延全国，现在轮到那些政党被孤立了。

然而，起义领袖意识到，有一天必须把武装起义扩展到城市，这种意识绝非偶然。它接受那支配民族解放的武装斗争之辩证法。尽管农村代表取之不竭的人民力量，尽管游击队在那里使地方更加动荡，但殖民主义从不怀疑自己的体制固若金汤，根本不觉得自己陷入危险中。于是起义领袖决定把战争送进敌人家里，也就是说，送进那安静而雄壮的城市里。

在城市组织起义带给领袖们一些难题：我们之前看到，大部分出生在城市或在城市长大的领袖，逃离了他们原来的环境，因为他们经常受殖民地警察的追捕，又经常不容于党内谨慎及理智的干部。他们隐藏在农村，既是为了逃避镇压，更是因为不信任旧的政治组织。这些领袖在城市内的自然触角，是党内知名的民族主义者。确切地说，我们之前看到，他们最近历史的开展，是与那些胆小怕事、紧皱眉头沉思殖民主义罪行的领导，侧身错开的。

此外，游击队里的人，对他们过去的老朋友——那些他们认为是最左倾的人——初步的试探后，将进一步肯定他们的理解，甚至是打消重见老友的意愿。事实上，从地方发起的起义，要透过被堵在城市四周的农民深入城里，这些人在殖民制度下尚未找到一根可以啃的骨头。地方人口急速膨胀，被殖民体制征收土地而离乡背井的人，不倦地围绕各个不同的城市打转，希望有一天人们会允许他们入城。就在这些群众里，在贫民窟里的人民，在游民无产阶级的内部，起义将找到它在城市的长矛。游民无产阶级，构成了被殖民人民当中最自发和最激进的革命势力。

在肯尼亚，当茅茅团造反以前的几年，我们看到，英国殖民当局强化了恫吓游民无产阶级的措施。一九五〇年至一九五一年，警察和传教士合作无间地对付来自农村和森林、大量涌入城市的肯尼亚青年，他们由于未能找到市场出卖劳力而偷窃、放荡、酗酒。殖民地的青少年犯罪，是游民无产阶级存在的直接产物。同样在刚果，从一九五七年起，采取了一些严厉的措施，把那些扰乱既存秩序的“年轻小流氓”赶回乡下去。传教团被委托去开办了一些收容所，当然，是在比利时军队的保护下。

游民无产阶级的组成与发展，是一个现象，顺应它自身的逻辑；不是传教士的大量活动和中央机构的法令所能阻止的。这个游民无产阶级像一群老鼠，不管用脚踩，用石头砸，都会继续啃树根。

贫民窟投入到被殖民者的生物决定法则当中，不惜任何代价要入侵敌人的城堡，必要时将通过最秘密通道。如此被构成的游民无产阶级，并对城市的“安全”形成沉重的压力，它意味着一个无可救药的腐败，和深植在殖民统治心底的坏蛆。于是，拉皮条的、流氓、失业者和普通罪犯就像坚定的劳动者那样，从下而上地投入解放斗争。这些无所事事的、失去社会地位的人，通过军事和决定性的行动，重新找到民族的道路。他们在殖民社会乃至支配者的道德中，都不能找回自己的尊严；现在恰恰相反，除了通过手榴弹和手枪的力量，他们没资格进入城里。这些下三滥和失业者面对他们自己和面对历史，重新找回了尊严；妓女也一样，年薪两千法郎的女佣，绝望的妇女们，所有那些在疯狂和自杀间徘徊的男男女女，开始前进，并坚决地参加觉醒起来的民族大行进。

民族政党无法理解这个加速它们瓦解的新现象。侵入都市的叛乱改变了斗争的面貌。当时全部投入农村的殖民地军队，现在又匆匆撤回城市，以确保人身和财产的安全。镇压的力量分散了，到处出现危险。是民族的土地，是整个殖民地陷入恐惧不安，陷入如鬼神附身的着魔状态中。农民武装团参与的是零星分散的军事包围。城市起义则是出乎意料之外的氧气气球。

起义领袖们看到积极热情的人民对殖民主义机构决定性的打击，而加强了他们对传统政治的不信任。每次胜利，证明他们今后对所谓漱口剂、咬文嚼字、“吹牛学”和无效煽动的反对，是正确的。他们对政治、对蛊惑人心的宣传，感到悲痛欲绝。这也是为何，一开始时，我们见识到一场真正的关于自发性的神圣胜利。

诞生于乡村、多方繁衍的农民起义，不管它在哪里爆发，就证明了民族无所不在、普遍高密度的存在。每个武装起来的被殖民者，就是今后活着的民族的一小部分。这些农民起义陷殖民体制于危险，在动员它的兵力的同时使它分散兵力、随时威胁着要扼杀它。农民起义遵循一个简单的法则：使民族存在。没有政治纲领、没有演说、没有决议、更没有政治倾向。问题很清楚：外国人滚蛋。让我们组成一个共同阵线，抵抗压迫者，让我们用武装战斗，来加强这个阵线。

只要殖民主义持续不安下去，民族事业就会发展，并成为每个人的事业。解放的蓝图已画好，并关系到整个国家了。在这个时期里，自发性是国王，主动性是各地区域性的。在每一处山顶上，一个小型政府组成了，并发号施令。在山谷和森林中，在丛林和村子里，到处会遇到一个民族权力机关。每个人以行动使自己的民族存在，并致力获得区域性的胜利。我们面对的，是一个全面的以及彻底的立即战略。每个自发组成的小组，其目的和纲领就是解放当地。如果说，到处是民族，那么国家就在这里；再进一步，它就只是在这里，战术和战略混淆起来，政治艺术单纯变成军事艺术，政治活动家就是战士，打仗和搞政治被视为一件事，而且是同一件事。

游击战起，民族倾覆

这些被夺去的与生俱来的权利，习惯生活在斗争和敌对的狭隘圈子里的人，即将在庄严肃穆的气氛下，清洁和净化民族的地方面貌。在一场真正的集体狂喜下，一些敌对的家庭决定抹去一切、忘记一切，和解情况倍增。重新勾起深埋的、根深蒂固的仇恨，是为了能确实消除它。民族获得承认，促进了觉醒。民族的统一，首先是集团的统一和团结，是消除旧的纷争，和最终泯灭宿怨。同时，净化包括一些当地人，他们因某些活动，因勾结占领者而损坏民族声誉。相反地，叛徒和卖国贼将受审讯和惩罚。人民在制定法律的持续步伐中，发现自己在当家作主。从殖民沉睡中醒来的每一点，在这种无法忍受的气温下生存。村子里盛行吐露真情、惊人的慷慨、使人无法生气的善意、永远坚定不渝的为“事业”而死的意志。所有这一切，都使人联想到共同体、教会和神秘的信仰。没有任何一个当地人，不被这带动国家的新节奏所感动。一些密使匆匆赶往邻近部落。他们组成起义的第一个联络体系，并带动尚无动静的地区活动和发展起来。一些著名的顽固敌对部落，兴高采烈，并且流着热泪放下武器，发誓鼎力相助。人们如兄弟般亲密地在武装斗争中，跟昔日的宿敌重逢。民族的范围扩大了，这是迎接新部族上场的陷阱。每个村子发现，自己是革命的绝对代理人和行动的中继站。部落之间、村与村之间的团结一致，表示民族的团结一致，首先在增强打击敌人方面看出来：每个组成的突击小队、每次爆发的新战火，表明每个人在围捕敌人、迎击敌人。

这种团结一致，在以敌人发动的进攻为特色的第二期里，表现得更加清楚。在爆发后，殖民地兵力又重新集结、重新组织，并开启了对应于起义性质的战斗方式。这种进攻，再度把第一期那种令人惬意的、极乐的气氛问题化。敌人发动进攻，并把重兵放在一些定点上。地方突击队很快被包抄。尤其，当他们倾向同意正面作战时，更容易被包抄。第一期流行的乐观主义，使突击队不屈不挠，甚至失去判断力。他们深信，山顶即是国家，不接受撤退，不容边打边撤。出现多起失败之后，他们也开始怀疑自己；因为突击队最终还是受到地方袭击的考验，此刻正如同整个国家的命运就在这里上演。

但，我们懂得这种企图和殖民体制算账，立即结清自己命运的狂热意志，被谴责为速食主义般，是一种自我否定。最日常的、最实际的现实主义，被昨日情感的抒发所取代，也被永恒的幻觉所取代。事实的教训，被机枪扫射的尸体，引起对事件的重新解释。残活的简单本能，支配着一种更加游移不定、多变的态度。这种战术的改变，是安哥拉人民解放战争最初几个月的特征。我们记得一九六一年三月十五日，两三千名安哥拉农民的突击队冲向葡萄牙军的阵地。男女老幼、武装的和非武装的、勇敢亢奋的、密密麻麻的人，一批接一批冲向殖民者、士兵和葡萄牙国旗的统治区。一些村子、机场被包围，被无数次攻击，成千上万的安哥拉人遭到殖民主义者的机枪扫射。安哥拉起义领袖不久就懂得，要真正解放自己的国家，就得另外找办法。因此，几个月来，安哥拉领袖奥尔登·罗贝托（Holden Roberto）在考虑不同的解放战争模式和利用游击队战术后，重新组织了安哥拉国民军。

在游击战中，事实上，战斗不再是人们所在之处，而是人们前往之处。每个战士，在赤脚之间把行走过的一部分卷入战争。国民军不是跟敌人一决死战的军队，而是向一个村子又一个村子移动，向森林撤退，当瞥见敌人在纵谷中掀起一片尘土时，就高兴得跺脚。部落开始移动，人民大搬家，更换阵地；北方人向西移动，平地人上山，没有一个战略位置属于优势位置。敌人自以为在追击我们，而我们始终能设法处理，遁入敌人后方，就在它认为我们被歼灭的时候攻击它。此后，是我们在追击敌人。敌人用尽一切战术和火力，给人的印象是不知所措和陷入困境。我们唱歌，高声唱。

在这段期间，起义叛乱的领袖，理解到必须启蒙团体、教育他们、灌输理论、组织军队和集中权威。这个分散的民族，武装起来的民族，必须修正和超越分散的状况。曾经逃避城市那种徒劳无益的政治气氛的领袖们，又重新发现，政治不是作为麻痹和蒙骗的手段，而是作为加强斗争和把人民准备好，使他们朝往国家这个清晰方向前进的唯一方法。领袖们意识到农村起义，不管它多么崇高伟大，也需要加以监督和引导。领袖们被带往去否定农村起义这种运动模式，并把它导向革命战争。他们发现，斗争的成功，必须以目标明确、方法明确为前提，尤其，农村群众必须对他们努力的暂时动力有所认识。利用大众心中的怨恨，我们可以坚持三天，必要时坚持三个月，但我们无法因此就在民族战争中获胜，无法使敌人恐怖的机器垮台，如果我们忘了提高战士的觉悟，就不能改造人。壮烈的勇气、漂亮的口号是不够的。

此外，解放战争的发展，给领袖们的信念决定性的一击。事实上，敌人改变了战术。在粗暴的镇压上，结合了伺机放松的姿态、分裂阴谋及“心理战”。敌人成功地到处利用挑拨离间者，进行反颠覆活动，使部落斗争死灰复燃。殖民主义为了实现它的目标，雇用两种当地人。首先是传统的合作者，长老、首领、巫师等等。我们之前看到，农村群众规规矩矩地沉睡在日复一日的平静生活中，继续尊重宗教领袖、贵族的后裔。部族像单一个体那样，遵循传统长老所指示的道路。殖民主义借助于教士的高位，以大量的金钱，让这些心腹为自己服务。

殖民主义也会在游民无产阶级中找到一大群差遣部队。因此，任何民族解放运动都不可忽视游民无产阶级。这个阶级总是会响应起义的号召，但如果认为忽视他们就能起义，那么，这群饥饿的和失去社会地位的人不会投入武装斗争，而且是站在压迫者那一边。压迫者绝不会错失时机，去挑拨黑人互相吵架，欣然利用游民无产阶级的头脑不清和无知的毛病。如果起义部队不先把这支预备队尽速组织起来，它将重新站在殖民者那一边充当佣兵。在阿尔及利亚，提供保安队和梅萨里主义[①]的，是游民无产阶级；在安哥拉，是他们充当葡萄牙军队的开路先锋；在刚果，在开赛省和加丹加省的地方独立主义示威中，我们可以发现这批游民无产阶级；而在利奥波德维尔（Léopoldville），他们则受到刚果的敌人利用，组织一些反卢蒙巴的“自发性”集会。

敌人分析叛乱势力，愈来愈仔细研究由被殖民的人民所构成的全部敌人，意识到其中某些阶层的意识形态弱点和精神不稳定。敌人发现，在一个严格的、组织十分严密的起义先锋队旁边，有一大群人，因为他们习惯于生理的悲惨、卑屈、不负责任，他们对叛乱的参与，经常会萌生很多问题。敌人就利用这些人，不惜代价，敌人用刺刀或惩一儆百来刺激自发性。美元和比利时法郎流入刚果，而在马达加斯加则增加了反霍瓦族[②]的暴行，阿尔及利亚征募一些新兵——名副其实的人质——补充法国兵力。起义领袖完全看到了民族正在倾覆。一些部落，

---

① 译注：梅萨里·哈吉（Messali Hadj），反对民族解放阵线的温和派阿尔及利亚人。

② 译注：霍瓦族（Hova），马达加斯加的一个民族。

全体组成保安队，而且配备了现代武器，出发作战，并侵入划为民族主义环境的敌对部落。起义开始时那种壮大的一致性变质了，民族的团结瓦解了，到达决定的转折点。于是，群众的政治化被认为是历史的必要性。

一系列的局部战斗

这种耸动的唯意志主义，打算一下子将被殖民者带往绝对主权，这种确信，以为我们可以以同样的速度、在同样的光芒下，随身搬走民族所有的小碎块，这种建立希望的力量，这一切，从经验上看来，则显露了极大的弱点。只要被殖民者想象，以为他可以不经过渡，即能从被殖民状态到独立国家的自主公民状态，只要他自以为是地相信直接用肌肉上阵的幻景，那么，被殖民者在认识的道路上，就不会有真正的进步。他的意识还停留在初步的阶段。被殖民者热情投入斗争，尤其是武装斗争，这我们之前已经看到了。实际上，农民更是积极参加起义，狂热程度远胜于之前面对反殖民生活方式时都不曾停止过的紧皱面孔。从永恒不变，在各种计谋之后，从那令人联想到魔术师精彩表演似的平衡体系，农民一向对殖民强制保持着相对的主体性。他们甚至相信，殖民主义不是真正的胜利者。农民骄傲，对入城、对接触外国人建设的世界持保留态度，当殖民地政府代表靠近他时，总做出后退的动作，这一切都不断表示，农民以自己的善恶二分法，来对抗殖民者的二分法。

反种族的种族主义，是一种捍卫性命的意志，是被殖民者面对殖民压迫所做出的回应的特征，这明确代表了投身斗争的充分理由。但是，人们不会为了仇恨或种族主义的胜利而支持战争，忍受高压，甚至眼看着自己家破人亡。种族主义、仇恨、憎恶，虽然是“复仇的正当欲望”，却不能成为解放战争的养分。这些意识中的闪电，把肉体抛向乱哄哄的道路，将它投入几乎是病态的梦幻状态中，在那里，他人的脸使我晕眩，我的血召唤着他人的血，我那呆滞的死亡召唤着他人的死，最初之时的这个巨大狂热会减退消逝，如果它打算靠自己的养分维生。殖民军队无休无止的暴虐，的确把激情的因素导入斗争中，给了战士仇恨的新动机，和去干掉殖民者的新理由。但是，领袖日复一日地意识到，仇恨是无法构成建国纲领的。如果你只依靠对手（他当然老是增加罪行）加深鸿沟，而把所有人推回到起义上面，那就必败无疑了。在任何的情况下，敌人会设法争取某些居民的团体、某些地区、某些首领的同情。在斗争的过程中，殖民者和警察会被下达一些命令，他们表现出不同的态度，变得更"通人情"。他们甚至在殖民者-被殖民者的交往中，称呼当地人"先生"或"女士"，增加了礼貌和殷勤，使被殖民者有种印象，好像他们见证了改变。

被殖民者不单单只是因为饿得要死、眼看他的社会瓦解，就拿起武器，也是因为殖民者把他看作牲畜，像对待牲畜那样对待他，这些措施令他十分敏感。仇恨被这些心理上的发现平息了。技术专家和社会学者指出了殖民主义的伎俩，并对各种"情结"深入研究：欲求不满情结、好战情结、可殖民化的情结。殖民者提升土著，试图通过心理学及理所当然花几个小钱，来解除他们的武装。这些卑劣的手段，这些表面的而且拿捏恰到好处的弥补，获得某些立竿见影的成效。被殖民者如此渴望，渴望有什么东西能使自己变成人——甚至只是打了折扣——这渴望达到如此抑制不住的地步，使得这些施舍可以局部地动摇他。他的意识非常不稳定，非常不透明，一点点火花就会感动。欺瞒愚弄，威胁着最初那对未加分化的光明的强烈渴求。那些惊天动地的、全面性的要求，被撤回了也收敛了。一只急着想吞掉一切的狼，一阵想引发真正革命的狂风，若是斗争持续下去的话，将会产生出令人辨认不出面貌的危险，事实上也是如此。被殖民者随时有可能因为什么随便地让步，被解除武装。

起义领袖战栗地发现了被殖民者的不稳定性。他们首先茫然，然后通过新的迂回办法，懂得解释的必要性，以及把意识从困境中彻底解脱出来的必要性。因为战争持续下去，敌人更加组织起来，变得强大，猜测出被殖民者的战略。民族解放斗争不是一蹴而成，史诗是每日的生活，是困难的，人们忍受的痛苦超过殖民时代的所有一切。在城里，殖民者似乎改变了。我们的人比以前更快乐，人们受尊重。日复一日，投入斗争的被殖民者，以及应该支持他们的人们，不该动摇。他们不该想象已达到目的了。当人们给他明确斗争目标时，他不该想象这是不可能的。再说一次，要向人民解释，人民应该要了解他将往哪里去、怎么去。战争不是一次的战役，而是一系列的局部战斗，老实说，没有一次是决战。

因此，我们有必要节省兵力，不要让他们一下子全部投入万劫不复。殖民者的后备军比被殖民者更加强大和具有优势。战争继续下去，敌人在坚守，大规模的说明不是为了今天或明天而做。事实上，它从第一天就开始，而且不会因为不再有对手而终止，仅仅是因为对手，基于种种原因意识到，结束这场斗争和承认被殖民者的自主权，对他们有利。斗争的目标不该仍旧停留在最初之时的那种未分化的程度。如果不对这点有所防备，就有可能碰到这种情况，人民每每在敌人稍作让步时，就会思考为什么要延长战争的理由。人们习惯了占领者的蔑视，习惯他们不惜一切代价维持压迫的坚强意志，以至于任何主动的宽宏大量、一切显示善意的行径，都令被殖民者又惊又喜，倾向高歌赞颂。必须使用多重解释，向积极活动分子说明清楚，让他们不被殖民者的让步蒙住双眼。这些让步算什么，不过是一些让步而已，它并不针对从被殖民者的观点来看那本质的部分，我们可以肯定，如果让步不触及殖民体制本质的部分，那它就不是针对主要部分。

更精确地说，占领势力那种凶暴的形态可能完全消失。这种戏剧化的消失，表现出占领者减少开支和防止兵力分散的积极作为。但这种消失必须付出巨大的代价，没有别的，而是把国家的命运更加强制地框住。举历史上的一些例子，可以帮助人民深信让步这种骗人的把戏，以及不惜一切代价实施让步，对于某些国家而言，是造成更加全面奴化的结果。人民全体战士应该认识到这个历史法则。这种让步就是套在头上的枷锁。当澄清工作没有完成，我们就会惊讶于某些政党的领袖容易跟前殖民者达成莫名其妙的和解。被殖民者必须相信，殖民者不会给他什么。被殖民者通过政治或武装斗争获得的，并不是因殖民者的慈悲或善意而得到，只说明了殖民者不可能让步。更进一步，被殖民者应该知道，这些让步，不是殖民主义所造就，而是他自己造就出来的。当英国政府决定在肯尼亚议会上多赐给土著几个席位时，无耻的或头脑不清的人才会说，是英国政府造就这些让步。难道看不出，这是肯尼亚人民所造就出来的吗？被殖民者、被掠夺的人民必须丢掉一直成为他们特征的那种心理状态。被殖民者在万不得已下，可以接受殖民主义的和解方案，但决不妥协。

斗争，揭开社会现实

所有这一切的说明，这些陆陆续续的启发意识，这种走向认识社会历史的道路，都只有在组织内，将人民编制、框架起来，才有可能掌握。这个组织，是利用起义初期由城市来的革命分子，和随着革命的发展而重返农村的革命分子而建立起来的。

是这个核心，构成了叛乱政治组织的雏形。但是，农民在经验中累积了自己的知识，也显示他们有能力领导人民的斗争。在处于备战状态的民族和领袖之间，产生了相互启迪和补充的作用。传统的机构强化了、深化了，有时甚至完全改造了；仲裁所、长老会议和村民会议改造成革命法庭，变成政治、军事委员会了。在每个战斗队、每个村子里涌现出一批政治委员。他们开始开导那些不理解地方情况的人。这样，政委就不再害怕那些如果不再说明清楚就会使人民迷失方向的问题。武装的积极活动分子，看到许多土著继续他们在城市里的生活，仿佛山上发生的事与他们无关，仿佛不知道最重大的运动已经展开了，他们对此感到愤怒。城市一片宁静，日常生活照常过下去，给农民一个苦涩的印象：整个民族的大部分人都坐在场外。这引起农民的反感，并加强了他们整体对城市人的蔑视和谴责。政委们应当引导他们通过觉悟，来看出立场上的细致差异之处：人群中某些特定分子，他们握有一些独特利益，这些利益并不总是与民族利益叠合。于是，人民才会明白，民族独立使得现实的多重面向——有时是分歧和对立的——显露出来。这些阐明在斗争时候具有关键作用，因为它使人民从广泛但未分化的建国主义，过渡到社会与经济的意识。人民的斗争在刚开始时采取了殖民者的原始善恶二元论：白人和黑人、阿拉伯人和欧洲人；他们在斗争过程中发现，有些黑人比白人更白，他们发现，即使将来有一面国旗和形成国家的可能性，也不会使一些人放弃他们的利益和特权。人民终于明白，有些土著像他一样，并无迷失方向，恰恰相反，似乎利用战争，来加强他们的物质利益和新生的权力。他们进行不正当的交易，并大发战争财，不屑一顾那些始终无条件自我牺牲而把鲜血洒在国土上的人。用原始的手段对抗殖民主义战争机器的战士，意识到自己在推翻殖民压迫的同时，又协助建造了另一部剥削机器。这个发现是令人不悦、痛苦和愤慨的。以前很简单，一边是好人，另一边是坏人。当初田园牧歌似的不真实的光明，如今已为涣散意识的昏暗所取代。他对着背叛尖叫，但必须修正这种尖叫。背叛不是在民族的层次上，而是社会的，必须要教导人们喊捉贼。人民在艰辛地走向理性的认识中，同样应该抛弃他对统治者过分简单化的看法，族类在他眼前碎裂化。他在自己的周围，见识到一些殖民者并不参与犯罪的歇斯底里，他们与整个族类有所区别。这些人谴责殖民战争，我们却不加区分地将他们投入外国人整体中，真的会引爆议论的，是当这族类的典型过渡到另外一边，变成黑人或阿拉伯人，并接受痛苦、刑讯逼供、死亡时。

这些例子平息了被殖民者对外来移民的普遍仇恨。被殖民者热情地接近这些人，并以一种感情丰富的竞相许诺，而倾向绝对信赖他们。在被视为残暴和无情的后母的宗主国里，许多舆论，有时是相当知名的声音，提出意见，他们毫无保留地谴责政府的战争政策，建议最终要考虑被殖民者的民族意志。一些士兵逃离殖民军，另一些则明确拒绝为反对人民的自由而战，他们坐牢、受苦，以这群人民之名，为独立、为管理自身事物的权利而战的人民。

殖民者不再单纯是应该被打倒的人。某些殖民主义中的成员，比民族的某些子孙，更加接近而且是极度地接近民族主义斗争。在两个意义上，种族的和种族主义的层次被超越了。人们不再发给所有黑人或穆斯林一张真实身份证书。不管哪个殖民者走近时，人们不再总是急忙找大刀或枪了。意识艰辛地通向局部的、局限的、不稳定的真实。可以想见，这一切是十分艰苦的。使人民成熟的任务，将同时因为组织的严密和领袖的思想水平，而变得容易进行。意识形态的力量，会历经斗争的展开、对手的伎俩、胜利和失败，而转化和增强。领袖们展现他们的力量和权威，通过揭露错误，利用每次意识的倒退来吸取教训，确保新的进步条件。每个地区性的事物消长，都被放在所有村子和所有政治网络层次上进行检讨。起义证明了自身的理性，也表达了它的成熟，每次只要它将人民的觉悟，往前推进了一步。尽管周围一些人有时会认为，将问题细致化会构成危险，如此一来，会使得人民此一大整体内部产生裂缝，但领袖对于一些原则相当坚持：那些从民族斗争中得出的原则，以及从人类为争自由所进行之普遍斗争中所得出的原则。在典型的革命家里，存在着反对微妙的差异和蔑视个案的粗暴思想，但相似的粗暴，也存在于典型的反革命、冒进、无政府主义者当中，如果不立即克服这种纯粹、完全的粗暴，势必导致运动在几个星期后失败。

逃离城市的民族主义战士，被领袖们那蛊惑人心、改良主义的手法严重刺伤，对“政治”大失所望，然而，他们在具体实践中，发现一个与先前政治完全不同的新政治。这个政治，是嵌入历史之中的负责人、领袖们的政治，这些人，以肌肉和大脑肩负了解放斗争的领导大任。这是民族的、革命的和社会的政治。被殖民者现在将要认识的这个新现实，只有通过行动才存在。斗争粉碎了旧殖民地的真实，揭示了一些未知的方面，带来了新的意义，并指出这些事实所掩盖的矛盾。战斗的人民，依靠斗争，呈现出这个新现实，和认识这个新现实，奋勇向前，从殖民主义中解放出来，并事先对所有蒙蔽企图，对所有盲目的爱国心有所警惕。只有由人民所行使的暴力，由领导层组织和启发的暴力，才能使群众辨别社会现实，解答这个问题。如果没有斗争，没有在实践中去认识，那么只剩下狂欢和喧闹；仅限于极小范围内的再适应，权力上层的一些改革、一面国旗，而在下面，则是广大未开化的群众，继续活在“中世纪”的混沌状态里，无休无止的运动。

第三章　民族意识之厄运

历史清楚地告诉我们：反殖民主义的斗争，从来就不是一开始就镶嵌在民族主义的观点中。长久以来，被殖民者的努力，是朝向废除一些令其挂心之事：强迫劳动、体罚、工资不平等、政治权利的限制等等。这个为了民主、反抗压迫的斗争，逐渐脱离了新自由主义强调普同性的混乱，而通向——有时候是十分艰苦的——民族的要求。然而，由于精英们的准备不足，他们和群众之间缺乏建设性的联系，他们的怠惰，加上应该说是在斗争关键时刻的软弱，将导致悲惨命运的开端。

民族意识，若不是协调地凝聚了全体民众内心深处所憧憬的生活，若不是来自人民的动员最具体、直接的成果，那它将只是个毫无内容、脆弱且粗糙的形态而已。我们在其中所发现的缺陷，充分说明了年轻的独立国家为何容易从民族过渡到种族，从国家过渡到部落。正是这些裂缝，使人理解那些损害民族的飞跃发展和民族统一的倒退现象。以后我们将看到，会出现这样的弱点以及其中涵盖的严重危险性是一个历史的结果：是因为落后国家的民族资产阶级不能使民众的实践理性化，即缺乏理性。

落后国家的典型弱点，那几乎天生就固着于落后国家民族意识中的弱点，不单单是因为被殖民者受到殖民体制缚手缚脚所造成的，它也是由于民族资产阶级的懒惰、精神贫乏以及极度受到国际思想影响的结果。

在殖民体制结束时得到权力的民族资产阶级，是个发展落后的资产阶级，几乎没有经济实力。总之，没有那种可以跟它想取而代之的宗主国资产阶级匹敌的经济实力。沉溺在唯意志论的自我陶醉中的民族资产阶级，十分容易深信，自己能够进一步取代宗主国的资产阶级。但是，独立逼得它走投无路，在它身上引发灾难性的反应，迫使它向过去的宗主国发出焦虑的呼唤。受过大学教育的人和商人们，是新成立国家最开化的组成部分，他们的特征是人数少，集中在首都，从事商业，经营农业和自由业。在这个民族资产阶级的内部，既没有工业家，也没有金融家，落后国家的资产阶级并不倾向生产、创造、建设和劳动，它们几乎全体被引向中介型的活动，它极大的使命感似乎就是流通。民族资产阶级没有产业领导人，只有中介人的心态。的确，殖民者的贪得无厌和殖民主义所设置的禁止输出制度，使他们没有选择的余地。

在殖民体制下，民族资产阶级不可能积累资本。然而，确切来说，一个落后国家中，民族资产阶级的真正历史任务，就是否认自己是资产阶级，否认自己是资本工具，而使自己完全成为由人民构成的革命资本的奴隶。

在落后国家中，真正的民族资产阶级，应该使自己背叛过去肩负的天职，使自己投向人民的学校；换句话说，把在殖民地大学所学习到的一切知识、技术的资本，投入人民的解放奋斗中，然而，不幸的是，我们看到民族资产阶级经常背离这条英勇、积极有成果和正当的道路，反而心安理得地走入一条可怕的道路，因为那是一条反民族的道路，一条典型的资产阶级的道路，因循守旧，卑躬屈膝，愚蠢又厚颜无耻。

民族资产阶级的过渡宿命

众所周知，从一定时期起，民族主义各政党的目标是纯粹民族的。他们用独立的口号动员民众，把其他的委诸将来再说。当有人问，这些政党提出的经济计划如何，如何建立体制时，他们显得无法回答，因为，他们完全对自己国家的经济问题一无所知。

这个经济始终在他们之外发展：他们对本国的地上及地下现有的和潜藏的资源，只有一种从课本上得来的概略知识，所以他们只能抽象、笼统地谈论。独立后这个落后的资产阶级在数目上减少了，没有资本，拒绝革命，势必悲惨地停滞不前。它不能自由地发挥天才，过去可以略微轻率地推说它的天才受到殖民统治的阻碍。由于资本不稳定及高级管理人员稀少，使他们在几年间走入手工业型经济的绝境。在这种不可避免又十分局限的观点中，国家的经济是所谓建立在地方物产的基础上的经济，因此出现相当多手工业的论述。在不可能设置一些能替国家和自己赚更多钱的工厂的情况下，资产阶级就对手工业包裹上一种沙文主义式的温情，意思就是将它和新的民族尊严画上等号；此外，它还为资产阶级赚取实质的利益。这种对地方物产的崇拜，这种不可能想出新方向的困境，也表现在民族资产阶级深陷在殖民地时期特色的农业生产中。

独立后的国家经济并未重新设定方向，始终是花生、可可、橄榄的收成问题；同样，在基础产品的贸易上，也没出现任何的修正；国内并未建立任何工业，我们依然继续出口原料，继续让自己作为欧洲的小农，作为未加工产品的专家。

然而，民族资产阶级不断要求经济和商业部门国有化，因为他们不认为国有化意味着全体经济为国民共有，意味着满足全民的所有要求；他们也不认为国有化是按照新的社会关系来支配国家；对他们来说，国有化是把殖民时期承袭下来的那些不当的特权，一部分破格转移给当地人。

由于资产阶级既缺乏充分的物质手段，也没有足够的知识手段（即工程师、技师），他们的要求只局限在，占据前殖民者所占有的办公室和商店。民族资产阶级取代了以前殖民者的位置：医生、律师、商人、代理人、经理、货物过境或转运代理人。他们认为，为了国家的尊严和保全自己，应该占据所有这些地位。接着，他们要求，今后不论是外国的大公司想要在国内维持下去，或者有意进出国内，都要由他们经手。民族资产阶级发现了他们充当中介商的历史使命，正如人们所见的，所牵涉的不是改造国家这个使命，而是充当一个伪装的、戴上今天新殖民主义假面具的资本主义的过渡角色。他们称职地充当西方资产阶级代理人，毫不引以为耻，反而沾沾自喜。这个利字当头的角色、这个收入微薄的职位、这种目光如豆、这种缺乏壮志雄心，象征着民族资产阶级没有能力去发挥它身为资产阶级该发挥的历史作用。在这里，可悲的是，我们看不到任何一个民族资产阶级身上可以看到的生气勃勃的开拓者风格、世界开创者和发明家风格。在殖民地民族资产阶级内部，享乐主义主导一切；在心理的层面上，他们自我认同于他们吸取全部知识之所在的西方资产阶级。他们追随的，是西方资产阶级否定的和颓废的负面，完全没有跨越探索和发明这些早先的阶段，这些不管怎样，恰恰是西方资产阶级之所以能有成果之理由。殖民地民族资产阶级在它的最初阶段，自我认同为西方资产阶级的结尾。千万不要认为它快速超过各个阶级。事实上，它是由结尾出发，它从未经历青春期的惊涛骇浪、大胆无畏，且在唯意志主义的那些时期就已经衰老了。

从民族资产阶级的颓废面来看，他们受到西方资产阶级的大力援助，后者以异国情调、打猎、赌场观光客身份来出现。为了他们，民族资产阶级全力建设休闲娱乐设施。这个活动将打着观光业的名义，纳入国家工业当中。如果我们想要证据来证明，前被殖民资产阶级摇身一变成为了西方资产阶级“派对”的筹办人，那么，我们必须回顾一下在拉丁美洲所发生的事：哈瓦那和墨西哥的赌场、里约的海水浴场、巴西和墨西哥的少女、十三岁的混血女孩、墨西哥的阿卡普尔科（Acapulco）和玻利维亚的科帕卡瓦纳（Copacabana），这些都是民族资产阶级堕落的可耻印记。由于缺乏主见，由于疏离人民，自己把门关死，由于先天没有思考能力去顾全国家的大局，民族资产阶级就只能充当西方企业的代理人，并将自己的国家变成欧洲的妓院。

再一次，我们不应忘记发生在拉丁美洲某些国家的惨况历历在目：美国来的银行家、生意人和技术官僚，一降落到“热带地方”，可以一星期或十天就窝在为他们提供的“原住民保留区”里，享受酒池肉林的日子。

地主的行径实际上与城市资产阶级的行径一样，当国家一宣布独立，他们立刻强烈要求农场国有化。借助多重手段，夺取前殖民者的农场，以便强化在自己地盘上的支配力，他们并不试着改革农业、提高生产，或者把农业整合到真正的国家经济中。

其实，农场主要求政府保证他们的利益、特权，使他们享受比从前外国殖民者更多的方便和百倍的优惠，对农业劳动者的压榨更加强化和合法化。这些新殖民者玩弄两三个口号，通过为国家努力的名义，要求农业劳动者加强劳动。完全没有农业现代化，没有发展计划，没有革新，因为即使牵涉到最小风险的革新，也会使这些人恐慌，并使占有土地、犹豫不决、小心翼翼的地主资产阶级陷入混乱，他们愈来愈陷入殖民主义所设置的回路中。在这里，首创精神是政府的事，由政府确定革新，促进发展和提供融资。农业资产阶级拒绝即使是一点点的风险，他们反对打赌、冒险，只要求牢靠、迅速的回报。装进他们口袋里的巨额利润，只是作为国民所得，不是用来再投资。储蓄的心理支配了这些农场主，往往在独立后那几年，资产阶级毫不迟疑地把他们从祖国获取的利润托付给一些外国银行；另一方面，他们把巨款花在豪华消费、买轿车和别墅等种种被经济学家描述为落后国家资产阶级特点的东西上面。

我们说过，刚掌权的被殖民者资产阶级，他们发动阶级的攻击性用来独占过去被外国人据有的位置。独立的第二天，他们立刻就和殖民主义同伙的律师、商人、地主、医生和高官起冲突。它要跟这些“侮辱民族尊严”的人进行无情斗争，它使劲挥舞着指导阶层的民族化和非洲化的概念大旗。事实上，它的行动愈来愈染上种族主义的色彩，它粗暴地向政府提出一个直截了当的问题：我们必须占有这些位置。直到它们完全占据这些位置时，才会完全压住它们的火气。

至于城市的无产阶级、失业大众、小手工业者，与这种民族主义态度站在同一边；但是我们要给他们一个公道：他们只是追随资产阶级的脚步。如果说民族资产阶级和欧洲人竞争，手工艺者和小手工业者则是发动反对非本土非洲人的斗争。在科特迪瓦（Côte-d’Ivoire），其实有反达荷美（les Dahoméens）和反上伏塔族（les Voltaïques）的种族暴动。达荷美人和上伏塔人控制了小交易，独立后他们备感科特迪瓦人民的敌意。我们从民族主义过渡到极端民族主义、沙文主义，最终到种族主义。人们要求外国人离开，烧毁他们的商店，摧毁他们的棚子，把他们私刑打死，科特迪瓦政府的确勒令那些人离开，满足了国民。在塞内加尔则出现反苏丹人的示威，马马杜·迪亚（Mamadou Dia）先生指出[①]："确实是这样，塞内加尔人民只因为仰慕其领袖才接受马里神秘主义（la mystique du Mali）。他们加入马里联邦，除了表现出对这些领袖政治上的信赖，没有别的意义。塞内加尔的领土并不因为加入马里联邦而失去活力；尤其因为苏丹人在首都达喀尔显得太强势，令人难以释怀。因此，这件事说明了联邦的分裂非但不会引起遗憾，反而受到民众的欢迎，人民松了一口气，而且，任何支持联邦维持下去的声音也没有出现。"

当若干阶层的塞内加尔人，一下子抓住了他们的领袖提供摆脱苏丹人的机会——这些苏丹人在商业上或行政部门上妨碍他们——的同时，刚果人旁观了比利时人大批离开，对此还不敢相信之余，马上决定对住在利奥波德维尔和伊丽莎白维尔的塞内加尔人施加压力，叫他们离开。

如同人们所见，这两种现象中的机制是一样的。如果欧洲人限制了年轻国家的知识分子和资产阶级的贪婪，那么，对于大众和城市人而言，竞争主要是由不同国家的非洲人表现出来。在科特迪瓦是达荷美人，在加纳是尼日利亚人，在塞内加尔则是苏丹人。

当由资产阶级提出的干部黑人化或阿拉伯化之迫切需求，并不是来自真正的民族化意图，只是出于把一向由外国人掌握的权力交给资产阶级的考虑时，大众在他们的思考水平上，也提出同样的要求，但是限于在黑人或阿拉伯国家的范围内。在

① 马马杜·迪亚，《非洲国家和世界团结》(*Nations africaine et solidarité mondiale*)，PUF（Presses universitaires de France），1960 年，页 140。

倡导大陆大团结的热烈主张和大众受到指导阶层鼓吹下的行为之间，还可以描述出各种各样的态度。人们可以看到一个永恒的往返，从落入消亡的非洲统一，到最可恶、最令人恼火的沙文主义的回归。

马马杜·迪亚指出："在塞内加尔，那些领袖曾经是主张非洲统一的主要理论家，并一再为这一思想牺牲了他们的地方政治组织和个人的地位，他们虽然出于善意，不能否认也必须负责到底。他们的错误——我们的错误——是借口反对巴尔干化[①]，而在分析中没有充分注意领土扩张主义这个前殖民主义的事实。我们的错误就在于我们的研究中没有对这个现象投以足够的关注。因此不管统一理论多么令人赞赏，多么能引起共鸣，但也无法消灭这个社会学事实，即这个理论是殖民主义的结果。我们被精神上最甜美的海市蜃楼幻影所迷惑，并把我们的理想当作现实，以为只要口头上谴责领土扩张主义及其产物——小型民族主义，就足以克服它并保证我们所幻想的事业将会成功。"[②]

从塞内加尔的沙文主义到乌罗夫族（Ouolof）的部落主义，两者之间的距离并非很大。事实上，由于民族资产阶级行为上的气量狭小，理论立场的不明确，所以不能成功启发全体民众，不能首先提出与民众关联的问题，不能扩大他们的世界观；在这样的情形下，人们就会见识到一股往部落主义立场而去的回潮，我们会见识到，心里带着愤怒的种族主义激烈的胜利。因为既然资产阶级唯一的口号是"让我们取代外国人"，既然他们急于要在所有部门取得自己的权利，夺占他人的地位，那么那些小民族主义者，例如出租车司机、卖糕饼的、擦皮鞋的，同

① 译注：巴尔干化（balkanisation），19 世纪帝国主义大国把巴尔干半岛分裂成几个小国家，以便使其易于控制与制衡其他大国。

② 马马杜·迪亚，《非洲国家和世界团结》。

样可以要求达荷美人回到他们的国家，甚至更加极端的，要求富尔贝人（Foulbés）和颇尔人（Peuhls）滚回他们那未开垦的丛林或深山去。

我们应当用这种观点，来解释在新兴的独立国家中，联邦主义到处胜利的事实。我们知道殖民统治优待了某些地域。殖民地经济并未被整合进国家整体当中，它总是被安排在跟各个不同的宗主国的补充关系中。殖民主义几乎从未开发整个国家。它满足于发掘天然资源，开采这些资源并向宗主国的工业输出，因而可以使殖民地部分的部门相对富裕，而其他部分则继续落后与贫困，或加深这种现象。

独立不久后，住在比较繁荣地区的人会意识到他们比较幸运，并且出于内心原始的反射作用，拒绝扶助其他地区的国民。盛产花生、可可、钻石的地区展露优势，面对着构成国家其余部分普遍空荡荡的全景，这些地区的人民，仇恨地看着其他地区那些能引发他们妒忌、欲望和杀人冲动的人民。殖民地化以前的宿仇意识、种族之间的旧恨又重新挑起。巴鲁巴人（Balubas）拒绝供养卢卢阿人（Luluas），喀坦加（Katanga）建立国家后，阿尔贝·卡隆吉（Albert Kalondji）立刻给自己加冕为南开赛（sud Kasaï）国王。

非洲统一是一个含糊的口号，但是非洲男女热烈支持这一口号，并且运用它，对殖民主义施加可怕的压力，揭示其真面目，并在同一个民族内粉碎内部的地方部落主义。由于民族资产阶级急于捍卫自己眼前的利益，目光如豆，显露出它无力实现单纯的民族统一，无力把国家建立在牢固且丰饶的基础上。曾经击败殖民主义的民族解放阵线解散了，日趋衰败，浪费了他们既往的胜利成果。

种族和部落所进行的残酷斗争，企图占领外国人离开而腾出空位的好战心，这些同样也导致一些宗教上的竞争。在农村和偏远荒区，各种小教团、地方宗教、伊斯兰教的仪式重新活跃起来，并且也重新开始逐出教门这个阶段。在大城市里，在行政部门层级上，我们看到两大启示宗教正在对决：伊斯兰教跟天主教。

宗教披上了种族主义的面具

被非洲统一的诞生而摇撼了根基的殖民主义重整势力，企图利用运动的弱点来粉碎统一的意志。殖民主义藉由向非洲民众揭露“宗教”上敌对的存在，来动员他们。在塞内加尔，《新非洲》(*Afrique nouvelle*) 每周散发对伊斯兰教和阿拉伯人的仇恨；在西海岸掌握大部分小商业的黎巴嫩人，被交付民族制裁。传教士向群众提醒，黑人大帝国在欧洲殖民主义到来以前，老早就被阿拉伯人侵略而摧毁的史实。人们毫不犹豫地说，是阿拉伯人的占领为欧洲殖民主义铺平了道路；人人畅谈阿拉伯帝国主义，并且谴责伊斯兰的文化帝国主义，穆斯林通常被排斥在重要位置之外。在另外一些地区则呈现相反的现象，信奉基督教的当地人，被看作民族独立客观上和意识上的敌人。

殖民主义恬不知耻地使尽诡计，志得意满地使昨天联合起来对抗殖民主义的非洲人反目成仇。圣巴托洛缪大屠杀[①]的概念在某些人的思想中成形了，殖民主义听到非洲统一的崇高宣言时，在一旁静静地冷笑。在同一国家内，宗教分裂民众，这些宗教社团，被殖民主义当作工具挑拨离间，彼此对立，到处爆发意外的事件。在一些天主教或基督教占优势的国家，人们看到穆斯林少数民族投身在罕见的虔诚当中。伊斯兰教的仪式重

① 译注：1527 年 8 月 24 日，法国新教徒在巴黎庆祝圣巴托洛缪节（Saint Barthélemy）当夜，信奉天主教的查理九世下令屠杀十万名新教徒。

新活跃起来，他们强烈抵制天主教的暴力专制。人们听到一些部长在会议上对某些人说，如果他们不满意，何不去开罗算了。美国的长老教会往往把他们反天主教的偏见，移植到非洲的土地上，并通过宗教，使部落之间反目成仇。

在大陆的层次上，这种宗教的紧张，往往披上最卑劣的种族主义面貌，把非洲区隔成白色和黑色两部分。什么撒哈拉沙漠以南的、以北的非洲这种别名，终究掩饰不了潜在的种族主义。在这里，人们主张白人非洲拥有千年的文化传统，它属于地中海世界，是欧洲的延伸，具有希腊、拉丁文化的性质。黑色非洲则是了无生气的、野蛮的、未开化的……荒芜的地域。那里，人们整天听到关于女人的面纱、一夫多妻制、阿拉伯人歧视女性的嗡嗡声。所有这些想法，由于他们的侵略性，使人想起殖民者经常被人描述的样子。这两大地域各自的民族资产阶级，汲取了殖民主义最腐败的根源，他们替代了欧洲人，并在大陆传述一种对非洲未来十分恐怖且有害的种族主义哲学。由于他们的懒惰和依样画葫芦，促进了殖民时代特征的种族主义之植入和强化。同样地，这一点也不足为奇，假如我们在一个所谓非洲的国家里，听到的只是种族主义的想法，而且见识到父权的行为，这让我们会有一种苦涩的印象，以为自己身处巴黎、布鲁塞尔或伦敦。

在非洲某些地区，父权大家长制令黑人颤抖，也有着一种汲取自西方文化中的猥亵思想，认为黑人根本无法理解逻辑和科学。有时候，人们甚至有机会见识到少数黑人处于近乎半奴隶的状态，这些合理化划分，甚至合理化黑色非洲各国对白色非洲国家的不信任。当一个黑人非洲的市民漫步在白人非洲国家的大城市里，听到孩子叫他“黑鬼”，或一些官员用蹩脚的法语对他说话时，也就见怪不怪了。

不，很不幸，这种现象并非单一特例：一些在撒哈拉以北念中学的黑色非洲学生，总是听到同学们问他们，在自己的家乡是否有房子住、他们是否知道电气、他们在家里有没有吃人肉。不，很不幸，这并非无稽之谈，在某些撒哈拉以北地区，当人们遇见一些来自撒哈拉以南的非洲人时，总会要求这些南方人把他们带到“随便哪里都可，但是要和黑人在一起”。同样地，在某些新兴的黑色非洲国家，一些议员甚至一些部长，都严肃地断言，危险之处，并不在于国家再被殖民主义占领，而是可能被“从北方来的、肆意破坏的阿拉伯人”入侵。

资产阶级的无能为力

正如我们所见，资产阶级的无能并不仅仅显示在经济方面，他们借着狭隘的民族主义和种族的名义掌握权力，尽管有一些形式浮华、内容空洞的宣言，完全不负责地玩弄出自欧洲的道德论或政治哲学的词句，最终还是证明，他们不能使最起码的人道主义占上风。当资产阶级强大时，他们按照自己的力量安排世界，则毫不迟疑地肯定一些具普同性意图的民主主义。对这个在经济上稳固的资产阶级来说，必须有一些特殊的条件，才会使他们被迫不去尊重自身的人道主义意识形态。西方资产阶级，尽管本质上是种族主义者，却经常通过多重的细致差异，来掩饰种族主义，使他们白璧无瑕地保存所宣示的人类最高尊严。

西方资产阶级充分布置了路障和栅栏，可以安心地和它所剥削和蔑视的人竞争。西方资产阶级对黑人、“北非的阿拉伯人”的种族主义，是一种蔑视的种族主义，是把对方视为无物的种族主义。但是，宣称人与人之间实质上是平等的资产阶级意识形态，为了使自己合乎逻辑、应付得宜，于是邀约次等人来完成自我人性化，这个过程，是通过去体现资产阶级所代表的这类西方人道主义。

新兴民族资产阶级的种族主义，是一种防御性的种族主义，一种基于恐惧的种族主义。它在本质上，通常与庸俗的部落主义，甚至与党派及教团之间的对抗，没有区别。人们可以理解，为何那些敏锐的国际观察家并不太认真看待非洲统一的大问题。因为看得见的裂痕那么多，所以人们预感，在非洲统一到来以前，应该先解决所有的矛盾再说。

非洲人最近才发现自己，他们决定以整个非洲大陆的名义，来对抗殖民体制的压迫。然而，从这里到那里，那些急于获取一己利益和建立剥削国家体制的民族资产阶级，却竭力阻止这种“乌托邦”的实现。他们深知自己的目标，竭力阻止统一，决心阻止两亿五千万人为战胜愚蠢、饥饿、非人类所进行的努力。这就是为何我们必须知道，非洲的统一只能靠人民的压力和人民的领导，也就是无视资产阶级的利害关系，才能达成。

从内政和制度面看，也证明了民族资产阶级的无能为力。在一些落后国家里，议会游戏根本是假的。资产阶级由于经济上的无力，也由于它不能催生和谐一致的社会关系，也不能将这种社会关系立基于自身作为主导阶级的准则上，于是，它就选择了自己觉得最容易的解决办法：单一政党。他们尚未具备良好意识以及安心感，这些只有在经济力强大和掌握国家机构时，才能拥有。他们不创造一个使国民安心的国家，反而是一个令人不安的国家。

国家本来应该由于它的坚强和领导，使人信服，使人卸除武装，使人安眠；它却相反，十分戏剧化，炫耀自身，制造混乱，以暴力对待人民经常陷国民于危险之中。这个唯一的政党，是毫不掩饰的、肆无忌惮的、无耻的资产阶级独裁的现代形式。

事实上，这种独裁没有远大的前景可言，它不能制止自身不断冒出来的矛盾。由于资产阶级没有经济力来确保支配，并分给全体国民一杯羹，此外，由于它汲汲于以最快又最乏味的方式中饱私囊，于是国家更加陷入停滞。而为了掩盖这种停滞，为了掩盖这种倒退，为了让自己安心，为了给自己找骄傲的借口，资产阶级除了拼命在首都加盖宏伟的高楼大厦，只做所谓的声誉花费之外，别无其他。

民族资产阶级愈来愈不顾国内和国家落后的现实，反而向过去的宗主国、向确保为他们服务的外国资本家看齐。就像它绝不跟人民分享利益，也绝不允许人民利用外国公司支付的酬劳，它将发现，需要一个大众领袖去肩负双重角色：安定体制，并使资产阶级永续统治。落后国家的资产阶级独裁，从一个领袖那里汲取了生存的稳固性。众所周知，在先进国家中，资产阶级独裁，是资产阶级经济强大的产物。相反，在落后国家里，领袖代表道德的威力，让瘦弱和一无所有的新兴国家资产阶级庇荫其中，并中饱私囊。

长久以来，人们从旁听说过或见过领袖，人们远远地或是在梦中追随领袖与殖民势力对抗，于是本能地信赖这位爱国者。独立前，领袖体现了人民的愿景：独立、政治自由和民族尊严。然而独立不久后，领袖非但不能实际体现人民的需要，不再成为带头人，让人民经由拥有面包、土地和一个重返人民神圣之手的国家而获得尊严，反而暴露他私下的职能：成为民族资产阶级所建构的那种急于享受、唯利是图的机构中的总统。

领袖，尽管他经常是正直的，尽管他所作的宣言那么真诚，但是在客观上，他却成了今日民族资产阶级和前殖民公司利益结合下之保护者。他那纯粹受良心支配的正直，已日渐风化。由于领袖和大众的接触是如此不真实，导致他竟然深信人民怨恨他的权威，怀疑他为祖国服务的热忱。领袖冷酷批判人民对他忘恩负义，并日益坚决地把自己列入剥削者的阵营。于是，他在知道原因的情况下，自我转变成腐化、享乐的新兴资产阶级的共犯。

新兴国家的经济流通，不可逆转地陷入新殖民主义的泥沼。国家的经济从前是被保护的，如今却完全被指导。通过贷款或赠予来提供预算。每一季，从总理到政府代表团，都到旧宗主国或别处筹募资金。

旧殖民的强大势力，增生了要求，积累让步和保证，并且愈来愈不会小心掩饰对民族国家的压制。民众在无法忍受的贫困中了无生气，慢慢意识到领袖们卑劣的背叛。这种意识，因资产阶级自身无力形成阶级，而变得更加激烈。资产阶级并不按照各种部门来层层分配财富，不做阶层化、差异化的工作。尤其当十分之九的人口继续挨饿，这个新的特权等级，更是侮辱人和令人愤怒的。这个等级无耻、快速且无情发财，引起民众彻底的觉醒，意识到明日的暴力将带给他们希望。资产阶级把国家的全部财富并吞到自己的利益中，它以一种逻辑，而且是匪夷所思的逻辑，对黑人或阿拉伯人极尽贬抑，使人联想到从前代表殖民主义者的种族主义学说。一方面是民众的贫困，另一方面是资产阶级特权者毫无节制地发财，以及它对其他人的蔑视，这些，使得民众的态度、想法坚决起来。

沦为空壳子的政党

但是，破壳而出的威胁将导致权威的强化和独裁的出现。具有战士和献身精神的爱国者背景的领袖，在人民和贪婪的资产阶级之间构成一道屏障：他替这个特权等级担保，并对这些人的无耻、平庸和伤风败俗视而不见。他协助阻挠民众的觉醒。

领袖为了挽救这个特权阶层，对人民隐瞒了他的计谋，就这样，沦为蒙蔽和麻痹大众工作最热忱的工匠。每当他对人民讲话时，总是提起当年英勇的事迹，他代表人民而战斗，以人民的名义而胜利，告诉人民要继续相信他。作为楷模，许多非洲的爱国者在前辈们的政治斗争中，谨慎引入了民族主义的决定性风范。这些人来自偏远荒地，他们说自己是来自偏远荒地，并以黑人之名说话，这让首都的民族主义分子感到羞耻，当权者视为丑闻一件。这些人，过去歌颂自己的种族，承担起所有的过去，无论是退化或人类学上的习俗，而今天，唉！他们又摇身一变，成为某团体的为首人物，转过身去不理睬偏远荒地，并宣称人民的使命就是跟随，一再并且永远地跟随。

领袖安抚了人民。独立后几年中，领袖不能劝诱人民着手具体的事业，不能为他们开辟真正的未来，走上建设国家之道，只能一再重复独立的历史，重提解放斗争的神圣团结。因为领袖拒绝粉碎民族资产阶级，于是要求人民退回到过去，并陶醉于引向独立的回忆。领袖在客观上阻止人民，拼命把人民从历史上除名，或者执拗地阻止人民在历史上站稳脚步。在解放斗争期间，领袖唤醒人民，并答应人民一个彻底、英勇的步伐。如今他却加倍努力来麻痹人民，并且每年或每隔三四年，要求他们回忆殖民时代，思量自己走过的漫长道路。

然而，必须说明，民众表现出完全不能欣赏他们走过的漫长道路。农民还是犁田的农民，失业者仍处于失业状态，尽管欢庆，尽管国家的旗帜仍新，却无法说服自己，生命中有些东西是真正改变了。掌权的资产阶级想证明些什么也是徒劳，群众无法抱持幻想。大家饿肚子，而现在由非洲人担任的警察局长，却使他们极度不安。民众开始赌气，掉头离去，不再对这些不给他们任何出路的国家感兴趣。

然而，领袖仍不时出现在电台上讲话，下乡巡视，来安抚、平息并蒙蔽群众。由于没有政党，就更加需要领袖。在独立斗争时期，的确曾经存在一个由当前领袖所领导的政党，可是独立后，这个党却可悲地解散了。只有形式上的政党、名称、党徽和口号留下来。一个有建制的政党，本该是为群众真正的需要而组织起来，并自由传播那些基于需要而经讨论后的想法；如今，政党却变成追求个人利益的工会。独立以来，政党不再帮助人民提出要求，帮助他们更加觉悟到自己的需要和更加巩固自己的权力。今天政党的任务，是把上面的指令传达到民众那里。再也没有那种能奠定和保证党内民主的从下而上和从上到下的往返。相反，政党成为群众和领袖之间的障碍，再也没有党的生活了。在殖民地时代设立的党细胞、党支部，如今完全解除动员了。

战士们强忍怒火。这时，人们才意识到，有些战士在解放斗争中所采取的态度是正确的。其实，在战斗时刻，有些战士曾经要求领导机关制定一个缜密的方针，确定目标，提出一个纲领。可是领袖们借口捍卫民族统一，一开始就断然拒绝这个任务。他们反复强调，方针就是反殖民主义的民族大团结。这些人做事说话有时把激烈口号当作挡箭牌，一切思想活动限于民族自决，或历史的趋势是横扫殖民主义等等说法。当战士们要求更加正确分析历史的风向时，领袖就拿希望、去殖民的必要性和不可避免来搪塞。

独立后，政党陷于令人惊讶的麻木不仁。只有在示威、国际会议、独立纪念日的场合，才动员战士。党的地方干部成为行政官，党变成政府机关，战士们重新成为平民，并空有公民权。

战士们在完成了把资产阶级扶上台的历史任务后，就被坚决劝退，以便资产阶级可以安稳地完成自己的任务。然而，我们并没有看到，有哪个落后国家的民族资产阶级完成了什么使命。几年后，政党的风化变得明显了，而观察家，甚至是肤浅的观察家，也能看到，过去的党如今成为一个空壳子，只是用来让人民保持停滞的工具。从前在战斗时曾经吸引全体民族的党，现在已经解体了。独立前参加党阵营的知识分子，现在通过他们的行动证明，当初入党，只是为了能在独立时分杯羹，党变成个人成功的手段。

然而，在新体制内部，存在着一种不平等的富裕化及富裕独占。有些人占两三个缺，从不同的职务中谋利，展现投机主义的专家作风。特权增加，贪污横行，道德败坏。国家财富贫乏，乌鸦太多又太贪婪了。党沦为资产阶级的权力工具，用来加强国家机构，并确定将人民框住，令他们不得动弹。党帮助政府压制人民，愈来愈成为强制和反民主的工具。党在客观上，有时在主观上，是唯利是图的资产阶级共犯。同样，民族资产阶级跳过建设阶段而投入享受，同时又在制度方面，跳过议会阶段，选择国家社会主义的独裁。今天，我们知道，长达半个世纪之久在拉丁美洲得逞的法西斯主义，是独立时期半殖民地国家辩证的结果。

在这些贫穷、落后的国家里——按理是最富有和最贫困并行——军队和警察支撑了体制。军、警是由外国顾问出主意而形成的，警力和兵力，跟国家其余处于萎靡不振的残余部分成正比。民族资产阶级愈来愈公然卖身给外国大公司。外国公司透过报酬而攫取特许权，贪污丑闻百出，部长们发财，他们的妻子变成娼妓，议员们予取予求，甚至连警察和税吏都不得不加入这个贪污队伍的地步。

反对势力变得更加挑衅，民众不用解释就领会了它的宣传。

对资产阶级的仇恨从而更加明显。似乎得了早衰症的新兴资产阶级，根本听不进逆耳忠言，并显得不能掩耳盗铃，无法理解到，掩饰他的剥削，甚至只是稍稍掩饰，也对自己有利。

布拉柴维尔（Brazzaville）笃信基督教的《非洲周刊》(*La Semaine africaine*)，向体制的宠儿们写道："有地位的名流及夫人们，今天你们享受舒适的生活，可能是自己所受的教育，拥有漂亮的豪宅，受朋友、亲戚的庇荫，给你们各种天职并打开了你们的新视野。但是所有财富给你们包上了一层外壳，使你们看不到周围的贫苦。要小心哟！"《非洲周刊》对尤卢[①]先生的走狗所提出的警告一点也不具革命性。《非洲周刊》是想告诉那些使刚果人民挨饿的人，上帝将会惩罚他们："如果你们心中没有为处在你们下面的人着想，那么教堂里将没有你们的位子。"

真正的资产阶级并不存在

很清楚，民族资产阶级并不因这种指责而感到不安，资产阶级攀附欧洲，仍旧坚持利用这种状况。他们从剥削人民中获取的巨大好处，都被输往国外。新兴民族资产阶级往往比外国大公司更不相信自己所建立的体制。他们拒绝在自己的国家土地上投资，值得一提的是，他们对保护和养育他们的国家，表现出显著的忘恩负义行径。他们在欧洲金融界炒股票，并在巴黎或汉堡度周末。某些落后国家的民族资产阶级的行为，使人联想到，强盗在每次持械抢劫后，对同伙们隐藏自己的那一份赃物，并且小心翼翼准备撤退。这种行为暴露出，民族资产阶级扮演着长期看来是输家的角色。他们深知这种状况不会无限

① 译注：尤卢（Youlou，1917—1972），刚果总统（1960—1963），1963年8月刚果爆发革命被推翻。

期持续下去，却打算尽最大可能利用它。然而，如此的剥削和对国家的不信任，将不可避免地引爆大众的不满。而在如此条件下，体制强硬起来，军队变成有组织镇压不可缺少的支柱，由于没有议会，军队成了仲裁者。但是军队迟早也会发现自己的重要性，使政府始终怀有可能会发生军事政变危险的压迫感。

正如大家所见，某些落后国家的民族资产阶级没有从书本上学到什么。如果他们好好关注拉丁美洲国家，无疑就会认清那些正在酝酿的危险。于是可以得出一个结论：如此沸沸扬扬、制造轰动的小型资产阶级，注定停滞不前。在落后国家里，资产阶级此一阶段是不可能的。当然会有警察独裁、利益集团，但是资产阶级社会的产生则注定失败。在一个贫困的国家里抢夺钞票的庸俗利益集团，早晚会成为受外国顾问团巧妙操纵的军队手中的一根稻草，任凭使唤。从前的宗主国所行使的是间接统治，通过它所喂养的资产阶级，以及透过国家的军队，后者由它的专家所架构而成，针对人民而设，用来使人民动弹不得并且害怕。

以上关于民族资产阶级所提出的几点意见，使我们得出一个不必感到惊讶的结论：在落后国家，资产阶级不可能找出生存和兴旺的条件。换句话说，编入一个党内的大众，以及具有高度自觉、备有革命原则的知识分子，两者共同努力，必须阻挡这个有百害而无一益的、缺乏经验的资产阶级的行进道路。

五十多年来，当人们在提到落后国家历史时，所问的一个理论问题，就是关于资产阶级阶段能否被跳过，这个问题，应该在革命行动的层面上来解决，而非通过推理。在落后国家的资产阶级，只有当他们在经济上和技术上，足够强大到能够建立一个资产阶级社会，创造出壮大的无产阶级发展条件，使农业工业化，最后使一个真正的民族文化成为可能时，才能替自己辩护。

像在欧洲发展出来那样的资产阶级，才能在加强自己力量的同时，精心制作出一套意识形态；这个充满活力的、有教养的、世俗的资产阶级，完全成功地完成了它积累资本的事业，并带给国家最起码的繁荣。然而，在落后国家里，我们看不到真正资产阶级的存在，只看到一个野心勃勃、贪得无厌、吝啬成性的小型特权阶层，他们甘于从旧殖民势力得到保障。这个目光如豆的资产阶级，呈现不出伟大的理想和创造性之样态。他们记住西方教科书里学到的东西，不是成了它的复制品，而是不知不觉中变成了它夸大讽刺的那一面。

对抗落后国家的资产阶级，远远不是一种理论层面。问题并不在于去解码历史的裁判对他们定的罪，不应该因为他们有阻碍国家全体协调发展的危险，就去斗争他们。而是因为它百无一用，而必须要坚决与其对抗。这个资产阶级汲取蝇头小利，成就平平，思想平庸，企图通过树立个人威信，通过美国汽车的光鲜外表、在里维埃（Riviera）度假、在霓虹灯闪烁的夜总会度周末，来掩盖它的庸俗。

这个愈来愈背离全体人民的资产阶级，甚至未能从西方争取到令人侧目的让步：对国家有益的经济投资，和若干产业的设置。相反地，装配工厂增加，这使得民族经济痛苦挣扎在新殖民主义的类型中。不应该说民族资产阶级延缓了国家的发展，浪费时间，把国家导向可能的绝路。事实上，资产阶级在落后国家的历史中是个无用的阶段。当这个特权等级被自相矛盾吞灭时，人们就会发现，从独立以来，什么也没发生过，必须从头开始，从零开始。在资产阶级统治的时期设置的种种机制里，产业恢复、转移将不会发生，因为这个特权阶层除了毫无改变地继承殖民者的经济、思想和制度外，什么也没干过。

相对来说，我们看到资产阶级在数字上、知识上、经济上的种种脆弱，要消解它显得较为容易。殖民地独立后，资产特权阶层主要是藉由和老殖民势力建立各种协定，而获取力量。尤其人们留给他们和旧殖民势力单独在一起的空间，使他们更有机会接替殖民主义的压迫者。可是，一些深刻的矛盾使这个资产阶级的队伍混乱，并给予认真的观察家一种不安定的印象。这个特权阶层尚未具有同质性。例如，许多知识分子谴责这种建立在寡头支配基础上的体制。在落后国家里，总有一些真诚的精英、知识分子、公务员，感到必须计划经济、将图利者逐出法律外，严格禁止欺瞒。此外，这些人在某种范围内，将为人民参加管理公共事务而斗争。

在获得独立的落后国家中，几乎总有少数正直但缺乏明确政治思想的知识分子，他们本能地不信任独立不久就逐名求利的这种症状。这些人所处的特殊情境（人口众多的家庭赡养者）或他们的历史（艰难的体验，严苛的道德养成），解释了为何他们会对那些世故的唯利是图者带有如此明显的蔑视。在为了国家健全的方向而进行决战时，必须要知道利用这些人，阻止民族资产阶级，也就是摒弃独立后不久悲剧性的波折，摒弃民族统一的不幸，摒弃世风日下，摒弃国家被贪渎腐蚀、经济衰退，摒弃一个在短时期内建立在暴力及威吓下的反民主制度。这是为了进步的唯一选择。

资产阶级表面上的稳固，拖延了决定的形成，并使得新兴国家里最民主、进步的分子胆怯起来。在新独立的落后国家中，所有的指导层都集中在殖民主义所建设的都市里。由于缺乏对总体人口进行分析，而使得观察家们认为，强大、组织完备的资产阶级是存在的。我们知道，在今天，事实上，落后国家里并不存在着资产阶级。创造出资产阶级的，不是精神、爱好或态度。甚至它不是因希望就被创造出来，资产阶级首先是经济现实的直接产物。

然而，殖民地的经济现实，却是外国资产阶级的现实。他们通过代理人，即母国城市资产阶级，来到殖民地的城市。独立前，殖民地的资产阶级是西方资产阶级的一种，是母国城市资产阶级一个真正的分公司，它从宗主国资产阶级那里汲取其正当性、实力和稳定性。在独立前的动荡时期，被这个进口的资产阶级所涵盖的一些土著知识分子和商人，努力自我认同于这个资产阶级。在他们身上，存在着认同宗主国代理人的资产阶级此一永恒意志。

这个资产阶级，毫无保留并且热情接受母国的思想机制，丧失自己的思想，并把意识建立在典型的外国基础上，它将饥渴地发现，自己缺乏成为资产阶级的东西，也就是金钱。落后国家的资产阶级只是精神上想象的阶级，并不是它强大的经济实力、管理层的活力、概念的幅员广阔保证其资格。而且，在一开始时，并且在很长一段时间内，是所谓的公务员资产阶级。他们在新国家行政部门中占据的位置，赋予他们安定和稳固。如果权力给予他们时间和可能性，他们终究能给积蓄一小笔钱，强化统治。然而，他们始终无法产生一个伴随经济及工业发展而形成的真正的资产阶级社会。

人民政治化的必要性

民族资产阶级从一开始就走上了中介型的活动方向。他的能力，表现在贸易如小买卖、获取佣金等方面。不是用钱在滚钱，而是用他对做买卖的灵敏嗅觉在工作。他不去投资，无法累积资金，而这正是实现一个正统的资产阶级诞生和繁荣所需要的条件。如果以这样的速度，他需要几个世纪来建立工业化的雏形。不管怎样，他们遭到旧宗主国执拗的妨碍，旧宗主国在新殖民主义协定的架构内，已经采取了万全的预防措施。

如果政权想把国家带出停滞状态，并大步走向发展和进步，它首先必须使第三产业国有化。但是资产阶级想要让图利、享乐的精神获胜，态度上蔑视群众，获利的方式可耻，甚至可说是一种偷窃，事实上他们在这个部门做了大量的投资。从前由殖民者控制的第三产业，将由新兴资产阶级侵占。在殖民经济中，第三产业本来远非最重要的部门，如果要向前发展，我们早该决定将其国有化。然而，国有化不应该是僵硬的国家控制形式，不是去安插一些在政治上尚未训练有素的公民，让他们成为这些部门的首长。每当这个程序被安排时，人们会发现，政权实际上促进了由旧宗主国培养出来的官僚专制获得胜利，这些官僚很快就暴露出他们没有全盘考量全体国民的能力。这批官僚开始破坏国家的经济活动，瓦解机构，使贪污、渎职、侵占公款、黑市等等猖獗起来；使第三产业国有化，就是民主的组织产销合作社，就是通过群众参与公共事务，而排除这些合作社的集中化。我们看到，这只有使人民政治化才能成功。从前，人们意识到，有必要全盘厘清重要的问题。今天，事实上，落后国家一般已谨记使民众政治化此一原则；但，似乎我们并没有真正谈过这件首要的工作。当我们在肯定使人民政治化的必要时，也同时意味着：我们需要人民的支持，支持我们将着手进行的行动。一个表明要使人民政治化的政府，表示出它将和人民一起管理，并为人民而管理的欲望，这不应该是一句用来掩饰资产阶级领导的用语。资本主义国家的资产阶级政府早就已经超越这个权力的幼稚阶段，他们冷静借助自己的法律、经济力和治安来统治。既然他们的政权已经巩固了，他们不是非把时间用在蛊惑民心的姿态上不可；他们为了自己的利益而统治，昂然行使权力。他们创造了合法性，并使自己理所当然成为强者。

新独立国家的资产阶级，尚无犬儒主义，亦无从容感，这两者是立基在老资产阶级的强势上才可能产生的。这也是为何他总忧虑着要掩盖内心深处的信念，要展现出改变，简而言之，就是要让自己显得受大众欢迎。使群众政治化，不是每年动员三四次几万或几十万男女就可以；这些集会，这些轰轰烈烈的大会，首先是独立前的老战术，为了向自己和其他人证明，他与民众同在；使民众政治化，是使民众成熟而不是将之幼稚化。

这导致我们思考在一个落后国家中政党的作用。如前所述，我们看到把一些问题简单化的人，即属新兴资产阶级，他不断重述，在一个落后国家里，需要一个强权治理国家，甚至一种独裁统治。在这种观点下，人们赋予党监视大众的任务：党充当行政和警察两个角色，控制人民，不是为了确保他们能真正参与国家事务，而是要经常提醒他们，统治机构期待他们服从和遵守秩序。这个自以为被历史所乘载，自认为在独立后是不可少的独裁，实际上象征着有产阶级对统治落后国家所作出的一个决定：先是在人民的支持下，但不久就反对人民。党渐渐变成一个情报机关，这表明权力机构愈来愈倾向防卫。未定型的民众被当作一股盲目的力量，应该通过欺瞒，或通过警力，使他们害怕，而加以牢牢地控制。党充当气压计和情报机关的角色；我们把活动家变成告密者，把惩戒的任务交付给他们；反对党才初具雏形，就立刻被以棒棍和石头来肃清。反对派候选人看着他们的房子被烧毁，警察一再挑衅，党成为唯一的，且有百分之九十九点九九选票会支持政府的候选人。我们必须说明一下，在非洲，有些政府根据这种模式行事。所有的反对党，而且一般而言是进步的，他们为了争取在公共事务上具有更大的群众影响力而努力，期待傲慢且贪婪的资产阶级下台，却因警棍和监狱的关系被迫沉默，然后转入地下。

今天，许多独立的非洲地区的政党，都熟知十分严重的权力膨胀。只要一个党员在场，人们就沉默下来，变得像羊一样温驯，并对政府和领导者歌功颂德。但是在街头、在遥远村落的晚上、在咖啡店或河面上，应该听听民众那种苦闷、幻灭、绝望和抑制的愤怒声。党非但无助于人民表达苦情，使人民的意见自由传向领导方向，反而形成屏障加以禁止。党的领导们像吹毛求疵的士官长那样，不断叫人民“在队伍中肃静”。自称是人民公仆、自称为人民充分成长而努力的党，却在殖民政权交割后，急忙把人民赶回洞里。在民族统一方面，党更是错误百出：曾经标榜民族主义的党，变成种族的党。构成党的只是一个部落。这个宣称自己心甘情愿是民族的、保证代表全体民众的党，却秘密甚至公开组成一个如假包换的种族独裁。我们见到的，不再是资产阶级独裁，而是部落的独裁。部长、办公室主任、大使、省长统统由领导人的部落产生，有时直接从他的家族中选出来。这种家族型的体制，似乎又重现了古老的内婚制法律，而面对这个愚蠢、招摇撞骗、智识和精神上的悲惨，我们感受到不止有愤怒而已，还有羞愧。这些政府首脑才真正是非洲的叛徒，因为他们把非洲出卖给最可怕的敌人——愚蠢。人们可以预料，权力的部落化将导致地方分立主义的风潮。地方分权倾向出现，并成为主流，国家解体了、分割了；叫嚷着“非洲统一”而只考虑自己一族的领袖，有朝一日和五个部落一起醒来，发现这五个部落也想要有他们自己的大使和部长；这位领袖，始终不负责任，不自觉且卑鄙地谴责“背叛”。

不能失去和民众的接触

我们多次指出领袖角色中经常是有害的部分。那是因为在某些地区，党是以强盗集团般被组织起来，最冷酷强悍的人经常当任领导角色。人们往往乐于谈论这个领袖的祖先或他的魄力，并且毫不迟疑地用一种略具欣赏的同谋口吻，提到他使身边的人发抖。为了避免各式各样的暗礁，必须顽强战斗，以免党沦为领袖手中顺从的工具。领袖（leader）来自英语动词，意即带领、引导，现在已不存在所谓人民的领导者了。各民族不再是羊群，不需要被人领导。如果领袖带领我，我要他知道同时也是我在带领他。国家不该是由一个大人物来领导的事业，因此，人们可以理解，为何一旦这些领袖当中有人病倒，就会引起一阵恐慌。因为困扰他们的是接班的问题。领袖死了，国家会变成怎样？那些曾经在领袖面前输诚的、不负责任的、不自觉的领导阶层，那些整天操心他们所过的好日子、鸡尾酒会、公务旅行和耍手段营利的人，迟早会发现国家核心的精神空虚。

一个国家，若要真正回答历史对它的提问，要发展城市，发展居民的头脑，则应该拥有一个真正的政党。党不该成为落入政府手中的工具，恰恰相反，党应该是人民手中的工具，由人民决定政策并由政府来执行。党不是，绝不该是所有政府成员和达官贵人随便进出的政治局。太遗憾了，这个政治局构成了党的全体，而且政治局成员大多住在首都。落后国家的党干部，都应该像逃避瘟疫那样逃离首都。除了几个人以外，他们都应该住在农村地区，应该避免把一切都集中在首都。任何一个行政上的借口，也不能将首都的沸沸扬扬正当化，它跟那十分之九的领土相比，是属于过度开发，人满为患。党应该极度实行地方分权化，这是促使那些死气沉沉的地区，那些尚未感受活力的地区动起来的唯一办法。

实际上，每一个地区至少要有一个政治局委员驻在当地，但避免任命他为当地的长官。他不能拥有当地的行政权力。对人民而言，党不是权力机关，而是一个作为人民通过它来行使权力和意愿的机构。权限的混乱愈少，双重性愈少，党就能扮演指导人的作用，对人民的决定就愈加有保证。如果党和权力机构混同，那时，党的活动家就会走最快的捷径，达到谋私利的目的，即在政府机关占有位置，加官晋爵，改变等级，求取个人的功名财富。

在一个落后国家里，设置生气勃勃的地方领导干部，可以阻止城市畸形扩大的过程，以及农村群众纷纷涌向城市的现象。从独立后开始，全权安排有力的地方领导干部去恢复地区的活力，促进其觉醒，使住民自觉的做法，是一个要向前迈进的国家不该遗漏的必要事宜。否则，在领袖周围就会聚集了党的负责人和国家的达官要人。政府机构膨胀，并不是因为发展和区分的结果，而是因为新的亲朋好友和活动家等待一个位置，并且希望渗入国家机构内；所有公民的梦想，即是进入首都，找一份闲差事；地方被遗弃，没受领导、没受教育和孤立无助的农民群众离开荒废的耕地，涌向都市的近郊，使游民无产阶级队伍过度膨胀。

这样一来，新的民族危机就将到来了。相反地，我们认为内地应该优先受照顾。说得极端些，政府设在别处而不是现在的首都也不会有任何妨害。应该舍弃首都的神化，并向未受惠的大众说明，这是为了他们而决定的工作。在某种意义下，这也是巴西在巴西利亚（Brasilia）尝试做的。里约热内卢的自大，对巴西人民是一大侮辱。但是不幸的是，巴西利亚仍旧是个和里约热内卢同样畸形的新首都。这个新都市唯一的好处，是今天有一条穿过未开发荒漠的公路。不，任何理由也不能充分反对选择另一个首都，反对把整个政府搬到最荒废的地区去。落后国家的首都，是一个承继殖民时代的商业概念。但是在落后国家里，我们反而要首先增加接触农民群众。我们应当制定一个为人民大众的国家政策，我们绝不该失去跟那些为了他们自己的独立和要具体地改善生活而斗争的民众的接触。

当地的公务员和技术者应该深入民间，而不是埋头在图表和统计表里；他们不该再为涉及搬迁到“内地”而生气、反对；不应该再看到落后国家官吏的妻子们，以离婚来威胁丈夫，如果他们不设法避免被分派到地方去。所以，党的政治局应该优先照顾匮乏的地方，而首都的生活，矫揉造作、肤浅，如同在民族现实生活上镀金的怪物生活，应该在民族生活中尽可能不占重要地位，民族里的一般生活才是神圣与根本的。

在一个落后国家里，党组织不应该只满足于和群众有联系，党应该直接表达民众的心声，党不是负责传达政令的行政部门，党是群众有力的代言人和廉洁的守护者。要达到党的这个概念，首先必须清算那种非常西方的、非常资产阶级的、十分蔑视群众、认为他们没有能力管理自己的、只能靠我们来领导的思想。事实证明，人民可以完全理解复杂的问题。阿尔及利亚革命带给阿尔及利亚知识分子最大的助益之一，就是使他们接触民众，能够看到民众极度的、笔墨难以形容的悲惨，同时目睹了民众觉醒的睿智和迈向进步的觉悟。阿尔及利亚人民，这些挨饿的文盲，这些几个世纪以来就被抛弃在惊慌失措黑暗中的男男女女，顽强抵抗了坦克和飞机，顶住了凝固汽油弹及心理战，尤其抵制了腐蚀和洗脑，抵制了民族叛徒和贝卢尼（Bellounis）将军的“民族军”。这群民众尽管有弱者、犹豫不决的人和未来的独裁者，还是顽强地站稳脚步，因为七年的斗争，为他们开启了一些之前根本没想过却存在的领域。今天，一些兵工厂在山中的地下好几米深处运作；今天，各级人民法庭在各地工作，各地方计划委员会有组织地瓦解大土地所有制，周全设计明日的阿尔及利亚。一个孤立的人可以表现为反对理解某一个问题，但一个集团、村落以一种令人困惑的速度理解问题了。的确，假如我们谨慎使用只有法律或经济学学士才听得懂的语言，那就轻易地印证，我们认为群众应该接受领导。如果人们讲日常的语言，不受那些居心叵测想把问题复杂化来混淆民众、企图摆脱民众的念头所困扰，人们就会发现，群众懂得所有细微的差别、所有的诀窍。若只援引专业术语，这意味着我们把民众当作门外汉。这种语言不能掩饰那些讲演者想欺骗人民、想把人们拒于门外的用心；把语言变得生涩难解是一种伪装，在它的背后，浮现出更大的剥削企图，就是要夺走人们的财产和主权。我们可以跟人民说明一切，只要我们是真的要他懂。如果我们认为不需要人民，相反，认为人民可能妨碍私人公司和有限公司的顺利进行，这些公司目的在使人民更穷困，若是如此，问题就截然不同了。

广大群众、知识分子与政治领导人

如果认为可以不用人民插手，就完全可以领导国家；如果认为只要有人民在场，就会造成混乱、拖延事情的进行或由于其天生的无意识而破坏，那就不容犹豫，必须把人民推开。但有时候，会有这样的情况，人民受邀来领导国家，并不延迟反而会加速国家的进展。我们，阿尔及利亚人，有幸在这场战争中接触到某些事情；在某些农村地区，负责革命军事政治的领导人，的确面对了一些情境，需要一些彻底的解决方案。以下我们将提及几个这样的情境。

在一九五六年至一九五七年间，法国殖民主义者封锁某些地区，严格限制人们在那些地区往来。农民于是不能再自由进城，添购他们的生活必需品。因此，在这一时期，食品杂货商大发横财，茶叶、咖啡、糖、烟草、盐价暴涨，黑市横行。不能支付现金的农民只能以自己的收成，甚至以土地抵押，或一块一块地割让土地；而在下一阶段，他们则沦为杂货商的佃农，开始在同样的土地上耕种。政治委员们意识到这种危险，立即作出反应，他们立刻建立起合理的粮食供应制度：进城的杂货商，必须要到国营批发商那里进货，这些批发商会开给他一张发票，上面详列商品的价格；零售商回到村子里，首先向政治委员报到，由后者检验发票，规定利润及售价；限制的售价贴在店内，由村里一个类似监督员的村民在场，通知农民商品的应售价格。可是零售商很快发现一个窍门，三四天后他宣布没有库存了，私底下他将货品在非法的黑市出售。军政当局立刻作出了彻底的反应：决定重罚违犯者，没收的罚款缴纳村里经费或委托成公款保管，或挪作社会救济、全村的公共工事之用。有时候，当局决定把犯法的商店关闭一段时期；如果再犯，则立刻查封，并选出一个管理委员会来管理，同时按月支付店主一笔钱作为补偿。

从这些经验出发，我们以一些具体情况为基础，向人民解释经济法则的作用。资本的积累不再是理论，而成为一个十分真实和当下的行动。民众懂得，从一家商店起，我们能够发财，把商店扩大，这时农民诉说这家杂货店放高利贷给他们；另外一些人则回忆，他如何把他们从自己的土地上赶走，以及他们如何从业主沦为劳工的历程。人民愈理解事理，就愈加警惕起来，愈加意识到，一切取决于他们自己，他们的得救来自团结一致，在于理解他们自己的利益，和认清谁是敌人。人们终于明白发财不是劳动的成果，而是有组织、有庇护的盗窃结果。有钱人不再受尊敬，他们不过是躺在人民鲜血中的豺狼虎豹。在另一种观点下，政治委员必须决定，没有谁该为谁劳动，土地属于耕地者。这个原则，通过向人民讲解，形成阿尔及利亚革命内部的基本法则，聘雇农业劳工的农民，被迫把一部分土地交给他们过去的雇工。

于是，我们发觉，尽管在法国军队屡次进攻、轰炸和肥料供应困难下，土地产量依旧每公顷增加三倍。农民在收割时能估价和过秤获得的产品，他们想搞清楚状况。他们很容易发现，劳动并不是一个简单的概念，奴隶状态不允许劳动，劳动是以自由、责任和觉悟为前提。

在这些地区，我们顺利进行这些可作借鉴的试验，我们目睹了革命组织对人的建设，农民清楚领会了这个原则：若要更能品尝工作的滋味，必须要能清醒知道努力付出为何。人们使大众理解到，劳动不是力气的消耗，或一部分肌肉的功能运作，而是在付出劳力和汗水的同时，进一步用头脑和心去工作。同样，在这些已被解放又同时被排斥在旧商业流通之外的地区，人们必得改变从前那种只能向都市和出口的生产方法。人们为民众和民族解放军安排消费物资的生产：小扁豆增产了四倍，并组织了木炭的烧制。新鲜的蔬菜和木炭由北方翻山越岭运往南方，而南方则向北方运送肉类。这是阿尔及利亚民族解放阵线（FLN）所决定的调配，设置了交通网。我们没有技术员，没有来自西方大学的计划工作者。但是在这些解放区，每个人一天的食物配给定量，达到当时未有的数字：三千两百卡路里。人民并不以此为满足，他们自己更提出一些理论问题，例如：为什么有些地区在解放战争前从没见过橘子，我们却每年向国外出口几千吨的橘子呢？为什么阿尔及利亚人大多没吃过葡萄，而几百万串的葡萄却满足了欧洲人的口腹之欲呢？如今，人民对于属于他们所有的东西，有了十分清楚的概念。阿尔及利亚人民如今知道，除了他们以外，谁都不是他们地上和地下资源的主人。如果有人不懂得阿尔及利亚民族解放阵线顽强地不容这些所有权遭受任何践踏，毫不妥协拒绝一切协调，那就必须记住，阿尔及利亚人民今天是个成年人，是负责的、自觉的人民。总之，阿尔及利亚人民就是土地的所有者。

如果我们列举阿尔及利亚为例来阐明我们的意图，丝毫不是为了赞美我们的人民，而是要指出，阿尔及利亚人民的自觉，在斗争的过程中发挥了重要的作用。很清楚，其他人民也通过不同的道路，达到同样的结果。在阿尔及利亚，我们更加认识到，武力的对决是不可避免的。而在其他地区，通过政治斗争和党所进行的澄清工作，也引导人民达到同样的结果。在阿尔及利亚，我们了解群众能够解决他们碰到的问题；经验证明，在一个低度发展国家，重要的不是由三百个人构思、决策，而是由全体人民在理解之后共同做出决定，即使代价是必须花上两倍、三倍的时间。事实上，用来解释的时间，用来使劳动者人性化所“损失”的时间，可以在实行中得到补偿。人们应该知道自己要去哪里、知道为什么要去。政治家不该不知道，若人民的觉悟是粗浅的、不透明的、肤浅的，那么前途依旧会被堵塞。我们非洲的政治家，应该对民众的状况有明确的想法。然而，这种明晰必须是深刻的辩证；全体民众的觉醒不是一下子就促成的，他们在建设国家事业中的理性参与，是线性的；首先，因为沟通和传达的手段尚欠发达；其次，在时间性上，应该停止瞬间的、或者是下一次收成的时间性，成为世界的时间性；最后，因为殖民统治深植在脑海中的失望，总是会浮现出来。但我们不该不知道，任何的抗拒点，是精神上及物质上的殖民统治的遗产，战胜它，是任何一个政府不能回避的必要性。以殖民制度下的劳动为例，殖民者喋喋不休断言土著好吃懒做。今天，在某些国家里，人们又听到一些领导在重弹旧调。

事实上，殖民者要奴隶认真苦干。他想通过某种愚弄，使奴隶们相信，他们所耕种的是属于他的土地，损害他们健康的矿坑是他的，这显然是最卓越的异化手段。很奇怪，殖民者忘记他是靠奴隶的末日而发财的。实际上，殖民者对奴隶说："累死吧，让我发财！"今天我们该以不同的方式行事。我们不该对民众说："累垮吧，但让祖国富裕起来！"如果我们想提高国民收入，减少进口有害无益的若干产品，提高农业生产和扫除文盲，我们必须解释清楚，必须让民众理解他们下这赌注的重要性。公共事务应是万人的事务，因此有必要增加基层支部。我们的确经常满足设立一些全国性组织，例如妇女同盟、青年同盟、工会等等，并且总是设在首都。但是，如果人们想到设在首都的办公室后面找东西，如果人们经过存放档案的后厅，则会被空洞、虚无、虚张声势的情况吓一跳。我们需要基层，和确切提供内容和活力的支部。群众应该能够聚会、讨论、提建议和接受教育。公民应该有说话、表达自己、陈述意见、发挥创意的可能性。支部会议、委员会议是个礼拜性的仪式行为。这是给人听取和发言的绝佳机会。每次的集会都使头脑进行多重的联想激荡，眼睛则会发现一个愈来愈具人性化的相貌。

在落后国家，青年中很大一部分的人会向政府提出特殊的问题，重要的是，政府要能明确地谈这些。无所事事、而且经常是目不识丁的都会青年，尝遍了各种使人堕落的经验。先进工业国的各种娱乐，经常被提供给落后国家的青年。的确，通常一个社会成员的精神和物质的水准，和该社会自己赋予的娱乐消遣之间有同质性。然而，落后国家的青年拥有资本主义国家青年的那一套娱乐：侦探小说、吃角子老虎、色情照片、色情小说、十六岁以下禁止观看的电影，尤其是酒……在西方，家境、就学、劳动大众的相对高水准下，可以相对地充当起防御物，阻挡这些流毒。但是在一个非洲国家里，智力的发展并不平均，两个世界激烈的碰撞大大摇撼了老传统，并使认知的世界崩溃了，非洲青年的感情、感受性，完全受到西方文化中所包含的各种攻击所侵袭，他的家庭经常表现出无法以一种稳定和均衡的力量去对抗这种暴力。

在这个领域中，政府应当充当过滤器和稳定剂。落后国家的青年工作委员们经常犯一个错误，他们以先进国家青少年委员会的方式来定位自己。他们总是谈论如何锻炼精神，使身体茁壮，提升运动素质，我们认为他们应当避免这种观点。一个落后国家的青年经常是游手好闲的，首先必须使他们有事干，所以青年委员会应当隶属于劳动部门。在一个落后国家里，劳动部门是不可或缺的，它和另一个必要部门——规划部——紧密合作，发挥作用。非洲青年不该被引向体育场，而是引向田间和学校，体育场不是设在都市的展示所，而是一个空间，坐落于我们开垦、耕作、献给国家的土地之上。资本主义的运动观念与落后国家的运动概念有天壤之别。非洲政治家不该操心去培养运动员，而是培养有觉悟的人，再者，有觉悟的人都是具运动精神的。如果体育没有纳入民族的生活中，即民族建设中，只是一味培养国家运动员而不是有觉悟的人，那么很快就看到体育被培养职业选手和商业化腐蚀。体育不该是城市资产阶级提供自己的娱乐和消遣，最重要的工作是，时时刻刻去理解国家发生什么事情。我们不该培养出例外的人物，不该寻找英雄，领袖的另一种形式。我们应当激励民众，打开他们的视野，充实他们，对他们加以区别，使他们人性化。

我们再谈谈这个一再出现脑际的念头，我们想要非洲的政治家分享这个念头，即必须使民众的全体努力增光，使劳动光耀夺目，使其从历史的不透明中走出来。作为一个落后国家的负责人，就是要知道，一切归结于教育大众，取决于提升他们的思想，取决于人们性急地称作政治化的东西。

的确，人们经常以一种罪恶的轻率，以为使大众政治化，就是插曲般地让他们持有一些大论述即可。人们以为，只要领袖或一个领导人，以教训的口气就现实大放厥词，就尽到使群众政治化的当务之急。然而，政治化，是开放思想、启发思想、产生思想。诚如塞泽尔所指的“创造灵魂”那样，使大众政治化，不是，也不可能是一场政治演讲就可以一蹴而就的。而是狂热地激发群众去懂得，一切都取决于自身。如果我们停顿，那是人民的错，如果我们前进，那也是人民的错，没有上帝，没有担负一切的伟人，上帝就是人民，魔法的手就是民众的双手。我们再重复一次，为了实现这个事实，为了使它真正具体化，必须极度排斥集中化。从上到下、由下而上的循环应该是个严谨的原则。不是出于形式主义的考虑，完全只是尊重这个原则才有解放的保证。使领导上层鼓足干劲，并辩证地使它能从底部产生新的飞跃力量。再一次吧，我们阿尔及利亚人就快要懂这些事情，因为没有一个上面的领导成员可以随便下达解放的命令。在阿尔及利亚是基层在战斗，而且这个基层不是不知道如果没有它每天英勇和艰巨的战斗，最高领导阶层是支持不住的。同样，基层也知道如果没有一个上面的领导，基层就不会统一且无秩序地瓦解。上层只有在人民进行斗争时才获得它的重要价值和牢固。严格说，是人民自由地给自己提供一个领导，而不是领导容忍人民。

民族经验、民族觉悟

群众应该知道，政府和党是为他们服务的。自尊的人民，就是意识到自己的尊严的人民，绝不要忘记这些道理。在殖民主义占领时期，人们对人民说他们必须为尊严的胜利而奉献生命。但是非洲人民很快就明白，他们的尊严并非只被占领者否认；非洲人民很快就明白在尊严和主权之间，有个绝对的等值关系。事实上，一个自尊和自由的人民，就是拥有主权的人民。一个自尊的人民是负责的人民。想要“指出”非洲人民是幼稚且低能的企图，不再有用。一个政府、一个党都有其相应的人民，而人民迟早会有自己该有的政府。

若干地区的具体经验，检验着这些立场。在开会时，一些活动家为了解决难题，有时使用“只有将……”这样的口头禅。经常是这个唯意志论的捷径获胜，其中，自发性、简单化的各种混合论调，非理智的考量，达到危险的顶点。每当遇到一位活动家如此放弃他的责任时，光对他说“你错了”是不够的。必须让他负起责任，要求他把道理说清楚讲明白，并触及“只有将”这句话的本质，这本质通常是残酷、无人性，归结起来是贫瘠的。领袖和活动家，谁也不掌握真理。在一些地方情况下，追求真理是集体的事；有些人经验较丰富，较快确立他们的思想，能在过去当中建立较多的精神关系。但他们应该避免压垮群众，因为被采纳的决定成功与否，取决于全体人民的自觉参与，谁也不能彻底摆脱。大家都会被杀害或受拷问；若是在独立国家的架构下，人人都会挨饿和共同萧条，集体战斗必须以基层的集体责任和领导层的合议责任为前提。对！必须把大家都卷入共同解放的战斗中去；没有双手干净的人，没有无辜者，更没有参观者；大家都在我们土地的泥沼中，和我们那空空如也的脑袋一起弄脏了双手，一切旁观者都是胆小鬼或叛徒。

领袖的责任就是使民众追随他，然而这种附着力必须伴随对要完成使命的觉悟、理解，甚至可以说是初步的智识化。我们不该迷惑人民，把人民融入激情和模糊不清之中。只有从人民中涌现的革命精英所领导下的落后国家，今天才能带领人民走上历史舞台。我们再重述一次，必须强烈和毅然决然反对民族资产阶级的产生和特权阶级的出现，使群众政治化，就是使所有公民都意识到国家整体，就是把民族的经验变成每个公民的经验。正如几内亚总统塞古·杜尔（Sékou Touré）写给第二届非洲作家会议的贺信上所说的那样："在思想领域内，人可以自以为是世界的大脑；但是，从所有干预影响肉体和精神存在的具体生活面来看，世界才是人的大脑，因为，是在这个层次上，坐落着能力和思考单位的总体化，坐落着发展和完美化的机动力量，是在这个层次上，各种能量融合，彼此交相作用，归根结底，人的智力价值的总体于其中体现。"个人的体验，由于它是民族的体验，而且是民族生存的一个环节，于是不再是个人的、局限的、狭隘的，而是能通达国家与世界的真理。正如在战斗阶段，每个战士双手掌握祖国的命运那样，在国家建设阶段，每个公民应该在他每天的具体活动中继续参与全国的协调，经常体现辩证的民族真理，继续希望全人类获得胜利。假如造一座桥，无法丰富造桥者的意识的话，那还不如不造这座桥，就让人民继续用游泳或乘小船的方式过河。这座桥不应从天而降，不应由一名突然冒出来解围的神明[①]强加在社会景观

① 译注：Deux ex machina，拉丁文，字面意义是借着某种机器从天降下的神。在古典戏剧里，指的是在关键时刻出面破解阴谋的人物。引申意为，当现实处境看来没有任何出路的时候，适时出面解围的某个人或某件事。

之上。相反地，它应出自人民自己的力量与智慧。当然，他们可能会需要一些工程师和建筑师的协助，有时后者或许是彻头彻尾的外来者，但是当地政党负责人必须到场，合力将技术灌输到人民枯竭的思想中，让他们了解这座桥的整体构造和细节，以便一起参与它的构思，并在竣工后，一起承担成果。必须让人民自己拥有这座桥。唯有如此，未来才有无限宽广的可能性。

一个自称为民族的政府应当承担全民族的协调一致，而在落后国家中，青年是最重要的一个领域。必须提高青年的觉悟，引导他们。我们在国家的军队中见到的将是这些青年。如果能对青年解释清楚，如果青年民族联盟能完成把青年纳入国家的任务中，那就可以避免发生像把拉丁美洲共和国的未来当作抵押，甚至加以破坏的错误了。军队绝不可成为战争学校，而是一个具有公民责任感的学校，政治学校。一个成年国家的士兵不是佣兵，而是拿起武器保卫国家的公民。所以，这也是为何，重要的是，士兵知道自己是为国服务，而不是替一个不管多么有魅力的军官服务。应当利用平民和军队为国服务，来提高民族觉悟的水平，使部落解体、国家统一。在一个落后国家里，尽可能快速动员所有男女。落后国家应防止重男轻女的封建传统延续下去，妇女不是在宪法的条文中，而是在日常生活中，在工厂、学校、集会中和男性平起平坐。西方各国让军人住在兵营里，但这并不代表是最好的方式。我们并不坚持必须使新兵编入军队。服役可以是平民役的，或是在军队中，但无论如何，最好是每个健全体魄的公民，都能随时进入一个战斗单位，达成保卫国家的任务。

贫苦大众治理民族政府

集体利益的大工程应由新兵来执行。这是促进落后地区的生机，使最多公民知道国家现实的妙策。必须避免军队成为一个自立的集团，因为它迟早会由于无所事事和没有任务而开始“搞起政治”，并且威胁政权。那些在客厅的将军们，仗着出入权力机构的会客室，老是梦想搞政变。唯一避免这种事情的办法，就是使军队政治化，即成为国民的部队。增加民兵同样是当务之急，在战争情况下，是全民进行战斗或工作。不应该有职业军人，而且职业军官的数字应该减到最少。首先，因为军官经常是从大学内挑选的，他们在别的地方更有用处。对于国家，一个工程师比一个军官更加不可或缺。其次，因为必须避免特权等级意识的形成。我们在前面所讲的，就是看到民族主义这一壮丽的歌声激起民众反抗压迫者，却在独立不久立刻分崩离析。民族主义不是什么政治理论，不是什么纲领。要真的避免国家倒退，避免这些停滞、这些缺点，那就应该迅速从民族意识，过渡到政治和社会的意识。民族是不存在的，假如它不存在纲领之中，这个纲领，由革命领导周详起草，之后由人民清楚且热情地接续。应该经常把民族的努力，置于落后国家的总体范围内。

在男男女女的头脑和肌肉中，应该不断存在饥饿和黑暗的战线，贫苦和初步觉醒的战线。群众工作和战胜灾难的意志——这些灾难，几个世纪以来，把群众排除在人类思想史之外——应该是所有落后国家的共同命运。第三世界人民感兴趣的，不是比利时博杜安（Boudouin）国王结婚，或意大利资产阶级的丑闻之类的新闻。我们想知道的，是阿根廷人或缅甸人在扫除文盲斗争方面的经验，或领袖们的独裁趋势，这才是加强我们、教育我们和使我们的努力更加有效的因素。

正如人们所见，一个真正想在政治上和社会上解放民众的政府，必须有一个纲领。事实上，必须有一个对人的观念、一个对人类前途的构想。任何蛊惑人民的那一套，任何与前占领者的共谋，都代替不了纲领。人民起初头脑不清，不久就愈来愈清醒，奋力要求这种纲领。非洲人，落后国家的人民，和人们习惯相信的正好相反，很快就树立起政治觉悟和社会觉悟；可能严重的是，他们往往在民族觉醒的阶段以前，就到达了这种社会觉悟。因此，常常可以发现，在落后国家里，对社会正义的强烈要求，恰恰是和原始部落制结合的。落后国家的人民有挨饿者特有的举止，这意味着在非洲吃喝玩乐的人的日子没剩多久了。我们想说的是，他们的权力不可能无限延续，一个只给群众民族主义这个粮食的资产阶级，当不能履行它的使命时，必然陷入一连串的灾难。如果不对民族主义详加阐述、丰富并深入，如果它不急速转变成政治意识和社会意识，转变成人道主义，则将走入死胡同。落后国家的资产阶级领导层把民族意识禁锢在枯燥无味的形式主义中。只有男男女女大量参加一些已经明确且充实的任务，才能赋予民族意识的内容和密度。那时，国旗和豪华的政府大厅不再是民族的象征。民族远离这些灯火辉煌和矫揉造作的地方，逃到农村，在那里重获生命及活力。生气勃勃表现民族的，就是全体民众跃动起来的自觉行动；就是男女一贯的、明确的实践。集体建造一个命运，担负适合历史的责任；否则，就是无政府状态、压迫、部落化政党的出现、联邦主义的出现。民族政府如果真是民族的，就该是由人民来统治和为人民而统治，为贫苦大众来治理并由贫苦大众来治理。任何杰出的领袖，也不能取代人民的意志。因此，民族政府在操心国际威信之前，应该先恢复每个公民的尊严，充实他们的头脑，使他们的双眼充满人情味，创造出一个有觉悟、有自主的前景。

第四章　论民族文化

只写一首革命歌来参加非洲革命，是不够的，革命必须同人民一起进行。和人民在一起，歌曲就会自己产生出来。

为了真正的行动，自己必须是非洲及它的思想中的活跃分子；必须成为整个被动员起来的民众力量的一分子，为了非洲的解放、进步和幸福。艺术家和知识分子只能亲自参加，与民众一同完全被动员起来，为解放非洲及受苦的人类而战斗，除了战斗外别无其他可能的位置。

——塞古·杜尔[①]

每一代人应该在相对的晦暗不明中，发现自己的使命，完成它或背叛它。在落后国家中，前辈们曾经在抵抗殖民主义不断的腐蚀作用的同时，又为当前斗争的成熟作了准备。既然我们现在处于战斗的中心，就必须改掉将父辈的行动极小化的习惯，或面对他们的沉默或被动时，佯装不理解的习惯。他们曾经尽他们所能地战斗，以他们当时所拥有的武器，尽管他们的

① 塞古·杜尔，“人作为一个文化代表的政治领袖”（Le Leader politique considéré comme le représentant d’une culture），在第二届黑人作家暨艺术家国际研讨会上的报告，1959 年，罗马。

斗争没在国际舞台上引起回响。必须从根本不同的国际形势来理解原因，而不是责怪他们缺乏英雄气概。必须不止一个被殖民者说："不能再继续这样下去了！"必须不止一个部落起义反抗，必须不止一场农民起义被打击，不止一场示威被镇压，我们今天才能带着对胜利的确信进行抵抗。

我们的历史任务，对于决定毁掉殖民主义前途的我们来说，是安排所有反抗、所有不顾一切的行动、所有失败和浴血奋战的尝试。

民族国家的正当性

在这一章里，我们要分析一个我们认为的根本问题：民族国家作为一个要求，它的正当性为何。我们必须承认，动员人民的政党几乎不关心这个正当性的问题。那些政党从现实出发，并以这个现实为名，以这个压在男男女女现在以及未来的现实为名，做出相符的行动。政党懂得用动人的言语来大谈民族，但它感兴趣的是听它说话的人民，假如他们期待的仅是要能生存、能了解参与战斗的必要性。

今天我们知道在民族斗争的第一个阶段，殖民主义企图通过经济主义来抚平民族的要求。从一开始，殖民主义假装理解、装模作样地虚心承认经济的严重性，以及需要大量的经济和社会的努力。

事实上，有时会发生这样的情况：出现若干令人侧目的措施，或有些已停工的工地再开工，这使民族意识的凝聚延迟了几年。但是，殖民主义迟早会发现，它不可能实现一个经济和社会改革计划，充分满足被殖民土著的渴望；甚至在填饱肚子方面，殖民主义也证明是先天无能的。殖民主义国家很快会发现，想在纯粹经济范围中解除民族政党的武装，就等于是在殖民地做它不愿在本国所做的事。如果说卡蒂尔[①]主义在今天盛行，绝非偶然。

面对法国固执地要博得一些它该养活的人的好感，而那么多法国人却生活在拮据当中，卡蒂尔有着一种醒悟了的苦涩，这足以说明殖民主义不可能转变成推行超越利害、大公无私的援助计划。所以，不应该把时间浪费在重复宁可挨饿也不愿失去尊严的空话上。相反，应该深信殖民主义不可能为殖民地民众带来一些物质条件，让人足以忘却与尊严相关的烦忧。一旦殖民主义懂得它的社会改革策略会将它带往哪个方向，它就会恢复过去的反应，加强警力，急派军队，建立一个更加适合自己利益和自己心理的恐怖统治。

在政党中，通常是在它的外侧出现一批有文化的被殖民者。对这些人来说，要求民族文化，肯定这个文化的存在，代表一场优先的战役。当政治家把他们的活动定位于现实之际，文化人却置身于历史的框架之中。面对被殖民的知识分子挑战殖民主义视殖民前为野蛮时代此一论调的决心，殖民主义很少做出反应。尤其因为被殖民的青年知识分子所展现的思想，已由宗主国专家们广泛公开主张过，殖民主义对此更少有反应。我们的确看到几十年来，许多欧洲的研究者，在总体上使非洲、墨西哥以至秘鲁的文明重获尊重，这太平常了。人们可能对被殖民的知识分子狂热的捍卫民族文化的存在，感到不可思议。但是，谴责这种极端狂热的人，却奇怪地忘记了他们的精神机制、他们的自我，舒适地躲在久经考验且无人加以否认的法兰西或

① 卡蒂尔（Cartier），法国编辑，一向主张不必援助落后国家。

德意志文化的背后。

我承认，在存在的层次上，过去存在一个阿兹特克文明这件事，对当今墨西哥农民的饮食生活并不会产生多大的改变。我承认，可能有资料显示，曾经存在一个令人惊叹的桑海文明[①]，但这并不能改变今天桑海人营养不良、文盲、头脑空空、两眼茫然的事实。但是，我多次提到，这种追寻殖民时代以前已经存在的文化的热情，其正当性取自被殖民的知识分子共同拥有的一种忧虑，想要退一步看西方文化，免得沉沦其中。因为他们意识到，他们正在迷失自我，也就是说，对于人民来说，对于这群发狂、怒火中烧的人来说，他们是迷失了，于是得发愤找回人民最古老的、最前殖民时代的活力。

推得更远一点来说，可能维系或者使之导向这种热情和疯狂的是一个私下的希望，希望在当前悲惨、对自我鄙视、否认和放弃之外，还能发现一个十分美好和辉煌的时代，这个时代能使我们在面对自己以及面对他人时，恢复自身的荣光。我决定进一步说，无意识里，可能被殖民的知识分子，由于不能与他们被压迫民众目前的历史交欢，更不能对现今的野蛮历史感到赞叹，于是决定走得更远了，更往下坡走，兴高采烈地发现一个毫不羞愧，而是有尊严的、光荣的和庄严的过去。对于过去民族文化的要求，不只是使未来的民族文化获得尊严，也不只是在于使未来文化获得正当性。从精神和情感的平衡上看，这还引发了被殖民者的重大变化。人们可能还没充分指出，殖民主义并不满足于把它的法律强加于被殖民国家的现在和将来。殖民主义并不满足于把人民锁在铁网里，不满足于只是清除被殖民者脑袋里的一切形式和内容。殖民主义透过一种逻辑上的

---

① 译注：桑海文明（Songhaïs），属于马里和尼日尔的少数族裔，居住于尼日尔河的谷地，主要从事农业和工艺。在15世纪期间，桑海帝国的领土扩充至尼日尔、马里和今日的几内亚、塞内加尔的部分国土，但在16世纪末没落。

变态，指向被压迫人民的过去，将之扭曲、毁容、消灭。这种贬低被殖民者以前历史的企图，在今天则具有辩证的意义。

当人们思考那些为实现殖民时代特有的文化异化而展开的努力时，就会明白，一切并非偶然，是殖民宰制所追寻的大体上的结果，使土著相信殖民主义应该会把他们从黑暗中拉出来。在殖民主义有意识的继续下，一种深植土著脑中的想法：一旦殖民者离开，他们将重返野蛮、堕落和兽性。在无意识方面，殖民主义并不力图让土著感到它是保护孩子、防范周围敌对环境的慈母，而是扮演一个阻止罪大恶极的孩子自杀、阻止他发泄凶残本能的母亲。殖民地母亲保护孩子、防备他自己，防备他的自我，防备他的生理及生物的现实，防备他那本体论的不幸。

黑色文化，黑人性

在这种状况下，被殖民知识分子的要求并不奢侈，而是一贯纲领的要求。被殖民知识分子把自己的斗争放在正当性的层面上，他想证明，他甘于为了展示自己更好的肉体的历史而赤身裸体，被迫投入自己民众的腹中。

这种投入不特别是民族的。决定向殖民主义的谎言开战的被殖民知识分子，把战场指向大陆这个层级。过去被赋予价值。从过去挖掘出来的光辉灿烂的文化，不再只是其他国家所有。殖民主义并未进一步细致化，只是不断主张黑人就是野蛮人，黑人对它而言，既不是安哥拉人，也不是尼日利亚人，只是大写字母的“黑人”。对殖民主义而言，这片广大的大陆就是野蛮人的巢穴，迷信及狂热痴迷的土地，注定受蔑视、受上帝咒诅、吃人肉的土地、黑人的土地。殖民主义谴责的是整个非洲大陆，他们断言，前殖民时代的特征，就是人性的黑夜，这涉及非洲大陆整体。被殖民者为了恢复自己的名誉，努力逃避殖民主义残留的伤痕，却陷入在逻辑上跟殖民主义处于同样的观点中。在西方文化上面走得太远的被殖民知识分子，他们开始带头宣布一种文化的存在，但他们这样做，并不是以安哥拉或达荷美之名。被肯定的文化是非洲的文化。黑人只是被白人统治后才变成这样黑，当他们决心显示文化的存在、创造文化时，发现历史给他们指出一条明路：他必须证明一种黑色文化的存在。

的确，是欧洲人该对种族主义化思考、负责，或者至少他们在思想方法上是种族主义的，并且继续用白人文化来对照其他各种非洲文化。殖民主义并不认为应该浪费时间去一个个否定不同民族的文化。被殖民者的回应，一开始也是全大陆性的。在非洲，近二十年来的被殖民文学，不是民族文学，而是黑人文学。例如“黑人性”(négritude) 的概念，是白人对人性侮辱之反命题，这种反命题是情感层面，或是逻辑上的。反抗白人侮辱的黑人性之兴起，在某些领域内，显示出只有它能够取消禁令和诅咒。因为几内亚或肯尼亚的知识分子，最先面临的是遭受统治者全面排斥，以及面对统治者各种混合的蔑视，他们的反应是自我欣赏和自我歌颂。在无条件肯定西方文化后，才能无条件肯定非洲文化。大体上，在对黑人性的歌颂中，旧欧洲和年轻的非洲对立了起来，令人厌烦的说理跟诗歌相对立，一边是呆板、客套、仪式和怀疑，另一边则是纯朴、活泼和自由，甚至华丽花俏，但也是不负责任的表现。

对黑人性的赞颂，毫不迟疑跨越了国界。美洲的黑色声音将重新唱起这种赞歌，以更大的规模。“黑人世界”即将诞生，加纳的布西亚 (Busia)、塞内加尔的比拉哥・迪奥普 (Birago

Diop)、马里的昂帕泰·巴（Hampaté Ba）、芝加哥的圣克莱尔·德拉克（Saint-Clair Drake），都将毫不犹豫肯定他们之间存在着共同的联系和同一力量战线。

同样可以提出阿拉伯世界的例子。我们知道大部分的阿拉伯领土曾经被殖民统治过。殖民主义也曾经在这些地区，不遗余力地在土著脑中植入这种思想：被殖民以前的历史是野蛮统治的历史。民族解放斗争伴随了伊斯兰文化觉醒的现象。现代阿拉伯作家们热情地使他们的人民想起阿拉伯历史的伟大篇章，这就是对占领者谎言的回答。阿拉伯文学中那些名人的姓名被编成目录，如同非洲歌颂非洲文化般，他们以同样的激情与活力，挥舞着阿拉伯文明的大旗。阿拉伯领袖们企望重返十二、十三和十四世纪光芒万丈的文化中心——“和平之所”(Dar El Salam）的时代。

今天，在政治上，阿拉伯联盟落实了这个再采用昔日遗产和使它达到最高峰的意愿。今天，一些阿拉伯医生和诗人穿越边境互相往返，力求推出一个新的阿拉伯文化和一个新的阿拉伯文明。这些人以阿拉伯主义的名义聚集在一起，并以这个名义努力去思考。在阿拉伯世界，民族感情即使在殖民统治下，仍旧保存了一种在非洲看不到的生气。人们在阿拉伯联盟里也察觉不到个人与群体自发的一致性。相反，吊诡的是，每个人力图以自身的方式歌颂自己民族的成就。文化现象其实源自一种不加区分的状态，这种不区分的状态构成非洲世界的特征，阿拉伯人却可以达到在对象面前不被抹去之境地。文化的实际经验不是民族的，而是阿拉伯的。问题不只是去保证一个民族文化，更不是去掌握民族运动，而是在面对统治者的全面压制时，承担起一种阿拉伯文化或非洲文化。在非洲的层次上，如同在阿拉伯的层次上，殖民地文化人所提出的复权要求，是混合各种思想、全大陆性的，也是全世界性的，在阿拉伯人的例子里也是如此。

非洲文化人所处的历史职责——必须使他们的要求种族化，多谈非洲文化，少谈民族文化——把他们导向一条死胡同。让我们举非洲文化协会（Société africaine de culture）的情况为例：这个协会是由一群非洲知识分子创立的，他们希望互相认识、交换彼此的经验和各自的研究心得。这个协会的目的是肯定非洲文化的存在，在一定的国与国范围内编制文化财产目录，显示每个民族文化的内在活力。同时，这个协会又回应另一个要求：靠到欧洲文化协会那边，而后者威胁着将转变为全球文化协会。因此，这个决定追根究底起来，是因为它想带着所有的武器，带着一个就是从非洲大陆母体里涌现出来的文化出席全球性的大会。然而，这个协会很快就暴露出它无力承担这些不同任务，并把自己局限在一些暴露狂的表现：向欧洲人指出有一个非洲文化的存在，对立于爱炫耀和自恋的欧洲人，这也是协会成员一贯的态度。我们已指出这种态度是正常的，并从西方文化人所宣传的谎言中得到正当性。但是，随着黑人性概念的发展，这个协会的目标将日益堕落。非洲文化协会如今变成黑人世界的文化协会，并被引向包括散居在异国的黑人，即包括散居在美洲的一千多万黑人。

在美国、中美洲或拉丁美洲的黑人，的确需要和一个文化的母体结合。对他们而言，美洲白人的行径跟那些统治非洲的白人没有两样。白人不分好坏把所有黑人混为一谈。一九五六年在巴黎召开的第一届非洲文化大会上，美国黑人本能地想到他们跟非洲黑人遭遇同样的问题。非洲文化人谈到非洲文明时，给予从前的奴隶一个合理的地位。渐渐地，美国黑人意识到他们所提起存在的问题，并不和非洲黑人所面对的问题吻合。芝加哥的黑人只有在与白人相比时，才和尼日利亚黑人及坦桑尼亚黑人在这确切的范围内相似：他们都是黑人。但在初步比对后，当主观性平静下来，美国黑人就察觉到客观的问题根本不一样。“自由巴士”，美国黑人和白人试图使种族歧视削弱的运动，他们的原则和目的，跟安哥拉人反对万恶的葡萄牙殖民主义的英勇斗争几乎毫无关系可言。因此，在第二届非洲文化协会代表大会召开期间，美国黑人就决定另创一个美国黑人文化协会了。

因此，黑人性在分析人的历史性格现象中遇到了第一个局限。黑人文化、非洲文化被切割成一块块，因为打算体现这个文化的人们意识到，所有文化首先是民族的，使理查德·赖特（Richard Wright）或兰斯顿·休斯（Langston Hughes）保持警惕的问题，跟桑戈尔或肯雅塔可能面临的问题南辕北辙。同样，某些过去曾经受“阿拉伯复兴”那首迷人歌曲震惊的阿拉伯国家，也该察觉到它们的地理位置，它们的区域经济的互相依存性，比他们想要重活的过去更强。今天，我们会发现，阿拉伯国家在组织运转上，与地中海文化圈结合在一起。这就是说，这些国家屈从于现代的压力和新的商业往来，而阿拉伯辉煌时代的商业网络却消失了。尤其一些阿拉伯国家的政治制度，对彼此来说，实属于异质、陌生，以致这些国家彼此间甚至文化上的交流，都显得毫无意义。

因此，文化问题有时会在殖民地国家里被提出来，有着引发严重暧昧不清的危险。殖民主义所宣称的黑人是没文化，阿拉伯人天生野蛮，必然合乎逻辑导向去赞扬那些不再是民族国家的，而是全非洲的文化，并且尤其是种族化的文化。在非洲，文化人的取径是趋向非洲黑人的或阿拉伯伊斯兰教的。它不是指向特定的民族文化。文化愈来愈脱离现实。它以激情沸腾的白热化作庇护，在为自己开辟一些具体道路上困难重重，可是唯有这些道路能使它获得丰富、均质和稠密的特性。

被殖民知识分子的心理状态

如果说被殖民知识分子所进行的活动，从历史观点来看有所局限，但他仍在大范围内对于支持、正当化政治家的行动有所贡献。而且，千真万确，被殖民知识分子的态度，有时具有崇拜或信仰的一面。但是，如果我们想要好好分析这种态度，就会发现，它表达了被殖民知识分子意识到，割断最后几根与人民系绑在一起的缆绳所会有的危险。这种对文化存在的信仰告白，实际上是热烈的、绝望的向任何东西的停泊。为了确保他的救赎和逃避白人的文化霸权，被殖民者感受到必须缩回到不知道的根，不管怎样，让自己迷失在这个野蛮的人民之中。因为他觉得自己被异化了，换句话说，陷入可能无法克服的矛盾困境中，所以他要从有可能陷入的泥沼中抽身，继续身处其中的话，会让他有着失去身体和灵魂的危险，于是他接受，他决定责无旁贷地承受。被殖民者发现，自己有义务去回应一切，并以集体的方式去回应。他不仅变成捍卫者，还愿意和其他人放在一起，并且从今以后勇于嘲笑自己过去的怯弱。

然而，这种充满痛苦和艰辛的蜕变是必要的，不这样做就会留下极度严重的心理、感情的创伤。没岸可靠、没有国界、没有颜色的人们，无国籍者、无根者、天使们。同样，我们也不会惊讶于听到有些被殖民者宣称“我以身为塞内加尔人和法国人……身为阿尔及利亚人和法国人……而说话”。阿拉伯法国的知识分子，尼日利亚英国的知识分子，当他在双重国籍、两种决定之必要性前绊倒时，假如他要诚实的话，他会选择否定其中一个。然而，最常有的情况是，知识分子由于不想或不能做选择，他们就收罗所有影响过他们的历史决定因素，并彻底站在一个“普遍的观点”上。

因为被殖民知识分子渴望投入西方文化。就像那些被收养的孩子，只有在精神上凝聚一个能保证他们安全的最小核心时，才停止探究新家庭环境，被殖民的知识分子努力把欧洲文化变成自己的东西。他并不满足于知道拉伯雷和狄德罗、莎士比亚或爱伦坡就算了，他要全神贯注直到与这些人成为最极致的同谋者为止。

> 夫人并不孤单，
> 她有一个丈夫，
> 一个很体面的丈夫。
> 他知道引述拉辛和高乃依，
> 伏尔泰和卢梭，
> 老雨果和青年缪塞，
> 纪德和瓦莱里，
> 以及其他很多人。[①]

但是在民族主义党派以民族独立的名义动员人民时，被殖民知识分子有时可能一脚踢开这些令他突然感到异化的东西。然而，宣布抛弃比真正抛弃更加容易。这些知识分子，透过文化这种传达感情的东西作为中介，渗入在西方文明当中，达到和西方文明成为一体，换句话说，用西方文明换了身体，当他因原创性的顾虑，想要去承担起一个文化母体时，就会发现，

---

① 德佩斯特（René Depestre），《面对黑夜》（*Face à la nuit*）。

这个母体几乎无法提供他一些仰慕的人物，足以跟占领者的文化那种众多有魅力的杰出人物相匹比。当然，历史，是由西方人并且是为西方人写的，可能偶尔肯定一下非洲过去的某个时代。但是，知识分子站在当前国家的面前，清醒地、“客观地”观察那他想使其成为自己的大陆的现实，却被那空虚、粗野和野蛮给吓坏了。然而，他觉得自己必须走出这个白人文化，必须到处去找寻，而由于找不到一个与统治者所展示的光辉前景相对称的文化粮食，被殖民知识分子经常会退回到激情的立场，并发展出一个由异常感受性、异常的感觉和异常敏感所宰制的心理状态。这种退缩，首先由他内部的机制和外貌中所产生的预期论点所引起，造成一种反应，一种肌肉收缩。

被殖民知识分子处于意识正在解放阶段，他决定对此做出表达，这可以充分解释他所使用的文体风格。那是一种生硬又充满形象的文体，而形象是一座吊桥，能使无意识的能量分布到周围的草原去。那是一种神经质的文体，充满着跃动的韵律，被连续喷发的生命所贯穿起来。这种风格更是多彩多姿的、黝黑的、充满阳光和激烈的。这种风格在他那个时代使西方人大为吃惊，并不太像人们想谈的，认为这翻译出种族特点，但肯定首先表达出的一种近身肉搏状态，显示出这个人处在一种进行自我伤害、流淌真实鲜血、从他那已含有腐败种子的存在中解放出来的必要性。一场痛苦、快速的斗争，在其中，不可避免地，肌肉必得取代概念。

如果说，就诗意的层次上来看，这一活动已达到一个不平常的高度，那么，就存在的层面来看，知识分子经常走入死巷。当知识分子达到跟他的人民水乳交融的顶点时，他决定重新找到日常的道路，但只从冒险中带回极度贫乏的公式。他高度肯定他的人民的习俗、传统和外表，而他苦苦寻觅的不过是展现一种对异国情调的追求。这是一个知识分子歌颂所有相关土著全貌的决定性因素的时代，连最细节的部分也不放过。非洲阿拉伯人穿的长袍白衫被神圣化了，巴黎或意大利的皮鞋被阿拉伯人穿的拖鞋抛弃了。统治者的语言突然变得咬牙嚼舌了。重新发现他的人民，在这个时期，有时候意味着就是想成为黑人，不是一个不像其他黑人那样的一个独特的黑人，而是一个真正的黑人，一条黑人的狗，一个白人想要的黑人。重新发现自己的人民就是变成肮脏的阿拉伯人，尽可能变成当地的土著，完全分不出来的土著，就是斩断曾经任它长大的翅膀。

被殖民知识分子决定清点从殖民世界所汲取的坏习惯，并赶紧回忆起人民的善良风俗，这个被我们决定、认为是持有所有真实的人民。这个取径，在安顿在殖民地的殖民者间引发争议，这更加强了被殖民者的决心。被殖民者曾经在使人同化这点上品尝过胜利的滋味，而当他们意识到这些被解救的人开始融入黑人群中，整个体制开始动摇了。每个被征服的被殖民者，每个宣誓效忠的土著，当他决心消失时，不仅对殖民化是个挫败，而且还意味着已完成的事业无效和缺乏深度。每个越界的被殖民者，是对方法和体制的彻底判决有罪，被殖民知识分子在他们引起的丑闻中，找到了向殖民主辞职的理由和坚持下去的决心。

被殖民的艺术创作作品

如果我们想透过被殖民者作家的作品，来重新找到这一发展特点的不同阶段，我们会看到眼前浮现三个时期的全貌。在第一阶段，被殖民知识分子证明他被占领者的文化所同化。他的作品完全正确符合母国作家的作品。他的心思是欧洲式的，人们容易把他们的作品归结为宗主国文学明确的一个流派。这是完全同化的时期：在这些被殖民者文学中，我们可以找到帕尔纳斯派、象征主义者和超现实主义者。

在第二阶段，被殖民者开始动摇，并决定回忆过去。在这个时期的创作，大致上符合了我们刚描述的重新投入。但是，由于被殖民者并未融合进人民之中，他与人民维持在一种外部关系中，他只限于回忆。一些童年时代的旧插曲又从他的记忆深处勾起，一些古老传说，参照着借来的美学和在外国星空下发现的世界观，开始重新被诠释。有时这种战斗前夜的文学，受到幽默和寓意所主宰。这是焦虑不安的时期，充满死亡和呕心的体验。人们把自己吐出来，但在私底下发笑。

到了第三阶段，所谓的战斗时期，被殖民知识分子，在试图消失在人民当中之后，反而将人民震醒。不以人民的麻木为先，而是把自己转变成人民的唤醒者。战斗文学、革命文学、民族文学。在这个阶段，从前未曾想到写作的大批男男女女，现在既然处于特殊的状况下，在监狱里，在游击队里，或即将被处决前夕，他们痛感需要说说自己的民族，创造表现人民的文章，成为一个新实际行动的代言人。

然而，被殖民的知识分子迟早会理解到，要去证明民族，不是从文化出发，而是在为人民奋起反抗占领军的斗争中证明。任何殖民体制的正当性，并不是提取自它统治的领土没有文化这件事。人们在殖民主义眼前展示一些鲜为人知的文化瑰宝，永远也不会使殖民主义感到惭愧。被殖民的知识分子忧心专注文化工作时，意识不到他正在借用占领者的技巧和语言。他满足于把这些工具盖上一个硬说自己是民族的印记，却奇怪地令人联想到异国情调。经由文化作品回到人民身边的被殖民知识分子，所作所为实际上却像个外国人。有时候他毫不犹豫地运用方言，以表达他尽可能接近人民的意愿；而他的见解、他所关心的，却和祖国的男女所认识的具体状况不一致。知识分子感兴趣的文化，常常不过是一个地方主义的库存品。他希望符合人民，却只抓到他们的外套。这件外套，不过是一个地下、稠密、持续在更新当中的生活之反映。这个近在眼前却视而不见、似乎是人民的特点之客观性，事实上只是了无生气的结果，并且否定了一个更基础的实体，这具有多重却具和谐一致的实体适应性，它其实是在不断更新中。文化人不去追求这个实体，反而听任自己被僵化的片段所迷惑；这些被稳定下来的片段，意味着否定、超越和虚构。文化绝不像习惯那样的半透明，文化完全避开一切简单化。它本质上是和习惯相反的，习惯始终是一种文化的退化。希望黏附于传统，或恢复已被丢弃的传统，这不仅是违反历史，而且是违反人民。当人民支持反抗不共戴天的殖民主义的武装斗争，甚至政治斗争时，传统的意义改变了。在这个时期，消极抵抗的技术可能受到彻底的批判。在一个处于斗争阶段的落后国家里，传统基本上是不稳定和有着离心倾向留下的痕迹。所以这也是为何知识分子经常有着不合时宜的危险。进行斗争的人民，对蛊惑人心的煽动愈来愈具免疫力，因此愈想追随民众，他就愈显得不过是个卑劣的投机主义者，甚至是个落伍者。

在造型艺术方面，举例来说，拼命要搞民族作品的被殖民的艺术家，只不过一成不变地复制细部。这些艺术家曾经钻研过现代的技法，并参与在绘画或现代建筑的主流当中，他们转过身去否认外国文化，并开始追求民族的真实，重现他们认为是民族艺术的不变原理。然而，这些创作者忘记了思考的形式、精神粮食、资讯、语言、衣服等现代技术，已经辩证地在人民的头脑中重新组合，忘记了那些在殖民时代犹如栅栏般的不变原理，已经彻底改变了。

这位决心想描写民族真实的创作者，一反常态地转向过去和不现实的方向。在他深沉的意向性中所瞄准的，是思想的残渣、外表、残骸和明确被稳定了的知识。然而，想要创作出真正作品的被殖民知识分子，应该知道民族的真实首先就是民族的现实，他必须走到知识自身所预想的动荡之地去。

在独立以前，被殖民的画家对民族的全貌无动于衷，因此他们先搞抽象画，或经常专攻静物画。独立后，他汲汲于赶上人民，才开始真正埋头描绘现实的点点滴滴，但那是一种没有韵律、静止不动的，不是生命而是唤起死亡的作品。有教养的人被这种逼真的真实所迷惑，但人们有权自问：这个表现出来的真实是不是现实，它是不是过时了、被否认了，是否该由人民通向历史所铺平的道路来重新检讨呢?

在诗歌方面，我们也可以作同样的评价。在掌握押韵诗的阶段后，就爆发出达姆达姆鼓声的节奏。这是造反的诗歌，同时也是分析性、描述性的诗歌。然而，诗人必须懂得，没有什么可以取代人民武装起来的那种理性且不可逆转的参与。让我们再一次引述德佩斯特的诗：

> 夫人并不是孤身一人，
> 她有一个丈夫，
> 一个什么都知道的丈夫，
> 但坦白说他什么都不知道。
> 因为文化没有让步与共的话，是不行的，
> 让却血和肉，
> 将自己让却给他人，
> 这让步的价值等同于古典主义和浪漫主义，

和一切我们用来灌溉灵魂的东西。

被殖民诗人一心想写民族作品，坚持描写他的人民，却未击中目标。因为他在说话以前，不能做到像德佩斯特所谈到的这种彻底的让步。法国诗人勒内·夏尔十分了解德佩斯特，他提醒说："诗从主观的强制和客观的选择中浮现。诗是那些具决定性的独创价值之集合，这种集合一直在运动中，诗是与某人之当代关系之集合，这些都是诗出现的先决条件。"[①]

对，被殖民诗人的首要义务，就是清楚确定以人民作为创作主题。我们无法坚定前进，除非先意识到自己的异化。我们从另一边获取了一切，然而，对方在给我们一切的时候，是不会不通过迂回曲折，使我们顺从他的领导，不会不通过千方百计和花招百出，来吸引我们、引诱我们、毒害我们。在许多方面，也等同于被掳获其中。因此，试图以各种堆积的宣言和否认来摆脱是不够的。在人们已不在的过去与人们碰头是不够的，因为他们已经前进了，不如投入他们刚刚开始的运动，从这个新运动出发，一切都重新思考。人民停留在一种神秘且失去平衡的场所，我们非投入不可。因为不用怀疑，就在那里，我们的灵魂凝聚，我们的感情和生命发出光芒。

几内亚当前的内政部长凯塔·福德巴（Keita Fodeba）在担任非洲芭蕾舞团团长时，并未用几内亚人民提供他的现实耍花招。他以革命的观点重新诠释了他的国家所有的节奏形象。但是他做得更多。在他那不太为人所知的诗作中，我们发现，他不断地明确指出斗争的历史契机，界定行动展开的场所，凝聚人民意志的思想范围。以下仅引述凯塔·福德巴那一首真正通向反省、觉悟、战斗的诗篇和读者分享。

---

① 勒内·夏尔（René Char），《形态分割》（*Partage formel*）。

非洲的黎明

（吉他乐声）

黎明时刻。在达姆达姆鼓声中跳了整夜的舞，小村庄渐渐苏醒了。衣衫褴褛的牧羊人吹着笛子把羊领进山谷去。少女们头上插着金丝雀羽毛，向泉水弯弯的小路上鱼贯而去。在清真寺的院子里，一群孩子齐声同唱《古兰经》的诗句。

（吉他乐声）

黎明时刻。日夜的战斗。但在夜里筋疲力尽的战斗已经无能为力，并且慢慢地消逝。预示白天胜利的几缕吉兆的阳光，依旧姗姗来到害羞且苍白的地平线上，最后的残星悄悄地移到云堆下，像盛开的金凤花。

（吉他乐声）

黎明时刻。在那里，在那广阔平原的深处，紫红的边缘处，一个弯着腰的男人的身影在开垦：那是耕种者纳芒的影子。他每锄一下，受惊的鸟儿飞起来，振翅飞到平静的尼日尔河河畔。他的灰布裤被露水打湿，拍打着旁边的草。他汗流浃背。不知疲倦，始终弯着腰，灵巧地操作他的农具，因为必须在下一次下雨前把种子埋下。

（科拉乐声）[①]

黎明时刻。还是黎明时刻。麻雀在树间飞舞，表示白天开始了。走在平原潮湿小道上的一个孩子，斜背着箭袋，气喘吁吁朝纳芒跑过去。他远远叫着：“纳芒哥，村长找你

① 译注：科拉（Cora），一种非洲的乐器。

去树下谈话。”

（科拉乐声）

这么早就接到通知被吓一跳的农夫，放下手上的农具，走向沐浴在初升太阳微光中的村子。老人们已经庄严地坐在树下。他们身边有一个身穿制服的人，一个行政管辖区的警备兵，面无表情，悠然地抽烟斗。

（科拉乐声）

纳芒坐在羊皮的座位上。身兼巫师、乐师和诗人的头目站起来，向会议表达了长老们的意愿：“白人派一个行政辖区的警备兵来，要求村子里的一个男人到他们的国家打仗。大家经过讨论后，决定指派我们族里最有代表性的青年，使他在白人的战役中证明一向就是我们曼丁戈人特点的那种勇敢。”

（吉他乐声）

纳芒被上级指定了。每晚姑娘们用和谐的歌声赞美他威武的身材和发达的肌肉。他年轻的妻子，温柔的卡蒂娅听到这消息惊慌失措，突然停止舂米，把臼收在谷仓下，一句话也没说，把自己关在小屋里哭泣着自己的不幸。死神夺走了她的第一任丈夫，她无法想象白人从她身边抢走纳芒，因为她把所有的希望都寄托在这个人的身上。

（吉他乐声）

第二天，尽管纳芒流泪并埋怨，庄重的达姆达姆战鼓声还是伴随着他到村外的小码头，他上了一艘平底驳船，驶往管辖区的首府。夜晚，少女们不像平常那样在广场跳舞，而是到纳芒的家前守夜，她们围着火堆讲话，一直到天亮。

（吉他乐声）

几个月过去了，一点也没有纳芒的消息传回村里。卡蒂娅十分担忧，去邻村求助祭司。长老们亲自就这个问题召开了一次简短的秘密会议，但什么也没透露。

（科拉乐声）

终于有一天，纳芒写给卡蒂娅的信寄回了村里。卡蒂娅担心丈夫的遭遇，连夜走了几个小时到管辖区的首府，那儿的一个翻译读了来信。

纳芒在北非，身体健康，他打听收割、节庆、河水、跳舞、那棵讨论场之树、村子等等消息。

（巴拉丰琴声）①

当晚，村里的老妇人们对卡蒂娅开恩，让她在年龄最高的长者的院子里列席和闲话家常。村长也因为有了消息而十分高兴，邀请邻近的乞丐大吃一顿。

（巴拉丰琴声）

又过了好几个月，大家又变得焦虑不安，因为纳芒再次音讯杳无。就在卡蒂娅打算第二次询问祭司时，她收到了第二封信。纳芒去过科西嘉和意大利后，如今在德国，并庆幸自己获得勋章。

---

① 译注：巴拉丰（Balafo），一种西非及中非的木琴。

（巴拉丰琴声）

有一次，一张简单的明信片揭露，纳芒被德国人俘虏，这个消息沉重地压在村里人的头上。长老们开会，并决定从今以后准许纳芒跳杜加舞（Douga）。任何人没有光辉的贡献不准跳这种神圣的秃鹰舞，这种马林凯人皇帝的舞蹈，每一舞步都是马里历史的一个阶段。卡蒂娅看到她丈夫高升到国家英雄的崇高行列，深感欣慰。

（吉他乐声）

时光流逝……两年过去了……纳芒始终在德国。他不再写信了。

（吉他乐声）

突然有一天，村长收到寄自达喀尔的信，通知纳芒即将回家了。村里立刻响起咚咚的达姆达姆战鼓声。大家唱歌跳舞到天亮。姑娘们做新曲准备欢迎他，因为献给他的老歌曲没有提到杜加，这曼丁戈人著名的舞蹈。

（达姆达姆鼓声）

但是，一个月后，纳芒的一个好友穆萨下士寄给卡蒂娅悲情的信："黎明时分，我们在佳罗伊海滨。在我们同达喀尔的白人长官大吵时，一颗子弹射中了纳芒。他长眠于塞内加尔的土地下。"

（吉他乐声）

的确，这是黎明时刻。清晨的阳光刚刚照射海面，把大海翻腾的细浪镶成金黄色。在徐徐微风下，棕榈树仿佛也为这场晨战而沮丧，树干略微倾向海岸。乌鸦成群呱呱叫，用叫声向周围宣告那血染佳罗伊海边的黎明的悲剧……在血红的天空中，正好在纳芒的尸体上，一只巨大的秃鹰笨重地翱翔。它似乎对他说："纳芒！你并没有跳这支以我的名字为名的舞蹈，别的人将来跳它。"

（科拉乐声）

我选用这首长诗，是因为它具有不容置疑的教育的价值。事情十分清楚，这是个明确、进步的叙述。理解诗并不只是个认知的步骤，而是个政治的步骤。理解这首诗就是理解人们所要扮演的角色，认识到自己的步伐，并擦亮武器。没有一个被殖民者不被包含在这首诗的信息中。纳芒是欧洲战场的英雄，他不断巩固宗主国的强大和持久，在他重新接触故乡的土地时，却被警察开枪打死了。这是一九四五年在塞提夫、法兰西堡、西贡、达喀尔、拉哥斯所发生的。所有这些为保卫法兰西的自由或英国文明而战的黑人和阿拉伯人，都在凯塔·福德巴的这首诗中重新出现。

但是，凯塔·福德巴看得更远。在殖民地里，殖民主义在战场上利用当地人之后，再利用他们作为退伍军人来破坏独立运动。在殖民地，退伍军人协会成为最反对民族主权的一个力量。诗人凯塔·福德巴促使几内亚共和国的内政部长粉碎由法国殖民主义组织策动的阴谋。果然，在退伍军人的帮助下，法国特务机关打算摧毁几内亚刚刚获得的独立。

为民族解放而战，文化才能存在

为同胞而写作的被殖民的作家，在利用过去往事时，应该是为了开创未来，促使行动和树立希望。但是为了保证这个希望，使它有密度，就必须参加行动，全心全力投入民族斗争中。人们可以谈论一切，但，一旦关乎谈论一个人生命中独一无二之事，即像是打开眼界、将光带进来、使自己和人民都站起来所代表的事情时，那就必须以肉身通力合作。

被殖民的文化人的责任，不止于对民族文化负责，更要对全体民族负责。总之，文化不过是民族的一部分。被殖民的文化人不应操心选择哪一种战斗水平，和他决定投入哪方面的民族斗争。为民族文化而战斗，首先是为了民族解放而战，这是个具体的母体，从它出发，文化才有可能存在。没有一个文化斗争是在人民斗争的旁边展开的。例如，这些赤手空拳同法国殖民主义抗战的阿尔及利亚男男女女，并非与阿尔及利亚文化毫不相干。阿尔及利亚文化在这些战斗的过程中，在监狱里、在断头台前、在被围困和被摧毁的法军岗哨里形成和凝固了。

因此，我们不该为了面对殖民主义的篡改、歪曲、贬抑的举动，而满足于专心关注人民的过去往事，只在往事中找寻一些要素。我们应该努力用和民众同样的节奏去进行斗争，以便确立未来，耕耘已经萌芽的土壤。民族文化不是那抽象的民众主义所认定的、以为可以从中发现人民真实的那些民间传说。它不是沉积下来的一堆沉淀物，即愈来愈远离当前民众现实的东西。民族文化是人民在思考层次上所作的整体努力，为了描述、正当化和歌颂一场民众于其中能完成自我构成与自我维持的行动。因此，在落后国家里，民族文化应该是位于解放斗争的中心。那些还在以非洲黑人名义作战，以这个文化名义反复召开会议的非洲文化人，今天应该领悟到，他们的活动和作品，其实只是在核对一些文献和比较一堆石棺罢了。

塞内加尔民族文化和几内亚民族文化没有一个命运共同体，而是同样具有受到法国殖民统治的共同命运。如果我们要塞内加尔的民族文化与几内亚的民族文化相像，光靠两国领袖决定用相似的观点提出一些问题是不够的：解放的问题、工会问题、经济问题。甚至不可能有绝对的一致可言，因为民众的节奏和领袖的节奏是不一样的。

不可能有两种完全同一的文化存在着。想搞黑人文化的人却奇妙地忘记了黑奴正在消失，那些制造黑奴的人正在目睹自己的经济和文化霸权的崩溃①。不会有什么黑人文化，因为没有任何一个政治家以创造黑人共和国为志。问题是，这些人打算保留给他们的人民什么样的位置，让他们决定建立怎样的社会关系，和对人类未来的构想为何，这才重要，其他的不过是不切实际的空话和欺骗。

一九五九年在罗马聚会的非洲文化人，不断高谈统一。但是这种文化统一的最伟大旗手之一的雅克·拉贝马南贾拉(Jacques Rabemananjara)，如今是马达加斯加政府的部长，并以这个身份和他的政府一起在联合国大会上，采取反对阿尔及利亚人民的立场。如果他忠于自己，就该向他的政府辞职，并谴责那些声称体现马达加斯加人民意愿的人。九万名死去的马达加斯加人，并没有给予拉贝马南贾拉在联合国大会上反对阿尔及利亚人民的任务。

非洲黑人文化，它之所以能增加密度，是围绕着民众的斗争，而不是围绕着颂歌、诗句或民间传说。桑戈尔先生也是非洲文化协会的成员，并和我们一起围绕这个非洲文化问题而工

① 在达喀尔最近的一次颁奖会上，塞内加尔总统桑戈尔决定将对黑人自豪感概念的研究登录在议程中。如果说塞内加尔总统所关心的，是属于历史层次，那我们也同意，但是，如果所牵涉的，是要去打造黑人的自觉，那就是无视于历史上已上演了大部分的黑奴消失此一剧情。

作，他从无惧于下令代表团去支持关于阿尔及利亚的主张。要加入非洲黑人文化和非洲文化统一的首要条件，就是无条件支持民族的解放斗争。如果不具体协助这个非洲文化的必要条件，即非洲大陆的解放，那就不可能享有什么灿烂的非洲文化了。

我再说一遍，任何演说、任何关于文化的宣言，也不会使我们放弃基本的任务，即祖国的解放、对新殖民主义形态的不断斗争，并坚决拒绝我们之间极端的互相吹捧。

民族文化和解放斗争互为基础

第二届黑人作家暨艺术家国际研讨会上的演讲

罗马，一九五九年

殖民统治因为太过于全面化和简单化，所以很快以惊人的方式把被征服者的文化生命摧毁。否定民族现实，全面植入占领国的新法律关系，把土著和他们的风俗习惯排斥在殖民社会的周围，强占土地，有系统地奴役男男女女，这一切都导致文化可能被毁灭。

三年前，我在第一届会议上指出，很快地，在殖民地的状况下，态度的固化会取代积极能动性。于是文化领域被一些栅栏、路标所限制。这些都是最基础的防御措施。在许多方面和普通的生存本能相似。这个时期的关注点在于，压迫者竟然不再满足于认为被压迫的民族和文化在客观上是不存在的。他们使尽一切气力，使被殖民者承认，他那已变成本能举动的文化的劣等性，承认他的民族的非现实性，甚至承认他自己的生物学结构的无组织能力和不完善的性格。

被殖民者面对这种状况的反应不一。在民众将那最异质于殖民情境的传统保持得完整无缺时，手工业则是愈团结在一成不变的形式主义中，知识分子狂热地吸收占领者的文化，同时刻意贬低民族文化的特点，或满足于详尽、有系统的、充满激情但又很快枯燥无味地列举这个文化。

这两种企图的共同特征，都是陷入难以容忍的矛盾。被殖民者不论是叛徒或实体论者，其努力都是无效的，因为确切来说，都未对殖民状况作严密的分析。殖民地的处境几乎全面中断了民族文化。在殖民统治范围内，不可能存在民族文化、民族的文化生命、民族的文化创意或文化的转变。有时，到处会冒出一些大胆的企图：重新发动文化活力、重新定位主题、形式和色调。然而，这种发作的行为，企图获得直接且具体的成效，证明是白费力气的。但是藉由追随其后果到极限，我们发现，民族意识的去晦暗化、压迫的重新被问题化、解放斗争的揭幕，这些正处于准备状态中。

在殖民统治下，民族文化是被否认的文化，而且继续受到有系统的破坏。这是个在压制下迅速转入地下的文化。这个地下活动的概念，马上在占领者的反应中被察觉到，占领者把对传统的偏爱，诠释为忠于民族精神和拒绝顺服。这种坚持殖民社会所禁止的文化形式，已经显示出一种民族意志了。但是，这种展示却指向一种惯性规则，没有进攻，没有重新确立关系。只剩下对一个愈来愈狭隘、愈来愈了无生趣、愈来愈空洞的核心泛起痉挛。

在一个或两个世纪的剥削后，造成民族文化全貌的极度憔悴。民族文化变成一种运动机能习惯、衣着的传统、被割裂的制度的库存。从中很少发现动力，毫无真正的创造性，没有激情。人民的悲惨、民族的压抑和文化的禁止是唯一共同的事情。在一个世纪的殖民统治后，人们发现一个极度僵化、被沉淀、被矿物化了的文化。民族现实的衰败和民族文化极度苦闷，形成互相依赖的关系。所以，在解放斗争时注意这种关系的发展，就变得至关重要了。否定文化、蔑视运动或蔑视情绪性的民族表达，把一切特殊组织非法化，这些都有助于在被殖民者身上产生出攻击性的行为。但这是属于直接反射、未加分化、无政府状态的、无效的行为。殖民剥削、贫穷、地方性的饥饿，愈来愈把被殖民者逼上公开和有组织的斗争绝路。他们渐渐地感受到，决定性的对抗是有必要的。以前不存在的紧张增加了。各种国际事件、殖民帝国到处土崩瓦解、殖民体制固有的矛盾，都将导致并加强战斗性，提高民族意识并赋予它力量。

这些存在于殖民现实所有阶段中的新紧张，在文化层面上引起回响。例如文学相对的生产过剩。虽然当地人的作品只是统治者的次级复制品，但它指向有所区别和特殊化。在压迫时代，主要是消费者的知识阶级，如今变成生产者。这种文学首先往往局限在诗和悲剧类，之后涉及了长篇小说、中篇小说和杂文。似乎存在着一种内部组织，一种表现规则，它使得富有诗意的表现，随着解放斗争的目标和方法明确化后，会变得罕见。主题彻底改变了。人们发现，愈来愈少充满苦涩和极端绝望的抗议，愈来愈少绽放开来、充满声效的暴力，这些反倒使占领者安心。殖民主义者以往鼓励这些表现，使其容易存在。的确，占领者把尖锐的谴责、暴露出来的贫困和表现出来的激情，等同于一种净化作用。他们助长这种作用，在某种意义上，是为了避免悲剧化，也为了缓和气氛。

但是，这种局面只是过渡。的确，民众的民族意识的发展，修正并确立了被殖民的知识分子的文学活动。人民的继续团结，对知识分子而言，构成了一种邀请，要求他们要超越尖叫。从诉状到起诉，到上诉。下一个时期，命令出现了。凝聚起来的民族意识，将撼动文学体裁和主题，同时又创造一个全新的读者群。起初，被殖民的知识分子写作所针对的，单单只是压迫者，为了迷惑他，或是为了通过种族的或主观主义的范畴来谴责他，渐渐地，他开始采用向人们说的习惯。

只有从这一刻起，才能谈民族文学。在文学创作的层面上，重拾和澄清一些典型的民族主义主题。这就是严格意义下的战斗文学，在这个意义下，文学号召全体民族为民族生存而斗争。战斗的文学，因为它赋予民族意识一个形式，给出形式和轮廓，并且为它开辟了新生的和无限的前景。因为它担负责任，凝聚等待时机的意志，所以是战斗文学。

从另一方面来看，一向被编成目录和冻结起来的口传文学、故事、叙述诗、民谣也开始起了变化。那些传述一些了无生气篇章的说故事人，开始将之生动化起来，并加进一些愈来愈根本的修正。企图使冲突现实化，使提及的斗争形式、英雄的名字和武器的形式具有现代风格。讽喻的方法愈加被使用。人们用更暧昧的字眼来替代“从前从前”这个用语，例如，“要说的事情，曾经在某个地方发生，但很可能今天或明天就会在这里发生。”就这一点，阿尔及利亚的例子很能说明问题。从一九五二年至一九五三年起，那些一成不变和听来令人疲惫的讲故事的人，完全搅乱了讲述的方法和故事的内容。从前听众稀稀疏疏，如今人山人海。史诗，随着类别的典型化，又重新出现了。这才是个真正重新提升文化价值的景象。殖民主义者对此并非误解，从一九五五年起，开始有系统逮捕那些说故事的人。

文化表现中的运动

人民与新的行动之接触，引起新的呼吸和节奏，忘却肌肉的紧张，并发展想象力。每当讲故事的人对他的听众讲一段插曲，大家就参加了一次真正对灵感的祈求。他们向听众启迪了一种新型的人的存在。当前事物不再是自闭的，而是向四面八方放射出去的。讲故事的人又重新使自己的想象自由奔放、革新、创造发明，甚至这种变化中，有时会发生一些安排不当的形象被重拾或修正的例子，像是拦路抢劫的强盗或多或少是反社会的浪人。在殖民地国家中，必须要一步步追随涌现的想象力和歌曲、民间史诗之创造力。讲故事的人以连续不断的故事来符合民众的期待，表面上他是孤军奋战，实际上却受到民众的支持而走上追求新典型、民族典型的道路。喜剧和闹剧消失了，或者失去魅力。至于戏剧化，也不再处于知识分子的意识危机状态此等层次上。它丧失了失望和反抗的性格，变成人民共同的命运，变成正在酝酿或已在进行的活动的一部分。

在手工艺方面，一向沉积的形态，受到敲击，如今也渐渐紧张起来。例如木雕，从前复制的某些面部表情或姿势也开始不一样了。缺乏表情或难以忍受的面具开始生动起来，手臂更倾向脱离身体，描绘出行动的轮廓。两个、三个或五个人物的组成构图出现了。传统派备感业余爱好者或反对派涌现的压力，开始创新。文化生活领域上的这种创新活动，经常不被人察觉。然而，它对民族斗争的贡献是重要的。艺术家通过赋予脸部和肢体的生动，通过把观众席上的一群观众当作主题，鼓励有组织的运动。

如果我们研究在陶器或瓷器制作的领域上，民族意识觉醒的回响，也可以指出同样的事实。创作抛开了形式主义。罐子、双耳坛、盘子起先是极细微修改，后来大刀阔斧地变形了。着色法在从前遵循很少颜色和调和的规则，现在则是色彩缤纷并受到革命冲动的冲击。过去在某些文化圈内被禁用的土黄色、蓝色，如今肆无忌惮地为大家所接受。同样，根据社会学家的见解，作为某区域特征之人类面部无形象表现，如今突然变成完全是相对的了。宗主国的专家、民族学者很快察觉到这种变化。整体说来，这些变化被以一种经符号化过后的艺术形式、在殖民情境内部发展出来的文化生活为名，遭受谴责。殖民专家们不承认这种新的形式，并赶去援助土著社会的传统。殖民主义者反而成了当地传统的保护者。大家的记忆犹新，这个例子有着一定的重要性，在第二次大战后爵士咆勃（be-bop）这种爵士新风格的稳定成形，它不牵涉殖民地现实，无关爵士乐中那些白人专家的反应。爵士乐不应该只是一个黑人老头在五杯威士忌下肚之后，对支离破碎和绝望的怀旧、对自己厄运的诅咒和对白人种族主义的仇恨。打从他理解自己和以不同的眼光理解世界，使得希望诞生，并强迫种族歧视的世界向后退，很明显，此时，他的喇叭响亮，嗓音清澈。关于爵士乐的新风格之诞生，不仅仅是出于经济竞争。从中不容置疑地看到美国南北战争后南方失败的后果。这个后果尽管来得迟缓，却是不可避免的。这一点也不乌托邦：假设在五十年后，这种由一个可怜该死黑鬼哽咽的叫喊爵士范畴，可能只有白人才会捍卫，因为他们忠于一个关系类型，拥有对黑人性的停滞印象。

我们也可以从舞蹈、富有旋律的歌唱、宗教仪式、传统仪式各方面，寻找和发现同样的推进力，察觉出同样的变化和同样的焦急。早在民族斗争的政治或武力斗争阶段之前，读者若留心的话，可以感受到和看到一种新活力、战斗逼近的展现。不寻常的表达形式，从未听过或见过的主题，其负有一种力量，能以“目的”召集和凝聚人民。这一切都帮助唤起被殖民者的敏感，促使观望的态度变得不切实际、难以接受或遭受失败。因为被殖民者更新了手工艺、舞蹈和音乐、文学的口头史诗里的目的和动力，被殖民者重新架构了认知。世界失去了被咒诅的特征。各种条件汇聚起来，为了一场不可避免的冲突。

我们见证了在文化表现中出现的运动。我们看到，这个运动，这些新形式，是和民族意识成熟的过程结合在一起的。而这个运动愈来愈趋向客观化、制度化。从运动中可看出，无论如何，民族存在有其必要性。其中一种错误——而且是错得离谱的——就是试图在殖民宰制的架构中，发挥文化的创新，恢复当地文化的价值。所以，这也是为何，我们得到一个看似吊诡的命题：在一个被殖民国家里，最初步的、最粗暴的、最未区分的民族主义，是防卫民族文化最有效、最热情的形式。文化首先是一个民族的表达，它的喜好、禁忌或典型。其他禁忌、别的价值、别的典型，则是在全社会的各个阶段中形成。民族文化就是这些评价的总合，是全体社会和这个社会的各个不同阶层的内外紧张的各种因素凑合的结果。在殖民情境下，文化被剥夺了民族和国家的双重支持，日趋衰竭和苟延残喘。因此，文化存在的条件是靠民族解放和国家的复兴。

民族不仅仅是文化的条件，不仅是文化兴盛、不断更新、深化的条件而已，它也是一种迫切要求。首先，是要求为民族生存而战斗，打开文化的封锁，给文化打开创造的大门。之后，则是民族保证给文化提供条件和表现的范围。民族为文化聚集各种不可或缺的要素，而且只有这些要素能赋予文化可靠性、有效性、活力和创造性。同时，也是文化的民族特性，使文化对其他的文化能具有可渗透性，并使它能影响和渗透到其他文化去。不存在的东西不大能对现实起作用，甚至不能影响这个现实。必须首先先有民族的复兴，才能将生命赋予民族文化，这里谈的生命是就其最具生物学的意义而言。

因此，我们追随着古老文化沉淀层中，那愈来愈根本的爆裂声，在为民族解放而决战的前夕，更新表现法，解开想象力的束缚。

这里还必须提出一个重要的根本问题。斗争、冲突（不论是政治冲突或武装斗争）和文化之间存在着什么关系？在冲突时，文化会不会中断？民族斗争是不是一种文化的表现？最后，是否应该说解放战斗尽管后来丰富了文化，它本身是否定文化的？解放斗争是一种文化现象吗？

我们认为，被殖民民众为了恢复民族主权而有组织的、自觉的斗争，是最充分的文化表现。不仅仅是斗争成功后文化被赋予有效性和力量，在战斗中，也没有让文化冬眠。斗争本身在进展中，在其内部过程中，发展文化的多样性，并勾勒出文化的一些新方向。解放斗争并不是要恢复过去的价值和旧轮廓。斗争本身目的是指向彻底重新分配人际关系，它不可能让这个民族的文化形式和内部原封不动。斗争后，不只是殖民主义消失了，连被殖民者也被消灭了。

这个新人类对自己和对他人，不得不确立一个新的人文主义。在斗争的目的和方法中预示这个新人文主义。一个动员全民的战斗、一个表达人民的意志和焦虑，并且不怕几乎只靠这个人民的斗争，必胜无疑。这种类型的斗争的价值在于，是它实现了最大幅的发展和创造文化的条件。从这些条件中获得民族解放后，也就不会发生令人痛苦的文化不定的情形，这倒是常见于某些新独立国家中。因为，民族是在它来到世界的形式中，在它的存在模式中根本地影响文化。一个从人民讨论活动中诞生的民族，一个体现人民真正的意愿，改正国家的民族，只会以异常丰富的文化形式存在。

关心祖国的文化并想开启它普世面向的被殖民者，不应该只相信那不可避免的独立原则，而忘记将之铭刻在人民的意识中。以民族解放为目标是一回事，斗争的方法和民众的内容又是另一回事。我们常常觉得似乎文化的未来、民族文化的丰富性，也同样和解放斗争中经常体现的那些价值有关。

现在是揭露假仁假义的时候了。有人到处说民族复权的要求，是人类一个过时的阶段，现在是大联合的时代，那些落伍的民族主义者应该纠正自己的错误。相反地，我们认为，这是错误的且具有严重的后果，它错在想跳过民族的阶段。如果文化是民族意识的表现，在这样的状况下，我会毫不犹豫地说，民族意识就是文化最洗炼的形式。

自我意识并非对沟通关上门。相反，哲学的思考教导我们，它才是沟通的保证。民族意识并非民族主义，唯有民族意识能给予我们国际面向。这个民族意识、民族文化的问题，在非洲有其独特面向。在非洲，民族意识的诞生和非洲意识保持最紧密的时代关系。非洲人对自己的民族文化的责任，同时也就是对黑人非洲文化的责任。这两个交汇一致的责任，并不是一个形而上原理下的事实，而只是一条陈腐规则下的意识：它想要在今天殖民主义还想死抓着不放的非洲，让所有独立的国家，成为一个被包围的、虚弱的且处于危险的国家。

如果说，人的作为，让人之所以为人，那么我们可以说，非洲知识分子当务之急，就是建设民族。如果这种建设是真实的，即如果这种建设表达了人民明确的意志，如果它在急切中彰显出非洲人民，那么，这个创建必定伴随着普遍价值的发现和促进。因此，民族解放不是远离其他民族，而是使民族跃上历史的舞台。国际意识只有在民族意识的深处，才高扬起来，并且充满活力。总之，这双重性的涌现才是所有文化的源泉。

第五章　殖民战争和心理失调

但是战争仍旧继续下去。我们还要再继续包扎那因为殖民主义翻腾而在人民身上造成的各种伤口，有时候这些伤口是无法抹去的。

今天，帝国主义为反对人的真正解放而战，到处抛下那会萌生腐败的芽，以至于我们应该毫不留情从我们的土地上和脑海里，将之连根拔除。

我们在这里讨论，产生自阿尔及利亚人民进行的民族解放战争的心理失调的问题。

人们可能会觉得，把这些精神科的病例笔记搬到这本书里不甚恰当。我们不得不这样做。

在这场战争中，由不得我们的是，精神医学的现象、行为和思考上的失调，对那些执行绥靖者或“被安抚”的居民身上产生重大影响。事情的真相是：殖民化在本质上所展现的，就已经是精神病院的一大供应商了。一九五四年以来，在种种学术论文中，我们要法国和全世界的精神科医生注意到，当他们要去正确“治愈”一个被殖民者——就是使他彻底同化到殖民地类型的社会中——所会遭遇到的困难。

因为殖民主义是一个对他人的系统性否定，一个疯狂的决定，拒绝给他人的所有属性，它逼得被宰制人民得不断问自己：

“我到底是谁?”

从被殖民者和殖民体制暴力对决中产生出的防御态度，形成一个结构，显示出被殖民化的人格。要理解这种“敏感体质”(sensitivité)，只要研究和衡量一下，在殖民体制内生活一天中，被殖民者所遭受残害之深度和数量就够了。无论如何必须牢记，被殖民的民众，不单单是被统治的民族。在德国占领下，法国人还是人；在法国占领下，德国人也还是人。在阿尔及利亚，不仅有统治，还有那严格意义下，一种就是只占领土地的决心。阿尔及利亚人、包裹着纱布的妇女、棕榈树林和骆驼，构成了画景，法国人存在的自然背景。

恶劣、倔强、非常难应付的自然，殖民地实际上被再现为偏僻荒漠、蚊子、土著和热病。当整个不驯服的自然本性终于被制服时，殖民化就大功告成了。贯穿荒漠的铁路、沼泽地的干涸、土著在政治和经济上的不存在，这些实际上是一回事。

在殖民未受到武装抗争的那个时代，当有害的、刺激的总量超过一定的界限，被殖民者的防御阵地垮了，后者于是大量出现在精神病院。因此，在这殖民化成功的平稳时期，有着一个重大、规律性的精神病理，因压迫而直接产生出来。

今天，由阿尔及利亚人民领导的历经七年的民族解放战争，由于它对人民而言是属于整体性的战争，于是成了一块利于心理疾患破壳而出的土壤[①]。以下我们提供几个阿尔及利亚人和法

① 从一段未在《阿尔及利亚革命第五年》(*L'an V de la révolution algérienne*)最初两版中发表的引言中，我已指出，一整代的阿尔及利亚人，因沉浸在肆无忌惮的被集体屠杀中而引起的心理、情感的后果，将是法国在阿尔及利亚留下的人间遗产。那些谴责在阿尔及利亚进行酷刑的法国人，严格说来，用的是属于法国的观点。我不是责备，而是对事实做一种见证：他们想保护当前、握有权力的拷问者的意识，并试图避免使法国青年的精神受到污染。我们只能同意这种态度。在这里集中的一些病例，主要是A系列的第四号及第五号的病例，可悲的展示也证明了法国民主主义者被灌输的强迫观念。不管怎么说，我们的意图是要指出，可以预料的是，被折磨者的人格因遭受的酷刑而完全被解体。

国人的病例，他们都经过我们的诊疗，对我们而言，这些病例似乎特别能说明问题。用不着多说，但是，我们提交的并不是一份学术科学工作。我们避免一切关于征候学、疾病分类学或治疗的种种讨论。在这里使用的几个专门术语仅仅充当参考。但是，我们必须强调两点。

按一般规则，临床精神医学把我们病人所表现的种种不同失调，归结在“反应性精神病”(psychoses réactionnelles) 这个范畴内。在这么做的同时，被优先重视的是引发疾病的事件，尽管多少会提及本身场域（主体心理、感情和生物学的历史）或环境所扮演的角色。对我们而言，在这些病例中的肇始事件，似乎主要是冷酷无情、血腥的气氛、普遍化的不人道行为，人们目睹了可怕末日般的事情后留下的挥之不去的印象。

系列 A 中，第二号的病例是典型的反应性精神病病例，但是，系列 B 中的第一、第二、第四及第五号病例，由于在因果关系上呈现较松散的状态，我们无法真正去谈一个特定具引发性的事件。这里所谓的具引发性的事件，指的就是战争，这场经常带有真正种族灭绝面貌的殖民战争，这场终究撼动也粉碎世界的战争。我们使用反应性精神病这个既有的标签，同时是要特别赋予这场具全面性与特殊性的殖民战争一个优先地位。两次世界大战后，不少刊物探讨在被征召作战的军人、遭遇集体逃难或轰炸的老百姓身上产生的精神病理症状。但是，这里提到的一些前所未见的精神疾病类型，证实了——如果还需要证实的话——这场殖民地战争，甚至它所分泌出来的病理学，绝对是独特的。

另一个牢固的既有概念，认为这些反应性失调症，相对来说算是轻微，这个观念在我们看来，值得让它稍微灵活些。当然，我们可以描述一些属于次级精神病（psychotisations secondaires）的状态，但总之是在很例外的情形下，也就是一些整体人格彻底崩溃的病例。相反地，对我们而言，在此似乎有一个通则，即病理过程经常往恶性发展。这都是持续数月之久的失调，在自我遭受严重袭击的情形下，几乎总是留下虚弱这个后遗症，一般肉眼即可辨识。很显然，这些病人的未来极困难。一个例子将说明我们的观点。

在一个已经独立好几年的非洲国家里，我们有机会对一位爱国者——前反抗分子进行治疗。这位三十多岁的男性向我们咨询，要求纾解病痛，因为每年的某段日子将近，他就会陷入失眠，伴随着焦虑不安的状态，并固定出现自我毁灭的念头。关键日期那天，他曾在地下组织的命令下，在某个地方放置了一枚炸弹，炸死了十个人[①]。

这位战士在任何时刻都不打算否认自己过去的行为，他十分清楚地知道他为民族独立所付出的代价。这些临界的病例，提出了革命的架构中的责任问题。

我们在这里所列举的观察，涵盖的时期从一九五四年至一九五九年。某些病人是在阿尔及利亚接受诊疗，不是在当地的医疗中心，就是在我的私人门诊。其余的则是在民族解放军的卫生队里被治疗的。

---

① 这些失调出现的时间，无论从哪个方面看来，都相当有趣。在他的国家宣布独立的几个月后，他认识了一些过去占领国的侨民，觉得他们很友好。那些人对独立致意，并毫无保留地对爱国者在民族解放战争中的英勇行为表示敬意。于是这位战士突然感到一阵晕眩，他焦虑地自问，是否在那些被炸死的人当中，可能有类似跟他说话的那些人。当然，那家成为攻击目标的咖啡馆，是公认的种族主义的巢窝，但从不禁止任何一个过客进去消费。从这个人第一次感到晕眩起，他尝试避免去想过去的事。然而，出人意料之外，就在那个关键日期的前几天，最初的失调出现了，从此，这个失调就非常规律地重复出现。

换句话说，我们的所作所为会永远紧追在我们身后。这些作为被安排的经过、发生的顺序和行为的动机，都可能在事后被彻底改变。这并不是人类历史及其众多限定条件对我们设下微不足道的陷阱之一。但我们能逃过晕眩吗？谁敢扬言，一生中没有过晕眩的纠缠？

系列 A

这里收集了五个病例。有阿尔及利亚人或欧洲人，由明显的事实可见，他们都表现出反应性的心理失调。

一号病例：一个因为妻子被强奸而患阳萎的阿尔及利亚人

B 先生是位二十六岁男性。他因顽强的偏头痛和失眠症，经民族解放阵线的卫生部转介过来。他过去是出租车司机，十八岁起积极参加民族主义政党的活动。一九五五年以后加入阿尔及利亚民族解放阵线支部，好几次，他利用自己的出租车运送传单，也载过一些政治委员。面对镇压的加剧，阿尔及利亚民族解放阵线决定将战争带到城市中心。于是，B 奉命把突击队运送到攻击地点附近，并经常就地等候他们。

然而有一天，一场于欧洲人居住的城市中心进行的比较重要的行动陷入严重的包围，迫使他不得不抛弃自己的出租车，突击队队员四散。B 成功逃离敌人的阵仗，躲到一位朋友家避难。几天后，他没回家而奉命先到最近的游击队那里。

他好几个月没有妻子和二十个月女儿的消息，只知道警察在城里找他好几个星期。在游击队逗留两年后，他才收到妻子的来信，要他忘了她。因为她已被污辱，不用再做一起生活的打算。十分不安的他请求上级，让他秘密回家一趟，但被拒绝。然而，上级叫一个阿尔及利亚民族解放阵线的成员去找他的妻子和双亲。两个星期后，一份详细的报告送抵队长那里。

在发现他遗弃的车子后（他们在里头找到两个冲锋枪的弹夹），法国士兵由警察陪同，找到他家。他不在，于是他们把他妻子带走，置留一个多星期。

她受审讯，被追问丈夫交往的人，并且在两天内受到粗暴的对待。第三天，一个法国军人——她不能确定是不是军官——叫其他人出去后，强暴了她。过一阵子，第二个人当着其他人的面强奸了她，同时告诉她说："如果有一天，你见到你那下流的丈夫，尤其别忘了告诉他我们对你干的好事！"她又待了一个星期，没受到新的审讯。此后人们把她送回家。当她对母亲诉说自己的经历，母亲劝她把一切都告诉他。因此，当她一联络上丈夫，就向他坦白自己的受辱。

第一次震撼过去后，由于经常参加行动，B 复元了。几个月里，他听到了阿尔及利亚妇女被强暴或受尽折磨的种种故事，也有机会遇到一些妻子遭污辱的丈夫，于是他本人的不幸，和那受到嘲弄的丈夫的尊严，被抛到次要地位。

一九五八年他奉命出国。当他再度归队后，一种异常的心神恍惚和失眠症使他的同志和上级十分不安。他的出发日期延后，上级决定叫他去看医生。我们是在这时候见到了他。刚开始接触情形良好。神情多变，可能甚至有些过度，微笑些许夸张，表面上露出愉快的样子："很好，很好，我觉得现在好多了。给我一些补药、维生素，让我自己慢慢恢复。"背地里却流露出一种深沉的不安，他随即住院了。

第二天起，乐观屏障倒塌了。我们面对的是一个意气消沉、若有所思、食欲不振、卧床不起的病人。他逃避讨论政治，并明显表现出对所有民族斗争的事情毫不关心的态度。他逃避听到有关解放战争的消息。他非常吃力地谈论他的困难，但几天后我们就重新把他的经历串连起来了。

他在外面的时候，尝试过一次性行为，却失败了。他以为是过度疲劳，在经过急行军和营养不良时期后，这是非常正常的，于是两个星期后，他又尝试一次，又失败。他和同志谈起这件事，同志建议他吃维生素 B12。他吃了，又开始新的尝试，又是新的失败。此外，在行动前，他有着克制不住想撕掉小女儿相片的欲望。如此一个象征性的结合，可以使人联想到无意识乱伦冲动的存在。然而，好几次谈话和一个梦（病人梦见一只小猫很快腐烂，并且发出难闻的臭味），把我们引到另一个方向。一天，他对我们说："这个女孩（指他的女儿）身上有些东西在腐烂。"从这个时期起，失眠变得十分痛苦，尽管使用大量的镇定剂，一种焦虑的兴奋状态仍持续发展，令我们卫生部相当不安。他第一次笑着对我们谈到他的妻子："她尝过法国男人的味道。"从这时候起，我们才得以重新建构他的整个经历。事情的来龙去脉摊开了。他告诉我们，他在每次尝试性行为以前，总是想到妻子。对我们而言，他所提到的这些隐情，有着根本值得注意之处。

"我跟这个女孩结婚时，所爱的是我的表妹，但表妹的父母为她安排了另一门婚事。于是，我接受了父母为我找的第一个妻子。她很温柔体贴，但我不爱她。我总是对自己说：你还年轻，慢慢等，当你再找到一个好女人时，就离婚另组一个幸福的家庭。所以，我并不依恋我的妻子。随着战争进程，我更加远离她。最后，我回家后几乎就是吃饭睡觉，都不跟她讲话了。

"在游击队里，当我知道她被几个法国人强奸后，我首先对这些恶棍十分愤怒。后来我说：'噢，事情并不严重，她没被杀，可以重新过日子。'好几个星期后，我才意识到她是'因为人家搜查我'才被强奸的。事实上，是为了惩罚她不招供才把她强奸的。她本来可以完全或至少供出一个战士的名字，从这个缺口他们可以找到、摧毁这个组织，甚至可能逮捕我。这就不是普通的强奸，像我在乡下看到的，由于闲着无聊或虐待狂那样，这是强奸一个固执的女人，她接受一切，却不出卖自己的丈夫，而这个丈夫就是'我'。这个女人救了我的命，也保护了组织。她因为我而受污辱。然而她不对我说：'这是为了你而遭受的罪！'反而跟我说：'忘掉我，重新过你的日子，我被玷污了。'

“从这个时候起，我决定战后跟妻子破镜重圆，因为我必须告诉你，我看到一些农民，替曾经当着他们的面被强奸的妻子擦眼泪。这令我震撼。而且我该向你坦承，起初我并不理解他们的态度。但我们愈来愈不得不介入这些故事，向老百姓解释一切。我看到一些老百姓自愿娶一个被法国军人强奸过并且怀孕的女人。所有这一切引导我重新思考我妻子的问题。

“我决定跟她和好，但我不知道再看到她时，我会作何反应。而且，经常，当我看女儿的相片时，我想她也受辱了。似乎妻子的一切都是腐烂的。要是他们拷打她，要是他们敲碎了她所有的牙齿，打断了她的一条胳膊，这些对我不算什么。但这件事能够忘掉吗？而且她是否一定要让我知道这一切呢？”

于是，他问起我，据我看，他的“性无能”是不是由于他自己的烦恼所引起的。

我回答说：“这不是不可能的。”

他坐在床上说：“如果你碰到这种事会怎么办？”

“我不知道……”

“你会再想要你的妻子吗？”

“我想会吧……”

“啊，瞧，你不完全有把握……”

他双手捧着脑袋，不久离开病房。

从这天开始，他渐渐接受听些政治讨论，而偏头痛和食欲不振也大为减退。两个星期后，他在回部队前对我说：“独立时，我要去找我的妻子。如果行不通，我会再到阿尔及尔看你。”

二号病例：一次集体歼灭时幸免于难者带来的不加区分的杀人冲动

S，三十七岁，农民。他住在康士坦丁的一个村子里。从不关心政治。开战时，他住的地方，正好是阿尔及利亚军和法国部队激烈交战的地方。就这样，他看到了死人和伤兵，但继续袖手旁观。就像全体人民一样，村里不时有农民跑出来帮助路过的阿尔及利亚战士。但是有一天，在一九五八年初，离他村子不远处发生了一次致命的伏击。敌军策动一场军事行动，包围村子，而村里却没一个士兵。所有村民被集中起来接受审问，没人回答。几个小时后，一个法国军官乘直升机降临，说："这个村子太引人议论了，毁了它！"士兵们开始放火烧房子，同时用枪托殴打那些试图捡几件衣服或存粮的妇女。某些农民趁乱逃走。军官下令把留下来的男人集中带到一条河边，开始大屠杀，二十七个男人被枪毙，他被两颗子弹打伤，子弹分别射穿他的右大腿和左臂，左臂的伤造成他的肱骨碎裂。

他晕了过去，醒来时已在一队阿尔及利亚民族解放军战士的队伍里。他接受卫生部的治疗，并在能走动后被撤离。在路上，他的举止愈来愈不正常，令护送队不安。他要一支枪，但他是个老百姓，又是残废，他拒绝走在任何人的前面。他不要任何人在他背后。一天夜里，他突然夺取一名战士的武器，笨拙地向睡着的士兵开枪。他被相当粗暴地制服，双手被捆，就这样被送到中心来。

起先他对我们说他没死，说他耍了其他人一招，渐渐地，我们重构了他侥幸未被杀死的故事。S并不焦虑，而是过分兴奋，伴随着激烈的暴躁不安，连吼带叫的阶段。他不大砸碎东西，但喋喋不休令人疲劳，卫生部经常处于戒备状态，因为他老是叫嚷着要"杀死大家"！在住院期间，他用身边随手拿到的东西当武器，连续攻击八个人，连护士和医生也不能幸免。我们甚至开始自问，这是不是经常处于亢奋状态、带有攻击性的非典型性癫痫发作。

进行睡眠治疗。从第三天起，每天的谈话使我们更能了解病理过程的动因。智能失调渐渐变得不那么严重，以下是病人所讲的一部分：

“神与我同在……但他不和那些死掉的人同在……我好狗运……活着，要不被杀，就得杀人。……我以前竟然对他们的来历一无所知……我们当中有一些法国人。他们装扮成阿拉伯人。该把他们都杀光！给我一支冲锋枪。所有这些所谓阿尔及利亚人就是法国人。……他们让我不得安宁。我刚睡了，他们就走进我房间。但现在，我可以认出他们了。大家都想杀我。可是我会自卫。我要把他们全无例外地杀掉。我要把他们一批批地割喉，你也一样。你们想把我撂倒，但必须换另外的方式。干掉你们，我不会有任何感觉，大人、小孩、女人、狗、鸟、驴子……大家都会轮到……从此，我就可以安心睡觉了……”

所有这些话都是断断续续讲的，态度始终充满敌意、傲慢、轻蔑。

三个星期后，兴奋消失了，沉默不语和某种孤独的倾向使我们担心病情恶化。然而，一个月后他要求出院，学习一种适合他的残障状况的职业。于是便把他交给阿尔及利亚民族解放阵线的社会服务部。六个月后复诊，情况良好。

三号病例：在狂妄杀害一个女人后，产生去人格化的重度焦虑型精神病

DJ 过去是大学生，十九岁加入阿尔及利亚民族解放军。

他到中心时，已经病了几个月之久。他的表现很典型：极度抑郁，十分虚弱，嘴唇干燥，双手经常流手汗。胸口随着不断叹气起伏。失眠现象顽强。从开始错乱起，曾经两度企图自杀。谈话时出现幻听现象，有时目光盯住空中的某一个点，停留一些时候，脸部表情生动，给观察者在看戏的印象。思想含糊不清。出现一些精神医学上叫作屏障（barrage）的现象：一

个手势或一句话毫无原因突然中断。但有一个要素特别引起我们注意：病人谈到他的血从动脉和心脏大量流出来，流到动脉都快空了，心脏也数度停止跳动。他要求我们为他止血，不再让人闯进医院来“吸他的血”。有时，他说不出话来，要一支铅笔写道：“我没声音了，我整个生命要完了。”他经历去人格化（dépersonnalisation）的状态，令我们觉得病情严重。

好几次谈话时，病人跟我们谈到一个女人会在夜里来迫害他。之前我就已经知道他母亲去世了，他十分爱他的母亲，什么也不能安慰失母之苦（这时他的声音大大降低，并且流出几滴眼泪），我把焦点朝向母亲的形象。我要他描述一下这个纠缠不休甚至迫害他的女人，他宣称那不是陌生人，他十分熟悉她，因为他杀了她。问题于是在于，我们是否面对一个母亲去世后无意识的罪恶感情结，就像弗洛伊德在《哀悼与忧郁》（*Deuil et Mélancolie*）里所描述的那样。我们要求病人，既然他十分熟悉这位女性，似乎认为亲手杀了她，那么请他跟我们慢慢道来。就这样，我们重构了以下的故事：

“我从念大学的城市上山打游击，好几个月后，得到家里的消息。母亲被一个法国士兵枪杀，两个妹妹也被带往军营。直到现在，我不知道她们怎么了。母亲的去世使我十分震撼，我父亲已去世了好几年，我是家里唯一的男人，而我唯一的志向，是有一天成就一些什么，让母亲和两个妹妹过好日子。有一天，我们到一个殖民者的农庄，那儿的经理是个活跃的殖民主义者，杀害过两个阿尔及利亚老百姓。我们摸黑到他家，可是他不在，家里只有他的妻子。她看到我们时，哀求我们别杀她：‘我知道你们是要来杀我丈夫的，但他不在家……我对他说过好几次别参加政治。’我们决定等她丈夫。但我看着这个女人就想到我的母亲。她坐在一张摇椅上，似乎心神涣散。我心想为什么我们不杀了她，就在这时，她发现我在看她，就扑向我高声说：‘我求你们……别杀我……我有孩子。’一会儿她死了，我用刀子杀死了她。班长卸了我的武器，并下令出发。几天后我受到地区司令的审讯，我以为自己要被处决，但我才不在乎[①]。接着我开始饭后呕吐，睡不好。再后来，这个女人每晚向我讨血债。那我母亲的血债又该上哪儿去要呢?”

夜幕来临时，病人一躺下，房间就“挤满女人”，都是那个女人。这是同一个女人的各种再版，她们的肚子上都有一个开口的洞，她们失血、苍白，消瘦得可怕。这些女人纠缠这个年轻病人，要他还给她们流出的血。这时，一阵流水声充满房间，愈来愈大声，使人想起瀑布的轰轰声，同时这个年轻病人看到地板上沾满了血，是他的血，而那些女人变得愈来愈鲜红，她们的伤口开始愈合了。病人浑身冒汗并且在极度焦虑中醒来，辗转难眠到天亮。

几个星期的治疗后，他的梦般幻觉（噩梦）几乎完全消失。然而，他的人格里还有着一道很大的裂痕。他一想到母亲，这个开了膛的女人便以令人惊愕的分身出现。尽管这似乎不太科学，我们还是认为只有时间才可能使这位青年的肢解人格（la personalité disloquée）改善。

四号病例：一名抑郁的欧洲警察守卫，在医院碰到被他加害而陷入情感麻木的阿尔及利亚爱国者

A，二十八岁，已婚，无子女。我们得知，他和妻子因想要孩子而看了几年的病，很不幸无效。他经由上级指定，来找我们治疗行为失调。

立即接触的情况还不错。病人主动对我们谈他的困难：他

① 经法医鉴定证实了行为的病理，阿尔及利亚民族解放阵线参谋部决定不起诉他。

和妻子及岳父母相处十分融洽，跟同事也是，上级对他很器重。使他烦恼的是，夜里他会听到一些叫声，妨碍他安眠。事实上，他告诉我们，几个星期来，他在睡前就关上了百叶窗，堵塞窗户的缝隙（现在正是夏天），他的妻子热得透不过气来，并对此十分懊恼。此外，他更用棉花塞住耳朵，来减轻激烈的叫声。他甚至为了听不到这些噪声，有时候在深夜里打开收音机，或放音乐。他对我们详尽叙述了他的故事。

几个月前他被编入一个反阿尔及利亚民族解放阵线的大队，起先负责监视几座大楼或咖啡馆。然而，两三个星期后，几乎都在派出所值勤。于是他有机会进行审讯，这种工作进行起来绝不是没有什么“推挤拉扯”的，因为“他们什么也不肯承认”。

他解释说：“有几次，我真想对他们说，如果他们稍稍对我们有点同情心，就该开口，而不要迫使我们浪费几个小时逐字从他们口中套取情报。可是你完全拿他们没辙，他们对所有的问题千篇一律回答‘不知道’，甚至连他们自己的名字也不知道。问他们住在哪里，他们也说‘不知道’。于是当然……我们不得不下手。但他们大声鬼叫。最初，这令我觉得好笑。后来，却令我开始心神不安。今天，只要听到叫喊声，我就可以告诉您他的状况如何，审讯进行到什么程度。挨了两拳和耳朵后一记警棍的小伙子，会有某种说话、吼叫、声称他是无辜的方式。双手吊了两个小时后，会有另一种声音。浴缸浸水后，又是另一种叫声。诸如此般继续。特别是在电刑后，变得令人无法忍受。我们会说，这家伙好像随时会死。当然，有些人是不吭声的，是条好汉。他们想象马上会被杀，但对我们来说，我们对杀他们没兴趣。我们需要的是情报。为了情报，我们首先设法让他们鬼吼鬼叫，迟早他们会说的。这已经是一种胜利了。以后再继续。请注意，我们希望避免这些。但他们不配合，不让我们轻松完成任务。现在我竟然在家里也听到这些鬼叫声了，尤其是几个死在派出所里的人的哀号。医生，我对这个工作极度厌烦，如果你们把我治好了，我就要求调回法国去。要是他们拒绝，我就辞职不干。”

面对这样的病症，我开了一张请假单。由于病人拒绝住院，我私下替他做治疗。有一天，在诊疗时间稍早之前，我被召去急诊。我妻子要他等我回来，但他宁可到医院转一圈，跟我碰面。几分钟后，我在回家路上碰到他。他靠在一棵树下，显得精疲力尽，浑身发抖又冒汗，处于极度焦虑的状态中。我让他上车，把他载回家里。他一坐在沙发上，就告诉我，他在医院里碰到我的一个病人。此人在警察局受过审讯（是个阿尔及利亚爱国者），他是为了“木僵型震荡后失调症”（troubles post-commotionnels de type stuporeux）在医院接受治疗。于是我知道这名警察实际上参与了对这个病人的严刑逼供。我给他服了几片镇定剂，缓和焦虑……他走后，我到那位爱国者的病房去。那里的医务人员什么也没察觉，而病人却不见了。最后我们在厕所里找到他，他在里面企图自杀（那个病人也认出那个警察，以为警察是来把他重新带回警察局的）。

后来，A 来找了我几次，而在情况明显好转后，以身体健康状况不佳为由调回本国。至于那位爱国者，医务人员花好长时间一再说服他，这是一个幻觉，警察不能到医院来抓人，他是累了，他来医院是为了能被治疗云云。

五号病例：一位对自己的妻子和孩子们施刑的欧洲刑警

R，三十岁，自动来找我们看病。他是个刑警，几个星期以来确信“出了毛病”。已婚，有三个孩子，烟抽得很凶，每天五包。胃口不好并且经常做噩梦。这些噩梦没有什么特征。让他觉得颇受困扰的，是他称之为的“疯狂发作”的状态。首先，他不喜欢受到阻挠：“医生，请解释解释。我遇到反对我的人，就很想揍他，甚至在工作之外，也想揍那个挡我路的家伙。一点鸡毛蒜皮的小事，喏，譬如我去报摊买报纸，人很多，不得不排队，我伸手去拿我要的报纸（卖报纸的是我的哥儿们），排队的人里有个家伙用稍带挑衅的语气说：‘别插队！’于是，我想揍他，我心中默念：‘小老头，要是我给你几个小时的教训，看你还敢不敢搞怪。’”他不喜欢噪声。在家里，他想揍所有的人，随时想揍人。而实际上，他打自己的小孩，甚至连最小的孩子，才二十个月大，也照揍不误，并且下手相当残忍。

但是，使他惊愕的是，有天晚上，他的妻子强烈批评他打孩子打得太过分了（甚至对他说：“我发誓，你疯了……”），他竟然扑向她，打了她，并把她绑在椅子上，对她大吼说：“我要叫你一辈子都记住，我是这里的主人！”

幸亏孩子们开始哭叫起来，他恍然发觉自己举止的严重性，赶快给妻子松绑，并在第二天决定去找一位“神经专科”的医师看病。他明白指出，“以前我不是那样的”，很少体罚孩子们，而且无论如何都不会和妻子吵架。自从那些“事变”发生之后，现在的这些现象出现了，他说：“因为现在我们做步兵在做的事情，譬如上个星期，我们在执行部队做的事。政府高官们说，阿尔及利亚没有战争，而维持秩序、确保安宁，就是警察应该做的事。可是阿尔及利亚有战争，当他们觉察到的时候，已经太迟了。最使我受不了的是严刑逼供。您不会不晓得这种事吧？有几次我连续拷问了十个小时。”

“执行拷打，对你造成什么影响？”

“这太累人了……确实是大家互相轮流，但问题在于什么时候交班。每个人都认为自己快要得到情报了，并且提防把煮熟的鸭子让给另一个人，使他捞现成的。于是，放手……或者不放手。

“甚至有时候，有人会为了让受审人开口而给他钱。的确，对我们来说，问题就在：你能否叫那个家伙开口？这涉及个人成就的问题；大家在竞争，最后大家打人打得筋疲力竭，于是，我们利用那帮‘塞内加尔人’帮忙审讯。但他们打得太凶，半个小时内便把人打坏了，或者打得太轻而没什么效果。事实上，这项工作要成功就必须聪明：知道什么时候抓紧，什么时候放松。这是嗅觉灵敏的问题。当那小子差不多了，就不必再继续拷打。这也是为何，这工作必须要自己来做：我们自己比较可以监视进度。我反对由别人代打，而自己每小时才进来看进展状况。尤其不能使那家伙有他不会从你们手下活着出来的印象。这样他就会思考为什么要说呢？既然知道说也救不了他自己的命。在这种状况下，您就没有任何运气知道什么了。应当让他抱着一丝希望，是希望使他开口。

“最令我烦恼的，是我打妻子那件事。一定出了什么毛病，医生，我必须要处理这部分。”

他的部门不准他休息，况且，病人不要精神科医生开证明，于是，他的治疗是在工作仍属“全职”的情形下进行的。我们轻易就可以猜到，采取这种配套会出现的弱点。他完全知道自己所有的狂乱是直接由审讯室的活动引起的，尽管，他仍然试图把责任完全抛弃在“事变”上头。由于他不考虑（这没有意义）停止刑讯（否则必须辞职），他直言不讳要我帮助他，让他能在不受良心责备、不患行为失调症的情况下，心平气和地拷打那些爱国者①。

系列B

这里收集了几个或几组病例，其中的引发事件，首先是在

① 在这个观察中，我们面对一个完整无缺的和谐体制。一个喜欢鸟语花香、安详地享受交响乐或奏鸣曲的刽子手，这只是一个阶段。稍后，我们会发现一个镶嵌在彻底、绝对的施虐当中的存在状态。

阿尔及利亚全面蔓延的战争气氛。

一号病例：一对十三岁、十四岁的阿尔及利亚少年杀害他们的欧洲玩伴

这里关乎一份法医的鉴定。一对十三岁和十四岁的阿尔及利亚少年，他们是一所小学的学生，被控杀害一位欧洲同学，也认罪。犯罪被重构，相片被列入诉讼记录。人们看见一个小孩抓住被害者，而另外一个小孩用刀子杀死他。两个年幼的嫌犯并不翻供。我们与他们做过很长的会谈。在此转述他们话中独特的部分。

(1) 十三岁少年的话

“我们没生他的气。每个星期四，我们一起用弹弓打小山头与村子上空的鸟。他是我们的好朋友。他不想再上学了，想学他父亲一样当水泥工。有一天，我们决定干掉他，因为那些欧洲人要杀死所有阿尔及利亚人。我们无法杀死那些大人；可是他和我们年纪一样，我们能够杀了他。我们不知道如何下手，想把他扔进一条沟里，但他可能只受点轻伤。于是，我们从家里拿了一把刀子，并把他杀了。”

“为什么选上他呢？”

“因为他跟我们一起玩。别人不会跟我们一起上那个小山头。”

“可是，他是个玩伴？”

“那为什么他们也要杀我们呢？他爸爸是个民兵，说必须把我们的喉咙割了。”

“但他没对你们说什么吧？”

“他？没有。”

“你知道他现在死了？”

“知道。”

“死亡是什么？”

“就是当生命结束时，人就升天了。”

“是你把他杀死的。”

“对。”

“杀死一个人会困扰你们吗？”

“不，既然他们要杀我们，所以……”

“你不怕坐牢吗？”

“不。”

（2）十四岁少年的话

这个小被告和他同学形成鲜明的对照。他几乎长大成人了，从肌肉控制、面部表情、口气和回答内容上，都表现出是个大人。他也不否认杀人。为什么他杀人？他不回答，却问我是否看过欧洲人坐牢。有没有一个欧洲人在杀害阿尔及利亚人后被抓进监狱？我回答他，我的确没见过欧洲人坐牢。

“然而，每天都有阿尔及利亚人被杀，是不是？”

“对。”

“那么，为什么在监狱里看不到欧洲人？您能解释吗？”

“不，可是你为什么杀死这个男孩，他是你的玩伴？”

“我告诉您……您听过里韦事件吗？”[①]

“我听过。”

“那天我的两个亲戚在那里被杀了。我们这里的法国人发誓说要把我们一批批赶尽杀绝。有没有一个法国人因为所有这些被杀的阿尔及利亚人而被捕的？”

① 里韦（River）是个村子，从1956年的某一天起，开始名震阿尔及利亚人地区。这天晚上，法国兵侵入这村子，把40个男人从床上拖起来，并把他们集体屠杀。

“我不知道。”

“好吧，没有任何人被捕。我啊！我想上山（打游击），可是我太小了。于是我对 X 说，必须杀死一个欧洲人。”

“为什么？”

“在您看，我们该怎么办才好？”

“我不知道。但你是个孩子，而这种事是发生在大人身上的。”

“可是他们连小孩也杀……”

“但这不是杀你玩伴的理由。”

“好吧，我杀了他。现在你们想干什么就干什么吧！”

“是不是你的朋友惹火了你？”

“没有，他没惹我什么。”

“那么？”

“就是这样。”

二号病例：一名二十二岁的阿尔及利亚青年，具被控告妄想（délire d'accusation），并以“恐怖行动”伪装其自杀行为

这位病人是由法国司法当局指定来就医的。这项治疗处置的介入，是在阿尔及利亚的一些法国精神科医生进行完司法医学鉴定后施行的。

这位病人身体消瘦，完全陷入精神错乱的状态。全身布满瘀斑，上下颌骨的骨折使他根本无法吃东西。因此，在两个星期内，借助各种注射给他提供营养。两个星期后，思想空白缓和了，经过接触后，我们可以重构这个年轻人的悲惨经历。

他年少时，以罕见的热情参加童子军活动，成为穆斯林童子军活动的主要负责人之一。但在十九岁时，完全把童子军活动抛在一边，只关心自己的职业。身为机械操作员，他带着顽

强的毅力学习，并梦想成为这一行的顶尖高手。一九五四年十一月一日，他的注意力完全被职业上的问题所吸引，对民族斗争毫无反应。他已经不再跟老同学来往，他给这段时期的自己下一个定义："被征召钻研自己的专门技能。"

然而，在一九五五年中期，在一次晚上的家庭聊天中，他突然觉得自己被父母看作叛徒。几天后，这个短暂的印象淡化了，但他仍陷入一种莫名其妙的不安和烦恼中。

于是他决定很快吃完饭，逃离家庭，并把自己关在房里，避免所有的接触。灾难是在这种状况下突然出现的。有一天，正午十二点半，他在街道正中央清楚听到有人骂他是懦夫的声音，他转过头去，没有看到任何人，他加快脚步，决定不工作了。他待在自己的房间里，不吃饭。夜里开始发作了。三个小时内，他听见各种侮辱的骂声。他的脑子里、黑暗中回荡着一些声音："叛徒……懦夫……你所有的兄弟都死了……叛徒……叛徒……"

他陷入莫名其妙的焦虑，"十八个小时内，我的心跳每分钟一百三十下。我以为自己就快要死了。"

从此病人咽不下任何东西。日渐消瘦，把自己关在房间里的一片漆黑中，拒绝给父母开门。将近第三天，他跪下来祷告。他告诉我，他每天保持十七至十八个小时的跪姿。第四天，他冲动得"像个疯子一样"，蓄着"想必也让人以为是疯子的胡须"，不穿上衣也不打领带出门到城里。在街上，他茫然不知要去哪里，走着走着又走到欧洲区。他当时的体态（他像个欧洲人）似乎保护他免受欧洲巡逻的阻拦。

相反，在他身边的一些阿尔及利亚男女却遭到临检、推挤、侮辱和搜身……然而，奇妙的是，他没带任何证件。敌方巡逻对他的亲切，更使他坚信自己的妄想："大家都知道我和法国人在一起。士兵们奉命别理我。"

此外，被临检的阿尔及利亚人双手放在颈后，他感到他们的目光充满对他的蔑视。抑不住的烦躁，促使他大步离开现场。他是在这种情况下走到法国参谋部大楼前。在栅栏前，好几个士兵拿冲锋枪对着他。他走向士兵们，扑向其中一个，想抢他的冲锋枪，一面大喊大叫："我是阿尔及利亚人。"

他很快被制服，被带到警察局去。局里的人坚持要他招供他的领导人和所属的其他人员的名单。几天后，警察和军人发现，他们是在跟一个病人打交道。他们决定对他进行精神鉴定，并在得出精神疾病的结论后，命令他去住院。他对我说："我想死，甚至在警察局里，我以为并希望他们在拷打我后，会把我干掉。我很高兴被揍，因为这证明了他们也把我当作敌人。我再也不会听到这些指责而不反抗了。我不是懦夫，我不是女人，我不是叛徒。"①

三号病例：一位年轻法国女性的精神官能症倾向，父亲是政府高官，在一次伏击中遇害

这位二十一岁的少女是个大学生，来找我求诊，因为有着轻微的焦躁型症状，在念书和与人交往时令她感到困扰。手心老是潮湿，周期性的焦虑，在这期间，水"从她手中流出来"，夜里偏头痛加上胸部受压迫。她啃指甲。但值得注意的是，她与人的接触十分容易，却很明显过快，而在私底下感到重大的焦虑。病人轻描淡写提及她父亲的死亡，然而，她父亲刚过世，因此我很快就把调查转向父女关系方面。她对我描述得很清楚，完全一清二楚，清楚到几乎贴近无动于衷的地步，恰是这种理性主义揭示了她的失调，以及内心冲突的性质和起因。

① 1959年期间，这类的病例在阿尔及利亚特别多。不幸的是，并非所有的病人都有幸去住院。

“我父亲是高级公务员，负责管辖一大片农村地区。当事变爆发以来，他就愤怒地追捕阿尔及利亚人，达到完全不眠不休的程度，这些都令他亢奋。我眼看着父亲缓慢的变化，却无能为力。最后，我决定不再去探望父亲，待在城里。其实，我在家里时都彻夜难眠，因为叫喊声从下面直通到我的房间，不断折磨我；在地窖和改变用途的屋子里，有人在拷打一些阿尔及利亚人，叫他们招供情报。你们无法想象整夜听见这样的嘶叫声有多可怕。有几次我思考一个人怎么能忍受……我不谈拷打，只说听到痛苦的叫声。这种情况持续着。最后，我不回家了。我父亲很少来城里看我，少数几次他来看我，我无法做到正面看他时不局促不安及害怕。我变得愈来愈难以拥抱他了。

“因为我在乡下住了很久，几乎认识所有的人家。那些和我同龄的阿尔及利亚青年，小时候曾跟我一起玩过。每次回家时，父亲总是告诉我他逮捕了一些新人。最后，我都不敢上街，我肯定会到处碰到仇恨。在我的心底，我认为这些阿尔及利亚人有理。如果我是阿尔及利亚人，我也会加入游击队。”

然而，有一天，她收到一封电报，通知她父亲受了重伤。她去医院，发现父亲已经昏迷不醒，不久就死了。她父亲是跟一队人执行侦察任务时受了伤，巡逻队中了阿尔及利亚民族解放军的埋伏。

“葬礼引起我的反感，”她说，“所有那些来为我那‘拥有高尚的品德，使当地居民心服’的父亲悼丧的军官，令我厌恶。大家明明知道那是假的。谁不知道我父亲指挥整个地区的审讯中心？他们知道我父亲每天严刑逼供，打死十个人，而他们却忠诚、忘我、爱国等谎言连篇胡扯。我应该说，现在那些语调对我不再有任何价值了，总之是没多少价值了。我立刻回到城里，躲开所有的大人物。我拒绝他们给我的抚恤金。我不要他们的钱，这是我父亲流血丧命的代价。我不要，我要去找工作。”

四号病例：十岁以下的阿尔及利亚少年们所具有的行为失调症

这是一些难民的例子。他们都是被法国人杀死的战士或平民的儿子，被安排在突尼斯和摩洛哥的各个中心。这些小孩子入学，安排给他们一些游戏和集体外出活动，定期接受一些医生的追踪调查。因此我们才有机会接触其中一些孩子。

（1）在这些不同的孩子身上，有着对父母形象明显的爱，他们执着寻找所有像父亲或母亲的东西，并小心翼翼保存下来。

（2）在他们身上普遍存在对响声的恐惧症，受到斥责时倍感不安，十分渴望平静和爱。

（3）许多孩子具有带梦游现象的失眠症。

（4）周期性的尿床。

（5）具有虐待狂的倾向：一种常玩的游戏，在一张紧绷的纸上狂乱戳许多窟窿。咬铅笔，执拗地啃指甲。他们私下虽然十分友爱，却经常吵架。

五号病例：妇女难民们的产褥精神病

我们将妇女们在生育期间出现的精神疾病，称作“产褥精神病”(psychoses puerpérales)。这些疾病可能在产前或产后的几个星期发作。这些病症的决定因素十分复杂，但估计有两个主要原因：内分泌系统失调和“情感的冲击”。后一项虽然很含糊，但一般大众称之为的“强烈情绪”也包括在内。

在突尼斯和摩洛哥的边境上，自从法国政府决定在几百公里的土地上进行军事监控及焦土政策以来，就有将近三十万的难民。大家知道他们生活在一无所有的状态，一些国际红十字会成员多次去那里，见证了极度贫困和生活条件不稳定后，呼吁国际组织加强援助这些难民。因此可以预见，由于营养不良，那些孕妇特别容易出现产褥精神病。

法国部队运用“穷追猛打”战略，频频出动空袭、扫射——我们知道法国军队在摩洛哥和突尼斯领土上的轰炸不计其数，而萨基埃·西迪·尤素夫（Sakiet-Sidi-Youssef）这个受害村子更是血淋淋的例子——家庭支离破碎，集体迁移，为难民们带来持久不安的气氛。不得不承认，产后的阿尔及利亚妇女难民，很少没出现心理失调症的。

这些失调症有各种类型。或是烦躁不安，有时可以是带着狂怒的样貌，或是停滞的严重抑郁，并有多次自杀的企图，最后是伴随着哭泣、哀叹、哭天抢地的焦虑状态等等，同时也产生各种妄想的内容。或是发现一种模糊的被迫害妄想，对任何人都害怕，或者妄想法国人要杀她的小孩而产生的攻击性，或者是死亡迫近的印象，于是病人哀求看不见的刽子手饶了她们的孩子。

这里必须指出，那些妄想的基本内容，并未由于障碍被平静、缓和下来而一扫而光。被治愈病人其所处的情境，会维持并滋养这些病理的症结。

系列 C　酷刑后的感情-智力变化及心理失调

在这里，我们集中了一些在酷刑后或在酷刑时，立刻出现多少算严重失调症的病人。我们将描述几个子类型，因为我们察觉到，无论对人格造成表面或深度的伤害，每种酷刑方法都各自对应一种病态特征。

第一类　在无差别的酷刑待遇后，即所谓的预防性的酷刑后

这里我们所指涉的，是一些粗暴的方式，重点主要不在刑讯逼供，而是让人开口说话。达到一个极限，超过后痛苦即变得无法忍受的原则，在此有着独特的重要性。目的是要尽可能迅速地达到这个极限。不讲究精心进行；有的是进行大量的各

式攻击：好几个警察同时拷打；四个警察站在那里，围绕着犯人，拳打脚踢玩弄他，而一个警察用香烟烫他的胸膛，另一个警察用棍子敲他的脚掌……在参照受刑者吐露的隐情后，我们始终觉得，在阿尔及利亚使用的某些酷刑特别残忍。

（1）由嘴里灌进水，并用肥皂水高压灌肠①。

（2）把瓶子塞进肛门。

所谓“不动姿势”的两种酷刑：

（3）犯人跪着，手臂平行伸在地上，手心翻过来朝天，上身和脑袋挺直，一下都不准动。一个警察坐在囚犯后面的椅子上，用警棍强迫他不准动。

（4）囚犯站着，脸靠墙，双臂高举，手紧贴墙。同样，稍微动一下或是想要放松一下，就会惨遭毒打。

我们确定有两类的受刑人：知道一些事情的人；什么也不知道的人。

知道一些事情的人在卫生部队里很罕见。当然，我们不是不知道某某爱国者在法国监狱里被修理过，但并未见到他以病人的身份来到这里②。

那些什么也不知道的人，却经常来看病。在这里，我们不谈那些在扫荡或包围时挨打的人，那些人并没有以病人的身份来找我们。我们专门谈这些不属于任何组织的阿尔及利亚人，他们被捕，被带到警察局或审讯处，遭受审讯。

精神医学症状描绘

（1）躁郁症：四例

这是一些悲伤、意气消沉的人，并无真正的焦虑现象，大

---

① 这是引起大量死亡的酷刑。在这些高压灌肠后，肠黏膜受到各种损伤，引起肠穿孔，使气体栓塞和腹膜炎屡见不鲜。

② 显然，我们讲的是一些知情而在刑讯逼供下没有招供的阿尔及利亚人，因为大家清楚，一个招供的阿尔及利亚人事后马上被杀。

多躺在床上，逃避接触别人；但突然会发展出难以理解其含义的极度兴奋。

（2）心因性厌食症：五例

这些病人带来严重的问题，因为这样的心因性厌食症并发与他人身体接触的恐惧症，例如当护士走近要碰触他、牵他手时，他立即严厉拒绝，因而不可能补给人工的营养或给他服药[①]。

（3）运动机能不稳定：十一例

我们接触到一些坐立不安的病人。由于他们持续处于孤独一人的状态，很难接受跟医生关起门来进行门诊。

在第一类受酷刑的人身上，经常呈现两种感情：

首先是“不公平的感受”。这些人历经几天几夜无端的折磨后，似乎被弄坏了一些什么，这些受害者当中一个，曾有过特别痛苦的经历：经过好几天徒劳无功的刑讯逼供后，警察们终于相信他们在跟一个安分守己、与阿尔及利亚民族解放阵线无关的人打交道。尽管如此，一个刑警还是说：“可别这样就放了他，让他再痛苦一点，好让他出去后安分守己。”[②]

然后，另一种情感是，“对一切道德议论冷漠”。对这类病人来说，不存在所谓正当理由。被施加酷刑的理由就很薄弱，就因为他是弱者。因此，首先要处理的是如何增加自己的力量，而不是去问理由立论依据是否正确。只有力量才算数。

① 医务人员得日夜轮班看顾病人，并作解释工作。大家都理解到“稍加粗暴对待病人”这个方法，在这里是行不通的。

② 这种预防性的酷刑在某些地区就变成“预防性镇压”。在里韦，当时一片平静，而殖民者不想遭到袭击（邻近地区已经开始骚动了），决定歼灭阿尔及利亚民族解放阵线的人。单单在一天内就残杀了四十多个阿尔及利亚人。

第二类　电刑后

在这类里，我们列入了主要受到电刑的阿尔及利亚爱国者。电刑以往是酷刑步骤的一部分，但是从一九五六年起，某些审讯专门只使用此刑。

精神医学症状描述

(1) 局部或全身的体感异常症：三例

病人痛苦地感到浑身像有蚂蚁在爬，有人在拉他的手，脑袋炸裂，有人咬掉他的舌头。

(2) 冷漠，意志缺乏，无动于衷：七例

这些病人缺乏生气，没有计划，萎靡不振，过一天算一天。

(3) 电器恐惧症

害怕接近开关，尤其是收音机、电话更令他们恐惧。医生绝对不能提及电击疗法。

第三类　在注射“真话血清”后（après le “sérum de vérité”）

我们深知这种治疗的原则。面对一个似乎遭到无意识的内在冲突折磨而无法在会谈过程中将冲突外化的病人，我们会借助化学办法。静脉注射戊硫巴比妥（penthotal）是最常使用的办法，这会使病人得以摆脱那似乎超越他可适应范围的冲突纠葛。医生采取治疗措施的目的，是要把病人从这个“异物”[1]中解放出来。然而，我们发现，要控制精神各审决机构[2]的渐进解体，是有困难的。我们经常眼见惊人的恶化情形或无法解释的新症状，因此，一般而言，我们几乎已放弃这种疗法。

在阿尔及利亚，军医和精神科医生在警察局审讯室里发现

① 事实上，冲突一点也不是外在的。他只是人格积极发展的结果，里面不会有什么“异物”。倒不如说是没有被好好整合进去的病体。

② 译注：原文为 des instances phychiques，指精神分析观点中，人格结构所包含的本我、超我、自我三部分。

了进行实验的大好机会。如果戊硫巴比妥能使精神官能症扫除那些遮蔽内在冲突的屏障，那么它也应该可能粉碎阿尔及利亚爱国者的政治屏障，不必靠电击就可以使囚犯招供（医学传统是教导我们要免除痛苦）。这是“颠覆战争”的医疗形式。

剧情是这样上演的。首先：“我是医生，不是警察，我是来帮助你的。”如此，几天后，我们获得囚犯的信任①。然后：“我给你打几针，因为你受到非比寻常的打击。”几天里，我们随便进行各种疗法：维生素、强心剂、葡萄糖水。第四或第五天，再静脉注射戊硫巴比妥。开始审讯。

精神医学症状描述

（1）口语刻板症（stéréotypies verbales）

病人不断重复这类句子：“我什么也没说，请相信我，我没开口。”这种症状伴随着恒常的焦虑不安。实际上，经常有的情况是，病人不知道他是否被套出情报。于是他对他所捍卫的事和可能被供出姓名和地址的同志，深具罪恶感，这罪恶感悲剧性地、沉重地压在他心底。不论人家怎么说，告诉他没这回事，也无法使他破败不堪的意识回复平静。

（2）智力或感官的知觉变得混浊

病人不能确认某个知觉对象的存在。他掌握一种推理，但又不加区别，根本分不清真假。一切都是真实同时又是虚伪的。

（3）对所有单独谈话的病态恐惧

这种恐惧，来自我们可能随时会再对他进行审讯的深刻印象。

① 有些主持“法国人参与”团体的精神科医生，被指派去鉴定囚犯，一开始与囚犯接触时，就自称跟辩护律师交情深厚，并且表明他们俩（律师和他）将解救囚犯出去。所有在这种情况下受鉴定的囚犯都被处死了。然而，这些精神科医生却在我们面前吹嘘这种战胜“抵抗”的妙策。我们在此也摘引了其中的一些病例。

(4) 抑制

病人心存戒备，他逐字逐句记下提问，投射出的回答也是一字一句都经过斟酌。这让我们会有几近抑制的印象，伴随有精神迟缓、字句中断、回到之前已说过的等等。

很清楚，这些病人顽固地拒绝一切静脉注射。

第四类　经过洗脑以后

最近，我们谈很多在阿尔及利亚的“心理战行动”。我们并不想对这些方法进行批判研究，在此只局限于提及这些方法所导致的精神医学结果。在阿尔及利亚，有两种洗脑的刑讯机关：

一、针对知识分子的

原则上是要引导囚犯扮演某个角色。我们可以知道这种方式是参照社会心理学流派[①]。

(1) 推进合作活动

通过对合作的正当性进行讨论，诱使知识分子与法国合作。他被迫过双重生活：一个有名的爱国者，变成预防检束的囚犯。从事活动的目的，是从内部打击那些构成民族意识的各种要素。他不仅应该合作，而且被命令“自由地”和那些持保留态度的人，或反对派，进行辩论，并说服他们。这就是让他能吸引爱国者的注意力，也就是充当“线人”的一个漂亮手段。如果刚好他断言找不到反对派，我们就给他指派，或要他照做，把对方当成反对派。

① 我们知道，在美国，有一门社会精神医学流派相当发达。拥护这一派的人认为，现代人的悲剧在于个人无法再扮演一个角色，沦为社会机制的一个齿轮。于是，提供的治疗方式，就在于让人能在真正的游戏活动中，扮演一些角色。我们随便扮演一个角色，甚至在同一天内变换角色，也可以象征性地处于不管是谁的位置上。美国那些在工厂工作的精神科医生，似乎在对工人进行团体治疗上，做出了奇迹。他们果然成功地让工人认同于英雄。劳资关系的紧张大大被缓和。

(2) 报告有关法国所作所为的价值和进行殖民的理由

为了充分执行这项任务，他们的身边大量聚集了“政治顾问团”。例如本地事务官，或者如心理学家、社交心理学家、社会学家等等，则是更好不过。

(3) 一一驳斥阿尔及利亚革命的论据

阿尔及利亚不是一个民族 / 国家，现在不是，将来也不是。

没有“阿尔及利亚人民”。

阿尔及利亚的爱国主义是无稽之谈。

“叛徒”都是野心勃勃者、罪犯、上当受骗的可怜虫。

每个知识分子必须要轮流针对这些主题作报告，而且必须有说服力。每个月底给他们打分数（臭名昭彰的“奖赏”），这些报告作为决定是否开释该名知识分子的评估资料。

(4) 过着完全病态的集体生活

独来独往是叛逆行为。于是我们始终跟某一个人在一起；禁止沉默，必须大声说出想法。

证词

在此引证一名被监禁和被洗脑几个月的教授的证词。有一天，集中营的牢头祝贺他进步了，并宣布即将开释他的好消息。他深知敌人的策略，对这个消息十分警惕。实际上，方法是，向囚犯预告释放的日期，并在之前几天搞一个集体批判会。一旦囚犯没有显示出已受矫正的决定性征兆，批斗会结束当天，通常会决定延期开释。出席的心理学者们说，这种会议暴露出民族主义病菌的顽固性。

然而，这一次不要花招。囚犯真的被释放了。一出监狱，回到城里及家里之后，犯人对自己如此成功演出的角色感到十分满意。他很高兴又能重返民族斗争的位置，并开始试图联络其他同志。这时，一个刺痛的可怕念头闪过脑袋。他可能谁都没骗过吧，没骗过看守，没骗过其他牢友，尤其没骗过自己。

这场戏该在哪里结束？

还是这么一回事，必须清除疑虑，解除有罪推定。

精神医学症状描述

(1) 对一切集体讨论的恐惧症。一有三四个人的会面，抑制就立刻重现，并表现出异常的猜忌和沉默。

(2) 无法说明或捍卫特定立场。思考的开展，是通过正反对比的命题组。一切被肯定的事物，可以在一瞬间又同时被否定。这的确是这一场战争中我们遇到的最痛苦的后遗症。强迫性人格是阿尔及利亚殖民主义所实施的“心理作战”的成果。

二、针对非知识分子

在一些中心里头，像贝鲁瓦吉耶（Berrouaghia），我们不再从主体性出发来修正个人的态度。相反，我们仰赖的是那具我们摧残的肉体，以此期待能瓦解民族意识，这真是彻底的矫正，以不施刑或给饭吃来表示奖赏。

(1) 必须招认自己不是阿尔及利亚民族解放阵线。必须集体而且大声说出来。必须反复重述几个小时。

(2) 然后，必须承认过去自己是阿尔及利亚民族解放阵线，但明白这是不好的，再大叫：“打倒阿尔及利亚民族解放阵线！”

过了这个阶段，再进入另一个阶段：“阿尔及利亚的未来是靠法国，只能靠法国。”

“没有法国，阿尔及利亚将会回到中世纪。”

最后，“我们是法国人，法兰西万岁！”

这种情况下会出现的失调症并不严重。但，身体的不适和痛苦需要休息和平静。

系列D　身心症

阿尔及利亚殖民地战争，不仅仅增加了心理失调，助长了特殊疾病的出现。除了酷刑病、受刑者病和行刑者病等病理现象以外，还需加上一种在阿尔及利亚繁衍的氛围病，经常使执业医生在面对他们所不理解的病人时，一律会说："一切都将随着这场该死的战争而结束。"

我们提议在D系列中，列入阿尔及利亚人会出现的疾病，其中有些人特别是被关在集中营里头，这些病症的特征是属于身心型。

我们将那些由冲突情境引发的器质性失调症，总称为身心症（pathologie psychosomatigue）[①]。之所以称之为身心症，是因为其决定因素来自心理。这种病理现象，被看作一种有机体反应的方式；换句话说，也就是去适应他碰到的冲突，失调既是症状，又同时是痊愈。更正确来说，大家一致认为有机体（再次重述，问题在于大脑皮质-内脏的统一性，即过去人们所谓的身心性）通过糟糕的但总之是经济的方法来超越冲突。人体选择了最小的痛苦来逃避大灾难。

总而言之，这种病理现象在今天广为人知，尽管我们觉得所提出的各种不同疗法（松弛、催眠暗示）的疗效似乎是靠运气。第二次世界大战期间，在英国遭受轰炸和苏联居民被包围时，尤其是在斯大林格勒，关于此种失调症的描述倍增。当今，人们清楚知道，不需要被枪弹打伤，身体以及头脑即会因战争的存在而受苦。和所有战争一样，阿尔及利亚战争也创造了它的皮质内脏疾病配额。如果把下列的最后一组疾病排除，我们则可以说，在阿尔及利亚所遇到的失调症，是在常规/古典的战争下所会出现的描述。我们觉得最后一组似乎是阿尔及利亚

① 这个称法，表达了一个理想主义式的概念，是愈来愈被废弃了。实际上，有一个属于皮质-内脏层面的术语，沿袭自苏联，尤其是巴甫洛夫（Pavlov）的工作成果，至少比较有利于把大脑放回它该有的位置，也就是把大脑看作一个铸型，心理现象在那里确切地进行加工、转化。

殖民战争所特有的。这种特殊型的病理现象（全身肌肉挛缩），在革命前已引起注意。可是，记述这种病理的医生，却把它烙上了土著的先天烙痕，认为这是因他们神经系统的特异性，人们断言在里头找到了被殖民者锥体外路系统（système extra-pyramidal）占主导地位的证明①。这种挛缩，实际上只不过是伴随姿态而生之物：被殖民者在面对殖民权威时所呈现的肌肉僵硬、沉默和执拗。

精神医学症状描述

(1) 胃溃疡：为数众多。主要在夜间激烈疼痛，大量呕吐、消瘦、忧伤和闷闷不乐，偶有易怒的情况。值得特别指出：这些病人大部分是十八至二十五岁的青年。在一般情况下，我们绝不建议开刀。然而，胃切除手术动了两次，而这两个个案都在同一年间再度发病。

(2) 肾疝痛：他们在夜里疼痛到极点。很少有结石。这种绞痛罕见地出现在十四岁到十六岁的少年之间。

(3) 妇女乱经：这病理现象众所周知，不必多说。妇女们或是三四个月不来月经，或是月经来时剧烈经痛，引发性格和行为上的反应。

(4) 由于特发性的颤抖而引起的嗜睡症（hypersommies par tremblements idiopathiques）：这是一些年轻的成年人，由于全身性、细微的颤抖而无法休息，令人想起帕金森症。一些有“科学精神”的人可能会提及锥体外路此一决定因素。

(5) 少年白头：从审讯中死里逃生的人，他们的头发突然变白，一小撮、块状或全部变白。这些失调症经常伴随严重虚弱无力、同时有对一切失去兴趣及性无能的状况。

① 就神经的层次而言，愈是高等，就愈不呈现锥体外路的样态，如同我们所见，所有一切似乎都具一致性。

（6）阵发性心悸症（tachycardies paroxystiques）：心律突然加快，每分钟一百二十下、一百三十下、一百四十下。心跳过快引起焦虑、垂死的感觉，发作末了大量出汗。

（7）全身挛缩（contracture généralisée）、肌肉僵硬：一些男性病人逐渐（有两个例子是突发的）感到无法做某些动作：爬楼梯、快走、跑步。这种障碍的原因是特有的僵硬，让人强烈联想起是否脑子里的某些区域受到损伤（中央灰结节部分）。僵硬会逐渐扩展，但缓步进行。下肢几乎不能弯曲、无法放松。一进到挛缩状态时，任何自主性的松弛都是不可能的，病人简直像是一团东西。脸部毫无表情，但显示出一定程度的茫然。病人似乎不能“使自己的神经紧张解除”，他永远处在紧张、等待状态中，处于生和死之间。如同其中一个人对我们说：“你们看，我已经僵硬得像个死人了。”[①]

从北非的犯罪冲动，到民族解放战争

不应该只是为了自己人民的自由而战，更应该在整个战斗时，重复教导人民，当然先是重复教导自己作为“人”的重要性。应该回顾历史——人因其他人而受难的历史，并促使人民与其他人相遇的可能性。

实际上，参加武装斗争、民族斗争的战士，有意要一天天测量出殖民压迫而加诸人身上的毁损。战士们有时会有筋疲力竭之感，因为他必须使他的人民恢复尊严，把全体人民从井里、从洞穴里拉出来。他经常发觉，不仅应该追击敌人，更应该追击那凝聚在被殖民者体内的绝望核心。压制的时代是痛苦的，

① 在此多余的补充一句：这不涉及歇斯底里的挛缩。

可是战斗，当它在使受压迫者恢复尊严的同时，亦发展出一个极具生产力以及具关键性的整合过程。一个民族战斗的胜利，不只是有助于民族各种权利之获胜，它同时让这个民族获得了密实感、一致性以及同质性。因为殖民主义不只造成被殖民者的去人格化。这种去人格化，也在集体的层次上，也就是社会结构方面被感受到。于是，殖民地人民，简化成一群个人的集结，其存在基础只能从殖民者的存在中获得。

民族为了自己的解放而从事的斗争，依据情况的不同，会将它带往两个境地：对于那些透过殖民地的民政、军事占领、经济剥削而深植在意识中所谓的真理，要不将之抛弃，要不将之引爆开来。只有战斗才能真正拆穿这些谎言，它贬低并实际斫伤了我们当中最有觉悟的人。

在巴黎或埃克斯，在阿尔及尔或巴特尔，我们屡次看到一些被殖民者，强烈抗议着所谓黑人、阿尔及利亚人、越南人的懒惰。然而，在殖民体制里，一个积极工作的农民，一个拒绝休息的黑人，难道不算是单纯的病态个例吗？被殖民者的懒惰，是对殖民机器有意识的破坏；从生物学的角度看，这是一种出色的自我防卫的方式，无论如何，这拖延了殖民者对全国的控制。

森林和沼泽是被殖民者抵抗外国人深入的天然同盟。必须理解这件事，并且停止去论证和肯定黑人是勤劳的劳动者，阿拉伯人是罕见的开垦者。在殖民体制里，黑人的真相和阿拉伯人的真相，就是袖手旁观，不帮助压迫者更方便地进行烧杀抢掠。政治觉悟尚未成熟、并未决定排拒压迫的被殖民者，他的责任是让自己不动如山。这是一种不合作的具体展现，总之就是一种最低限度合作的展现。

这些应用于被殖民者和劳动关系的考察，也同样可以应用于被殖民者对压迫者法律的遵守，规规矩矩纳税与否，以及可应用于被殖民者与殖民制度的关系。在殖民体制里，所谓感激、真诚和荣誉都是废话。最近几年，我有机会证实一个十分典型的基本事实：荣誉、尊严、信守承诺，只有在一个民族与国际同质的框架中，才能表现出来。既然你们和你们的同类人皆被当作狗那样清除，你们只能奋力，用所有的手段，恢复做人的尊严。因此，你们必须用尽力气压在施刑者的身上，使他迷失的理智重新找回属于普世的价值。在最近几年，我们有幸看到在战斗中的阿尔及利亚，以非凡的形式，展现出荣誉、奉献、热爱生命、视死如归。不，问题不在于歌颂战士们。这里牵涉到一个最平庸的事实，连最狂热的殖民主义者也不会错过做出这样平凡的观察：当涉及保护人民或掩护兄弟时，阿尔及利亚战士有一种非比寻常的战斗和赴死的方式，即使参考伊斯兰或死后保证上天堂的想法，都无法解释这种慷慨献身。这个压迫人的沉默——肉体当然在呐喊——这个沉默压倒了行刑者。在这里我们又发现，当民族开始前进，当人类要求并肯定自己无限的人性时，那个禁止任何人袖手旁观、维持不动的旧法则。

“可怕的犯罪天性”？

殖民主义所建立的阿尔及利亚人民的特点中，我们将讨论“可怕的犯罪天性”这一条。一九五四年以前，法官、警官、律师、记者、法医学者都一致承认，阿尔及利亚人的犯罪天性是个问题。他们断言，阿尔及利亚人是天生的犯罪者。一种理论被制造，赋予种种的科学证据。这个理论，过去二十多年来在大学里被传授。阿尔及利亚的医科学生不知不觉接受这种教学，那些社会精英也一样接受殖民主义的洗礼，认定此为阿尔及利亚人民的先天缺陷。阿尔及利亚人天生懒惰，是天生的说谎者、天生的小偷、天生的犯罪者。

我们打算在这里陈述这个被公认的学说，重新提出它的具体基础和科学论据。接着，我们要重述事实，并赋予其他的解释。

“阿尔及利亚人经常杀人”，这是个事实，法官们会对你们说，五分之四的预审案件和伤害有关。他们主张，阿尔及利亚高居世界犯罪率最高国家之列，没有轻度犯罪的存在。当阿尔及利亚人，在此适用于所有北非人，做犯法之事时，总是达到罪大恶极的程度。

“阿尔及利亚人杀人相当野蛮”，首先，他们喜欢选择刀子作武器。“熟悉这个国家”的法官们，就这问题创造一个小小的哲学。例如，卡比利亚人喜欢手枪和步枪，平地的阿拉伯人偏爱刀子。某些法官会自问，阿尔及利亚人是否有着没有见到血腥就不罢休的冲动。他们会对你说，阿尔及利亚人需要感受热血，沐浴在受害者的血泊中。这些法官、警察、医生认真论述穆斯林的灵魂和鲜血的关系[①]。有些法官甚至会说，一个阿尔及利亚人杀人的话，首先并特别是会割断对方的喉咙。阿尔及利亚人的野蛮，表现在多重伤口上，有些是死后才带上的不必要的伤口。尸体解剖无可辩驳地验证了这件事：尸体上有太多的伤口，证明了杀人者非但欲致其于死地，而且还连续砍杀。

“阿尔及利亚人无缘无故杀人”，法官和警察面对杀人动机经常是目瞪口呆：任何一个动作、一个影射、一句暧昧的话、因一棵共有的橄榄树而起口角、一只在八分之一公顷土地上瞎逛的家畜……面对这种杀人，有时候是双重或三重的凶杀，动机、理由追究起来，实在是平庸得令人绝望。由此我们经常会有种印象，好似这个社会团体隐藏真正的动机。

① 我们知道，穆斯林在没有确定动物的血已流空之前，不得吃它们的肉，所以动物是割喉屠宰的。

最后，阿尔及利亚人偷东西时，总是透过破坏、或有或无地引发谋杀，同时，在所有的例子里头都有对业主进行攻击的行为。

所有这些围绕着阿尔及利亚人犯罪性的元素，似乎足以将其独特出来，甚至可以建立系统化。

类似的观察，在突尼斯和摩洛哥曾出现过，虽然较无深远寓意，但北非人的犯罪性愈来愈成为问题。在阿尔及尔大学精神医学教授波罗（Porot）超过三十多年的指导下，有好几个小组明确标定出犯罪性的各种表述模式，并对此提出一个社会学的、功能的和解剖学的解释。

我们在此引用阿尔及尔大学精神医学大师们对这问题所作出的主要成果。让我们再次提醒，这些进行了二十多年的研究结论，是精神医学资深教授在大讲堂里的授课内容。

就这样，阿尔及尔大学毕业的阿尔及利亚医生们，听到和学到的是阿尔及利亚人是天生的犯罪者这样的说法。而且，我想起我们当中某人十分认真地陈述这些学说，并补充说：“尽管难以下咽，但这在科学上是确立的。”

北非人是罪犯，他掠夺的本性众所皆知，他的巨大攻击性更是有目共睹。北非人喜欢极端，因此绝不能完全相信他。今天是最好的朋友，明天就变成不共戴天的敌人。他不懂分寸，对笛卡尔主义根本一窍不通，平衡感、沉着冷静、中庸感，这些观念和他内心深处的秉性相抵触。北非人是粗暴的，遗传下来的粗暴者。他不可能守规矩，无法疏导自己的冲动。是啊，阿尔及利亚人是天生的冲动者。

我们明确指出，这种冲动非常具攻击性，而且，一般而言，是杀人的冲动。这样，人们才得以解释有忧郁症的阿尔及利亚人不符合常规的行为。在阿尔及利亚的法国精神科医生，面临这样一个棘手的难题。医师在面对忧郁症的病人时，通常害怕他自杀。然而，患忧郁症的阿尔及利亚人却杀人。这个始终伴随自我谴责、自我破坏倾向、道德意识之病，在阿尔及利亚人身上，却具有毁灭他人的形态。患忧郁症的阿尔及利亚人并不会自杀，而是杀人。这就是经波罗教授的研究，并在他的弟子蒙塞拉（Monserrat）论文中所述及的“杀人的忧郁症”(mélancolie homicide)。

阿尔及尔学派又如何理解这种异常呢？首先，阿尔及尔学派说，自杀是回归自己、凝视自己和自我反省。而阿尔及利亚人抗拒内在生活。北非人没有内心生活可言；相反地，北非人将烦恼丢到周围，以此来摆脱烦恼。他不作分析。既然忧郁症确实是一种道德意识的病，那么很显然，阿尔及利亚人就只能产生假的忧郁症，因为大家都知道，阿尔及利亚人意识不稳定，道德观念薄弱。如果我们参照法国作者所提倡的两种因果关系的话，阿尔及利亚人对形势进行分析的无能，以及对组织一个心理综观的无能，可以完全被理解。

首先是关于智力方面。阿尔及利亚人是头号的弱智者。如果想理解这些事实，首先得指出阿尔及尔学派所建立的症候学，其中提到的土著所表现出的特征如下：

- 没有或几乎没有情绪性；
- 轻信且容易受暗示；
- 难以根除的固执；
- 心理幼稚，不如西方小孩有好奇心；
- 容易发生意外和易得暗示病。[①]

阿尔及利亚人感知不到整体。他总是问些细枝末节的问题，并排除一切整合的工作。点彩画派（Pointilliste），对物体紧抓

① 波罗（A. Porot）教授，《医学、心理学纪要》(*Annales médico-psychologiques*)，1918年。

不放，在细节中迷失，对观念无动于衷，抗拒概念，口语表达降到最少，举止总是冲动和挑衅的。阿尔及利亚人不能从整体出发来解释细节，他们把个别因素绝对化，并把部分当作整体。因此，他面对很小的刺激会有全面的反应，像是对一棵无花果树、一个手势、在他土地上的一只绵羊这类微不足道的小事。天生的攻击性自行寻找出口，哪怕只是个微不足道的借口，也能借机发泄。这是一种攻击性的纯粹状态①。

阿尔及尔学派放弃了描述的阶段，开始进入说明阶段。波罗教授于是在一九三五年的布鲁塞尔法语圈的精神科医生与神经学家的会议上，明示了他的学说的科学根据。在讨论巴鲁克（Baruk）关于歇斯底里的报告时，他指出："北非土著的大脑皮质性的高级活动几乎没有进化，而是一个原始人。他们的生活是植物性的本质，本能地受间脑的控制。"

为了正确评估波罗教授此一重大发现，在此必须先提醒大家，在比较人类和其他脊椎动物时，人类这个物种的特征即是大脑的皮质化。间脑是大脑中最原始的一部分，人是受大脑皮质支配的脊椎动物。

波罗教授认为，北非土著的生活，是受间脑的要求所支配的。这等于说，北非土著没有大脑皮质。他并不回避这个矛盾，并于一九三九年在《南方医学和外科》(*Sud médical et chirurgical*）刊物上和他的学生，也就是现任阿尔及尔精神医学教授叙泰（Sutter）合作，明确指出："原始性并非缺乏成熟，并非心智生活发展中显著的停滞。它是一种臻至演化终点

① 一个阿尔及利亚审判长的嘴说出这样的话：阿尔及利亚人的攻击性，表现在对"骑兵骑术表演"的热爱。他在 1955 年指出："我们将这种反抗视为政治性的，绝对是个错误。不时，他们所拥有的这种对战斗的爱，得要发泄出来才行！"民俗学者认为，建立一种可能可以疏导土著的全面攻击性本能的测验和投射游戏，应该就可以终止 1955 年至 1956 年在奥雷斯山脉的革命。

的社会状态，它以一种逻辑的方式，适应于一种与我们不同的生命。”最后，教授们提到学说的根据：“这个原始状态，不只是特殊教育下所产生的一种结果，它有更深层的基础，我们甚至想，它的根本基质该是位于神经中枢结构上，至少是神经中枢动力分层化上的特殊体质。”正如我们所见，阿尔及利亚人的冲动性，他杀人的次数和特征，其永久的犯罪倾向和原始状态，绝非偶然。我们面对的是一个协调一致的行为，一个可以用科学解释清楚的一致的生活。阿尔及利亚人没有大脑皮质，或者更精确地说，简直就像低等脊椎动物那样受间脑的控制。即使有大脑皮质的存在，也是十分脆弱的，几乎未被整合在动力学当中。因此，既不神秘也无矛盾。殖民者对于将责任委托于土著一事有所保留，这不是因为种族主义或父权作风的关系，而单纯只是一种对于被殖民者生物上的局限所做出的科学判断。

向世界卫生组织的专家卡罗瑟斯博士（Dr. A. Carothers）请教有关非洲的结论，可以用来见证此一回顾。这位国际专家将他的观察之重点部分，都集结在一九五四年出版的书中[①]。

卡罗瑟斯博士在中非及东非行医，可是他的结论却印证了北非学派的结论，这位国际专家认为，非洲人很少运用前额叶。非洲精神医学的特殊性，可以归结于额前头部的机能低下[②]。

为了使别人明白他的结论，卡罗瑟斯博士作了一个十分生动的比较。他提出，正常的非洲人是个“脑叶切除了的欧洲人”。我们知道，盎格鲁-撒克逊派曾认为，对一大部分大脑施

① 卡罗瑟斯，《非洲人的正常及病态心理学病理学》（*Psychologie normale et pathologique de l'africain*）收录于《人种精神病学研究》（Etudes ethno-psychiatriques），Masson 出版。

② 同前，第 176 页。

行切除，是某些严重型精神疾病的根本疗法。此方法经证实，会出现严重的人格肢解现象，于是从此被放弃。根据卡罗瑟斯博士的看法，正常非洲土著和动了脑叶切除手术的欧洲人之间，有着惊人的相似之处。

在研究了一些非洲行医者的不同著作成果之后，卡罗瑟斯博士向我们提出一个结论，而这个结论奠定了一个关于非洲人的统一概念。他写道："这都是无关欧洲人的资料。它们是在东非、西非、南非的不同地域被收集到的，而且总体上，作者们彼此很少或完全不知道其他人的研究成果。因此，这些成果根本上的相似性，完全是值得注意的。"[①]

在结束前，让我们指出，卡罗瑟斯医师把茅茅团的叛乱，定义为欲求不满的无意识情结的表现，经过一些巨大的心理调适后，可能可以在科学上避免这种情结再度出现。

因此，像这样一个不寻常的行为：阿尔及利亚人经常性的犯罪，不值得一谈的犯罪动机，总是带有高度血腥味以及致命特质的吵骂打架，对观察家们构成问题，被当成了教材的解释，似乎可归结为：北非人的大脑结构，可同时阐述土著的懒惰、智力上及社会性的无能，以及接近动物般的冲动。北非人的犯罪冲动，是在行为的层次上，表现出神经系统的某种交错配列。这是一种在神经学上可被理解的反应，这反应是属于事物的本性，即那些以生物的方式组织起来的事物。额叶在大脑活动中的未统整，说明了懒惰、犯罪、盗窃、强奸、说谎。而结论，是一位郡长——现在的省长给我的，他说："必须用严格和无情的架构，去对付这些盲目听从自己本性法则的自然人。必须驯服本性，而不是去说服。"使之守纪律、矫正、制服，以及现今会谈到的绥靖，这些是殖民者在占领地上使用最频繁的

① 同前，第 178 页。

词汇。

意识觉醒之必须且持续

假如我们不厌其烦重述殖民主义者的科学家们提出的学说，倒不是为了指出他们的贫弱和愚蠢，而是为了开始讨论一个在理论和实践上十分重要的课题。其实，在环绕着“革命”而来的问题中，在政治解释和厘清真相的层次上，很多经过辩论的主题当中，阿尔及利亚人的犯罪天性不过是一小部分而已。但刚好是围绕着这个主题的会谈达到一定程度的丰富性，才使我们能深入并且更明确地勾勒出个人解放和社会解放的概念及范围。在革命实践当中，当我们在干部和战士面前讨论阿尔及利亚人的犯罪性问题时，当我们陈述革命以前的罪行、不法行为、窃盗等多种犯罪手法，当我们解释一个罪行的面貌、不法行为的频繁时，是用一种关系的作用来理解，一种男女之间、个人与国家之间所存在的关系来解释，而且每个人对此都能有所理解；如果我们参与了阿尔及利亚人或北非人出于天职而犯罪这个观念的崩毁，这个钉入阿尔及利亚人意识中的观念，“我们易怒、爱打架、坏人……诸如此类”，那么，这就对了，我们可以说，革命进步了。

重要的理论问题，是必须随时随地阐明、揭穿骗局、驱赶那对自身的污辱。不应该等待国家产生新人，不应该期待在不断的革命变革中，人会不知不觉地转变。这两个过程是重要没错，但必须助意识的觉醒一臂之力。革命实践，如果想要它是全面具解放性的，并且独具生产力的话，则必须要求，不能有任何不寻常的东西继续存在。我们有着一股独特的力量，强烈感觉到有必要将事件总体化，有必要把一切揽在身上，必须解决一切，负责一切。于是，意识并不厌恶走回头路，必要的话放慢脚步。所以，一个战斗的部队在战场前进时，埋伏终了并不意味着休息，而是一个让意识的觉醒能走上一程的时刻，因为一切必须同时并进。

对，阿尔及利亚人自然而然会认为法官和警察有理[①]。因此，必须重新讨论在自恋的层次上，被体验为真正的男子气概表现的阿尔及利亚人的犯罪天性，并放在殖民史的层次上来谈。例如，指出阿尔及利亚人在法国的犯罪，根本上不同于直接在殖民剥削下的犯罪行为。

第二件事应该引起我们的注意：在阿尔及利亚，阿尔及利亚人的犯罪，实际上是在封闭的圈内进行。阿尔及利亚人互相偷窃、互相殴打、互相杀人。在阿尔及利亚，阿尔及利亚人很少攻击法国人，避免同法国人吵架。相反，在法国，移民在不同的社会、群体间犯罪。

在法国，阿尔及利亚人的犯罪减少。犯罪完全针对法国人，动机也彻彻底底是新的。以下这个吊诡现象大大有助于战士们认清真相：我们注意到，从一九五四年以来，涉及普通法的犯罪事件几乎消失了。不再有争吵，不再因为一些鸡毛蒜皮小事而导致死亡事件，不再因为妻子额头或左肩被旁人看见而怒火中烧。民族斗争似乎疏导了所有的怒火，把所有的感情或激情的活动都民族化了。法国法官或律师已发现了这一点，但战士必须意识到这一点，必须引导他知道这件事的道理。

其余的解释。

是否应该说，战争，作为社会化了的攻击性的最佳表现场

---

① 况且，十分清楚，这种对于由欧洲人制造出来的形象的认同，是十分矛盾的。的确，欧洲人似乎——同样情绪矛盾——向粗暴、激动、野蛮、嫉妒、自豪、骄傲的阿尔及利亚人，为一件芝麻小事、为一句话而拿生命作赌注等等的阿尔及利亚人，致上敬意。顺便指出，与在法国的法国人相对照之下，在阿尔及利亚的法国人愈来愈倾向认同对立于法国人的阿尔及利亚人的形象。

所，把天生杀人的举动导向占领者那边呢？社会大动荡降低了犯罪及心理失调的频率，这是一种平庸的看法。因此，人们可能完全用战争的存在，来解释阿尔及利亚人犯罪行为的消减，战争把阿尔及利亚一分为二，同时把司法及行政机关视为敌方。

然而，在已解放的马格里布国家（Magrab）中，那些同样在解放斗争时期会出现的现象，仍随着独立而继续维持着或逐渐明朗化。因此，殖民地此一背景似乎是相当独特的，足以让我们重新诠释犯罪性。这就是我们要战士注意的。今天，在我们国家里，大家都知道犯罪性并非阿尔及利亚人的先天性格，也不是神经系统组织的结果。阿尔及利亚战争，民族解放战争，使得真正的主角出现。在殖民情境下，前面已指出，当地人只跟自己人相处，他们倾向当彼此的屏幕，每个人对彼此掩盖了民族的仇人。被殖民者经过一天十六个小时的劳累后，倒在自己的席子上时，一个小孩的哭声穿过布帘墙壁，妨害了他的睡眠，仿佛是巧合，这是个阿尔及利亚小孩。当他去向杂货店央求一点粗面粉或油——他已积欠这个杂货商几百法郎了——而遭到拒绝时，一股巨大的仇恨和强烈的杀人欲望占据了他，而且杂货商是个阿尔及利亚人。当他躲过当地司法行政官几个星期后，有一天，他被这长官拦住，逼他缴“税”，他甚至来不及去恨欧洲人的行政官员；当地的长官，一个阿尔及利亚人，在他面前引起仇恨。

暴露在日常的杀人企图中：饥饿、未付房租而被扫地出门、母亲没奶水、骨瘦如柴、工地关门、失业者像乌鸦般在经理人的身边游荡，土著终究会达到把自己的同类看作无情的敌人这样的地步。如果他光着脚，被路中间的一块大石头擦破了皮，那是一个土著把石头放在那里的，他准备采下的几颗橄榄被X的孩子们在夜里偷吃了。对，殖民时代的阿尔及利亚以及其他的地方也是，人们为了一公斤的粗面粉可以干许多事，可以杀很多人，必须要有想象力才可以理解这些事情；或者，要很有记忆力。在集中营里，人们为了一小块面包互相杀害。我想起了一个可怕的场面：一九四四年，在奥兰（Oran）。我们在一个兵营前等车，看见士兵们把几块面包扔给几个阿尔及利亚小孩，他们疯狂、仇恨地争夺。兽医们提及在家禽饲养场里所看到的“啄食的顺序”，可以用来说明这种现象。丢给家禽的玉米的确变成你死我活的竞争目标。某些最凶猛的飞禽吞下所有的谷物，而另一些不好斗的，明显消瘦；所有的殖民地变成一个巨大的养鸡场、巨大的集中营，在那里，刀子是唯一的法律。

在阿尔及利亚，打从民族解放战争以来，一切都改变了。一个家庭或一个家族的全部存粮，可以在一个晚上供应给路过的一队士兵。家里唯一的一头毛驴，可以出借来运送一名伤兵。而在几天后，当物主知道他的牲口被飞机扫射而亡后，他并不会诅咒或威胁借驴子的人；他并不对牲口的死感到不解，反而不安地询问伤兵是否安然无恙。

在殖民体制下，人们为了一公斤的面包或一只可怜的绵羊……什么都可以做。在殖民时代，人和物质的关系、人和世界的关系、人和历史的关系，就是人和食物的关系。对于一个被殖民者，像阿尔及利亚那样受压迫的情况下，活着丝毫不是体现价值，不是投入一个协调一致和具生产性的发展中：活下来就是不死，存在就是维持生命。每一个椰枣就是一个胜利，这胜利不是流血流汗的结果，却像是一种感到生命战胜了的那种胜利。因此，偷椰枣、放任自己的绵羊吃邻家的青草，并不是否定别人的所有权、违反或不遵守法律，这是杀人的企图。要想理解偷窃是杀人的企图，而不是不友善或不法的行为，必须到阿尔及利亚的卡比利亚山区去看看，几个星期以来人们到深谷里去找土，并用小篮子把土背上去的光景。因为，唯一的观点来自这个愈来愈缩小的胃袋，胃袋的要求当然也愈来愈少，但无论如何，总要满足这个胃袋。怪谁呢？法国人与警察、军队、战车一起在平原上。山上只有一些阿尔及利亚人，上面是上天和它往生后的诺言，下面则是法国人，允诺的可是非常具体之物：监狱、警棍和死刑。人们注定只能靠自己。在这里，我们发现了对自身恨意的核心，这个核心导致隔离社会里种族冲突的特征。

阿尔及利亚人的犯罪性、他的冲动、他的杀人暴力行为，不是神经系统组织的结果，不是性格的特异性，而是殖民情境的直接产物。阿尔及利亚战士们讨论过这个问题，不怕质疑殖民主义者灌输给他们的信念；他们知道，每个人只是其他人投射的荧幕，而事实上，每个人在扑向他人的同时，也是一种自杀，这些在革命的觉悟中应该有着根本的重要性。再说一遍，战斗的被殖民者，其目标是要结束统治；但他也应该注意，去清除压迫政权强加在他身上的所有非真理。在一个殖民体制里，如现存于阿尔及利亚的殖民体制，殖民主义公开主张的思想，不只影响少数的欧洲人，更影响阿尔及利亚人。完全解放，是有关人格全方位的解放。埋伏或突袭、刑讯逼供或同胞的大屠杀，加强人们战胜的决心，更新了无意识，并滋养了想象力。当全民族动起来的时候，新人类不是这个民族后天的产物，而是与这个民族共存，与这个民族共同发展、共同胜利。这个辩证的要求，解释了为何我们对量身改造过的殖民化和表面的改革持保留态度。独立并不是一个应被驱逐的词语，而是令真正获得解放的男女存在之不可或缺的条件，所谓真正获得解放的男女，也就是所有可能使社会彻底转化之物质工具的支配者。

结　论

来吧，同胞们，最好现在就决定改弦易张。我们曾经沉陷在其中的广袤黑夜，现在必须撼动它、摆脱它。而在业已升起的崭新曙光中，我们必须展现出坚强、谨慎、果决的自己。

必须离开梦境，抛弃之前那些陈旧信仰和友谊。我们不要把时间浪费在那些无效、冗长的叙述或令人厌恶的模仿上面。让我们离弃这个欧洲吧，它一面叨叨不休地畅谈人道，一面又到处屠杀它所遇到的人类，在它自己街道的每个角落，也在世界的每个角落。几个世纪以来，他们阻碍了其他人的进步，以自己的光荣和目的而奴役别人；几个世纪以来，欧洲假借“心灵探险”之名，窒息了大半的人类，看看今日的欧洲，摇荡在原子的分化解体与精神的解体之间。

然而，在实践的层次上，我们可以说，欧洲获得了完全的成功。

欧洲热切、恬不知耻、粗暴地领导世界，看看它的遗迹阴影广延繁增。欧洲的每个运动，使得空间和思想的界限破裂。欧洲不接受一切谦逊、一切朴实，但也不接受一切关心和体贴。

它对人，只表现出精打细算、气量狭小，只是杀人和吃人。

因此，兄弟们，怎么可能不明白，比起跟随着这个欧洲，我们有更好的事要做。

这个欧洲，不断地谈论人，从未停止宣称它只关心人。今天我们知道，为了它精神的每一个胜利，人类是如何付出痛苦的代价啊！

同志们！欧洲的把戏最终玩完了，应该另找出路。今天我们什么都可以干，只要不一味模仿欧洲，只要不痴迷于赶上欧洲。

欧洲达到这样的速度、疯狂和无秩序，以致今天它避开一切领导者、一切理性，并可怕地、昏头昏脑地陷入深渊，最好赶快远离这深渊。

然而，我们的确需要一个榜样、一个蓝图和一些实例。我们当中有许多人认为欧洲的榜样是最完美的。然而，我们在前面的章节中，却看到这种模仿把我们带到何种沮丧和失望的地步。欧洲的成就、欧洲的技术、欧洲的风格应该停止引诱我们，并使我们失去平衡。

当我在科技、欧洲的作风里寻找人的时候，我看到的是一连串对人的否定和大量的杀戮。

人的状况、人的计划、人与人之间为了提升人类整体在工作上的合作，这些都是新的问题，要求真正的创新。

让我们决定不再模仿欧洲，并把我们的肌肉和脑子集中在新的方向，让我们努力创造欧洲没有能力助他胜出的全人吧。

两个世纪前，一个旧的欧洲殖民地，即美国，决定赶上欧洲。它是那么成功，却变成一只集欧洲的缺陷、毛病和不人道于一身的怪兽，而且，这些弊病达到了极端。

同志们，难道除了创造一个“第三欧洲”之外，我们就没有别的事可干了吗？西方想要让自身成为一场精神的冒险。欧洲以它的精神为名义，以扩展欧洲精神的名义，来为自己的罪行辩护，将自己对五分之四的人类所持续进行的奴役正当化。

是啊！欧洲精神有些奇怪的依据，整个欧洲思想愈来愈荒芜，愈来愈向陡峭的地方延伸。人们就这样习惯在那里愈来愈少见到人。

恒常与自我对话、愈来愈猥亵的自恋，这些都不断替一种几乎是妄想的温床铺路。脑力活动变得痛苦不堪，现实丝毫不是活着的、正在工作中的、亲手打造一切的人的现实，而是一些词汇、一些词意的不同组合，以及词意中所产生的紧张之现实。然而，有一些欧洲人曾经鼓励欧洲劳动者打破这种自恋，并同这种不现实决裂。

一般的欧洲劳动者并没有响应这些号召，因为欧洲劳动者也自认为和欧洲精神那种奇妙的冒险有关联。

所有得以解决人类重大问题的元素，在不同时期的欧洲思想中曾存在过。但是，欧洲人的行动并未完成属于他们的使命，这使命在于暴力加重这些元素所背负的重量，在于改变它们的安排和存在，在于改变它们，最后，在于把人的问题提升到一个无可比拟的最高水准。

今天，我们目睹了欧洲的停滞。同志们，我们要避开这僵化的运动，在这运动中，辩证法渐渐变成平衡的逻辑。我们重新再说说人的问题吧！再说说大脑的现实问题，全人类所有大脑的问题吧！应该增加连结，使其网络多样化，使信息更人性化。

同胞们，我们有太多的事情要干，可以让我们尽情玩后卫游戏。欧洲已经做了它该做的，而且终归是尽力了；让我们停止对它的指控吧！但要坚定地对它说，它不该再那么大声嚷嚷了。我们不要再怕它了，停止羡慕它吧！

今天，第三世界像一群巨人般面对欧洲，他们的目标应该是试图解决欧洲未能找到答案的问题。

让我们搞清楚，重要的是，不要再去谈论效果，谈强化，谈节奏。不对，问题不在于回归自然。问题非常具体地涉及，不把人民带往一个毁损他们的方向，不把一些使大脑很快闭塞和出毛病的节奏加上去；不该以追赶为借口，使人陷入混乱，使他脱离自己、脱离自己的内心深处，使他筋疲力竭并致他于死地。

不，我们不想赶上任何人。但我们要随时随地、日以继夜，在人的陪同下，在所有人的陪同下前进。问题在于别把队伍拉太长，因为每一行几乎看不到前面的一行，而且互相不再认得彼此的人愈来愈少相遇，愈来愈少交谈。

对第三世界而言，问题是在重新开始人的历史，这历史既考虑到那些有时被欧洲肯定的、罕见的好议题；但也同时考虑到欧洲的罪行，其中最可怕的是在人的内部，造成功能的病变分裂的、粉碎统一的东西。排除在一个共同体内形成裂痕、形成阶层、由一些阶级所维持的血腥紧张，最终在全人类的大范围内造成根深蒂固的仇恨、奴役、剥削，尤其把十五亿人排斥在外的那种苍白无力的种族灭绝。

同志们，在建立国家、制度、社会时，让我们别再向欧洲纳贡。

人类期待我们的，绝不是这个总体上猥亵和夸张的模仿。

如果我们想把欧洲改造成一个新的欧洲，想把美洲改造成欧洲，那我们就把我们国家的命运交给欧洲人。他们会比我们做得更好。

但是，如果我们要人类进一步，如果我们要使人类达到跟欧洲所显示的不同水平，那就必须创新、必须发现。

如果我们想要回应我们人民的期待，就必须在欧洲以外的地方找。

进一步，如果我们想要回应欧洲人的期待，则不该扔回给他们一个关于他们的社会和思想的形象，甚至是扔回给他们一个理想的形象，对此他们感到极度厌倦。

为了欧洲、为了我们自己，也为了全人类，同胞们，我们必须改头换面，发展新的思想，尝试着创造出一个全新的人。